高等学校经济管理类核心课程教材

财务报表分析

简明版·立体化数字教材版

— 第2版 —

张新民　钱爱民　编著

FINANCIAL STATEMENT ANALYSIS

中国人民大学出版社
·北京·

前　言

党的二十大报告强调，“高质量发展是全面建设社会主义现代化国家的首要任务”。经济的高质量发展离不开企业的高质量发展，虽然企业高质量发展并非经济高质量发展的充分条件，却是经济高质量发展的必要条件。只有企业实现高质量发展，引导资源要素流向高质量产品，资源才可能得到有效配置，全要素生产率才可能得到充分提升，经济整体的高质量发展才有可能真正得以实现。

尽管单一的财务绩效已不再是企业高质量发展所应追求的唯一目标，打造和提升以 ESG 为主要绩效评价体系的可持续发展能力已日益成为企业高质量发展的主要特征，但无论如何，通过自主创新增强企业核心竞争力是实现企业高质量发展的必由之路，也就是说，只有企业通过自主创新夯实主业，持续地获取高质量的财务绩效（本教材主要通过评价企业财务状况质量加以体现），才有可能为企业持续地追求环境绩效和社会绩效提供源源不断的动力和基础。

企业财务状况质量（简称为财务质量）评价的框架、方法以及评价标准的选择是否科学、合理，是否对体现自主创新的企业发展战略加以考察，会在很大程度上决定决策者能否真正获取有价值的决策信息，能否真正甄别出高质量财务状况的企业，资本市场能否真正有效率地配置经济资源和社会资源，这显然也是资本市场实现高质量发展的一个必要条件。因此，进行企业财务状况质量评价已成为商科以及相关各专业学生必备的一项核心专业技能。通过学习财务报表分析相关课程（如“财务报表分析”“企业财务报表分析”“企业财务报告分析”“企业财务分析”等），学生能够更加科学地进行企业财务状况质量评价。

我们在长期从事“财务报表分析”课程的教学与研究的同时，出版了多部集理论创新与案例分析于一体的相关教材。由中国人民大学出版社出版的《财务报表分析（第 5 版·立体化数字教材版）》在特色创新、撰写质量以及读者反响等多方面均取得了非常优异的表现，于 2021 年荣获首届全国教材建设奖全国优秀教材一等奖，这是财会类本科教材中唯一获得一等奖的教材。该书第6版于2023年1月出版，目前已经成为众多大学相关课程的首选教材。自《财务报表分析（第5版·立体化数字教材版）》出版以后，很多教师纷纷要求作者在保留第5版基本分析方法和教材框架的基础上，针对一些学校课时紧张的现状以及非会计专业学生的学习要求，推出一本更为通俗易懂、易于应用的财务报表分析简明版教材。本教材就是应广大读者这样一种教学需求而编写的。第1版自2020年6月出版至今，因其清晰明了的分析框架、简洁流畅的撰写风格以及易于操作的实用价值，深受广大教师和学生的喜爱和好评，尤其得到了非会计专业学生的高度认可。我们在认真听取和吸纳老师们意见的基础上，对第1版教材的撰写框架、分析方法及核心内容做了进一步的梳理与完善，更新了几乎全部案例，进一步精简了教学内容，隆重推出这本第2版教材。

与其他同类教材相比，本教材的主要特点是：

第一，强调专业学习与价值引领同步，做到“润物细无声”。

在第2版教材的撰写过程中，我们针对如何有效地融合素养提升内容、提升学生的素养问题进行了充分而深入的研讨与挖掘，形成了与教材内容高度融合的素养提升体系，试图实现能力提升与立德树人并举。本教材强调专业学习与价值引领同步，帮助学生深入领会和贯彻党的二十大精神，树立科学的可持续发展观、高质量发展观和核心价值观，培养学生的批判性思维、辩证思维、系统思维、底线思维和创新思维，提升学生的职业道德观念、法律意识、风险防范意识和社会责任感，帮助学生塑造踔厉奋发、勇毅前行的敬业精神。结合教学内容与教材特色，我们总结提炼了各章的素养提升要点，并将素养提升、素养提升的总体目标通过价值塑造、知识传授和能力培养三个方面加以体现，从而确保在教学中取得更为满意的育人成效。同时，在教材理论阐释、分析框架设计、案例甄选与分析方法运用上，充分展示素养提升的必要性与重要价值，并力求做到教材内容与价值引领完美融合，教书“因地制宜”、育人“润物细无声”。

第二，财务报表分析框架独具特色，分析方法体系更加完善。

本教材融入党的二十大精神，坚持自信自强、守正创新，以传统理论为基础，将全新的战略分析视角、质量分析维度和项目质量分析方法融入常规的财务报表分析框架并进行突破，构建基于中国情境的财务报表分析体系，采用更为科学的分析方法进行企业财务状况质量评价。需要进一步强调的是，本教材将财务报表分析内容与现行会计准则的概念体系和报表内容格式更加紧密结合，将会计改革中蕴含的会计理念融入财务报表分析的相关环节，使读者能够更加紧密地结合现实环境和制度背景对中国企业的财务状况质量评价问题展开分析和探讨。

需要强调的是，本简明版教材在编写过程中，在分析框架和方法上基本与《财务报表分析（第 6 版 · 立体化数字教材版）》保持一致，但在章节编排上，改变了以往质量分析（包括资产质量、资本结构质量、利润质量、现金流量质量）与比率分析彼此独立成章的撰写特点，而是按照资产负债表、利润表和现金流量表的顺序，将比率分析与质量分析加以“完美”融合，这样一方面更易于初学者对分析方法的系统学习和掌握，另一方面也更能彰显项目质量分析法是对比率分析法的有益补充。我们志在向广大读者推出一套自成体系并日趋完善的，适应中国本土案例分析情境的，集理论性、实用性与时效性于一身的财务报表分析领域的精品教材。

第三，完整的上市公司案例贯穿全书始终，内容鲜活，实用性强、时效性高。

书中无论是主要分析案例还是章后的讨论与分析案例素材，均来自上市公司对外发布的 2022 年年报，并以北陆药业（300016）为案例分析素材，将其年报分析贯穿全书始终，从而将分析框架和分析方式置于具体的分析场景之中，更加彰显我们所建立的报表分析体系的实用性和有效性，也更有利于读者学以致用。第 2 版涉及的教学案例几乎全部是作者利用 2022 年年报对第 1 版原有案例的更新与延续，以便于读者更为清晰、及时地把握这些上市公司财务状况变动的最新动态。

第四，配有丰富的新形态立体化数字教学/学习资源，有效提升教学效果。

本教材所提供的学习资源具体包括电子教材、PPT、教学大纲以及题库等。需要着重说明的是，为了更方便授课教师利用组卷系统在线生成试卷、线上布置作业，以及根据教学进度进行单元、期中和期末测试，第 2 版教材配备了含有 1 000 多道题目的题库（包括单项选择题、多项选择题和判断题），在电子题库（通过扫描二维码“即测即评”进行链接）中加以呈现，每道题都包含题干、答案、解析、知识点和难易程度 5 个要素。这样一方面便于学生在课后随时随地扫码做题，提交后可即时查看分数和解析；另一方面也便于教师随时查看班级作业完成情况，做好过程考核。上述新形态立体化数字教学/学习资源使用方法详见“新形态立体化数字资源使用说明”。

本教材适合为各类高等学校各专业本科生和工商管理类专业学位硕士生（包括 MPAcc、MBA 等专业学位）开设“财务报表分析”课程使用。

希望本教材的出版能够对读者提高本课程的学习质量有所帮助。

由于水平所限，书中错误在所难免，恳请广大读者批评指正。广大读者的批评、建议和需求，是我们建设本课程和教材的动力和源泉。

张新民　钱爱民

新形态立体化数字资源使用说明

本书是纸质教材和数字化资源一体化设计的新形态教材，配备了丰富的立体化数字资源，主要包括与纸质教材同步的**电子教材、题库、PPT、教学大纲**等。针对不同用户、不同教学应用场景提供不同的使用入口。

1. 书中二维码资源免费获取和使用方式

（1）注册：微信扫描前折口上贴片的第一个二维码→输入手机号（微信绑定）→点击“确定”（已绑定用户直接进入下一步）。

（2）点击左侧“**学习中心**”模块→点击“确定”。

（3）随时随地扫描教材中的二维码，即可免费学习。

2. 数字教材平台资源获取方式

微信扫描前折口上贴片的第一个二维码→点击右侧“**数字教材平台**”模块→点击“确定”。

（1）学生：设置密码→完善个人信息→添加公开课程（可下拉选择）/添加新的私有课程。

（2）教师：设置密码→完善个人信息→添加课程（可下拉选择）→新建课程。

激活后也可在电脑端使用注册手机号登录人大芸窗官网（www. rdyc. cn），教师可在平台上激活课程、创建班级。

3. 教师利用双题库进行随堂测、期中期末组卷并导出

输入网址（tk. rdyc. cn）→登录（手机号＋验证码）→组卷（自动/手动）

题库使用教程

人大芸窗数字教材平台咨询（工作日 9:00—17:00）：

电话：010－62515969　　010－62511532

QQ：3382421809　　2292205778

素养提升总目标

在财务报表分析中，财务信息①是分析的主要依据，企业所提供的财务信息的质量将在很大程度上决定财务报表分析的质量。提供充分、准确的财务信息是企业履行社会责任的重要内容，是资本市场健康发展的必要条件。企业提供质量不高甚至虚假的财务信息，既违背了相关的法律、规章和准则的规定，也可能对企业利益相关者各方造成不同程度的损害，更会对整个社会产生严重的不良影响和负面的经济后果。而财务报表分析的框架、方法以及评价标准的选择是否科学、合理，会在很大程度上决定能否向决策者提供真正有价值的决策信息，影响到资本市场能否有效率地配置经济和社会资源，因此也同样会对整个社会产生非常大的影响和显著的经济后果。

本门课程强调专业学习与价值引领同步。通过对本门课程的学习，学生在探讨和学习财务报表分析的基本框架和具体方法的同时，还可以进一步提高法律认知水平和守法意识，明晰职业道德底线，强化社会责任观念和创新意识，树立质量发展观和持续发展观，培养批判性思维、辩证思维和系统思维，提升战略层面的专业视野，为未来能够在财务及相关的工作中合法合规地处理业务、创造性地开展工作以及将自身的工作自觉融入组织发展的战略中奠定良好的基础。

---

① 本书对财务信息与会计信息不严格加以区分。

目　录

第 1 章　财务报表分析概论 …… 1
1.1　财务报表分析的起源和演进 …… 4
1.2　财务报表分析的概念、主体和目的 …… 6
1.3　财务报表分析的基本方法 …… 9

第 2 章　财务报表分析基础 …… 20
2.1　企业财务报告的构成 …… 22
2.2　制约企业报表编制的基本会计假设 …… 28
2.3　制约企业报表编制的基本会计原则 …… 31
2.4　会计的确认基础和计量属性 …… 34
2.5　制约企业财务报表编制的法规体系 …… 37
2.6　上市公司的信息披露制度 …… 40

第 3 章　资产负债表分析 …… 44
3.1　资产负债表概述 …… 48
3.2　资产负债表相关的比率分析 …… 52
3.3　资产项目质量分析 …… 58
3.4　资产的重分类与企业资源配置战略的考察 …… 97
3.5　负债质量分析 …… 102
3.6　所有者权益质量分析 …… 106
3.7　资本结构质量分析 …… 109

第 4 章　利润表分析 …… 119
4.1　利润表概述 …… 122

4.2 利润表有关的比率分析 …… 129
4.3 利润表的项目质量分析 …… 141
4.4 利润质量分析 …… 161
4.5 利润质量恶化的外在表现 …… 178

第5章 现金流量表分析 …… 185
5.1 现金流量表概述 …… 187
5.2 现金流量表有关的比率分析 …… 193
5.3 现金流量质量分析 …… 197
5.4 影响现金流量变化的主要原因分析 …… 203

第6章 合并报表分析 …… 211
6.1 企业合并的类型 …… 213
6.2 合并报表的相关概念 …… 216
6.3 合并报表编制的一般原理 …… 219
6.4 合并报表的特征、作用与分析方法 …… 221

第7章 财务状况质量的综合分析 …… 242
7.1 财务报表分析中应注意的几个问题 …… 244
7.2 财务报表的综合分析方法 …… 248
7.3 综合案例分析——北陆药业（2022） …… 251

附录 三家上市公司的年报资料 …… 263
附录1 北陆药业2022年年报中的部分信息 …… 263
附录2 卫光生物2022年年报中的部分信息 …… 272
附录3 普洛药业2022年年报中的部分信息 …… 277

参考文献 …… 283

第1章

财务报表分析概论

素养提升

本章内容帮助学生用科学的辩证发展观来看待财务报表分析的动态演变进程，深刻认识从更广泛的视角进行系统的财务报表分析的重要意义。同时，帮助学生在了解传统财务报表分析方法和内容的基础上，认真思考比率分析法存在的不适用性和局限性，结合中国企业财务信息披露的现状和具体特征，深刻认识传统财务报表分析方法进行改革和创新的重要意义，培养学生的批判性思维能力、辩证思维能力和系统思维能力，树立创新意识和社会责任意识。

1. 价值塑造

树立科学的辩证发展观：帮助学生以正确的历史观和发展观看待财务报表分析的动态演变进程，从战略层面深刻认识传承与扬弃在学科发展中的辩证关系，强化只有通过不断创新才能使报表分析理论体系不断得到发展与完善的重要意义。

树立创新引领发展的正确价值观：强化在继承与学习传统的企业财务报表分析体系的同时，努力克服其自身存在的不适用性和局限性的必要性，深刻认识到基于中国企业财务信息特征进行的分析方法等方面的创新，是顺应中国经济发展和资本市场不断完善而做出的大胆尝试。

培养勇于担当的精神和社会责任意识：在分析中面对中国企业的现实问题既不视而不见也不避重就轻，要迎难而上，善于思考、勇于创新，努力提出有价值的解决建议，并在实务中进行积极推广，让更多的利益相关者受益，为提升资本市场的资源配置效率做出自己的贡献。

2. 知识传授

系统的企业财务报表分析起源于美国银行家对企业进行的信用分析，随后发展为投资分析并拓展到内部分析，现在已经发展到更广泛的领域，如战略分析、竞争力分析、风险分析和发展前景分析等。

财务报表分析有广义与狭义之分，掌握狭义的财务报表分析方法（主要是定量分析）是本科生的基本学习目标，对于基础较好、知识面较宽的学生来说，在分析中能够适当地与非财务信息相结合，通过定性分析对定量分析进行补充，可以达到更好的分析效果。各利益相关者均可以成为财务报表分析的主体，但分析的目的和所关注的重点各不相同。恰当的财务报表分析方法会帮助不同的利益相关者达到不同的分析目的。

一些常见的财务报表分析方法如结构分析法、趋势分析法、比率分析法和比较分析法等仍然在分析中发挥着重要作用，学生们应熟练加以掌握。然而，财务比率由于存在以偏概全、一刀切的缺陷而永远具有“盲人摸象”的特征，难以对企业进行全面、系统而深入的分析，基于中国企业财务信息披露的现状和具体特征，在分析中必须对传统的财务比率进行改革和创新。

长期的教学实践已证明，本书所提出的概念和财务比率在对中国企业财务报表进行分析的过程中显示了相当程度的生命力和科学性；本书所建立的项目质量分析法在很大程度上弥补了财务比率分析法（包括改进后的比率分析）存在的不足，该方法更关注各项目的具体特征和质量，更进一步与企业的业务环境、行业竞争态势和企业经营战略等方面加以融合，可以提供更为科学的决策依据。

3. 能力培养

培养学生的批判性思维能力：帮助学生认真思考和挖掘传统财务报表分析方法的不适用性和局限性，并通过对传统财务指标进行改进和运用新的分析法来对分析结论加以弥补和完善，培养学生通过运用批判性思维来对传统的财务报表分析体系加以传承，尝试和运用新的分析方法来解决中国企业财务报表分析中遇到的现实问题。

培养学生的系统思维能力：帮助学生从单一的项目认知、单一的财务比率认知提升到财务信息的系统认知层面，强化置身于整个报表体系以及企业管理系统之中进行财务报表分析的重要性，并通过从战略层面解读企业经济活动的财务后果，培养学生的系统思维能力和专业知识的整合能力。

学习目标

1. 了解财务报表分析的起源和演进；
2. 了解财务报表分析的概念、主体和目的；
3. 掌握财务报表分析的基本方法；
4. 熟悉财务报表分析的框架和本书的分析路径与特色。

引例

北陆药业 2022 年年报中主要会计数据和财务指标的含义和分析意义

北京北陆药业股份有限公司（下称北陆药业）2022 年年报中主要会计数据和财务指标为：

项目	2022 年	2021 年	本年比上年增减	2020 年
营业收入（元）	765 881 882.25	859 906 450.65	−10.93%	827 337 626.08
归属于上市公司股东的净利润（元）	11 206 263.74	125 514 720.25	−91.07%	174 701 969.99
归属于上市公司股东的扣除非经常性损益的净利润（元）	−26 628 291.62	94 045 163.24	−128.31%	151 726 793.39
经营活动产生的现金流量净额（元）	127 812 757.45	108 726 227.83	17.55%	176 002 788.36
基本每股收益（元/股）	0.02	0.26	−92.31%	0.36
稀释每股收益（元/股）	0.08	0.28	−71.43%	0.36
加权平均净资产收益率	0.61%	7.03%	−6.42%	11.49%
总资产（元）	2 815 514 459.14	2 904 264 586.84	−3.06%	2 847 573 506.75
归属于上市公司股东的净资产（元）	1 776 339 641.85	1 857 012 398.49	−4.34%	1 741 905 282.13

思考（提示：不要求读者在这个阶段能够回答出全部思考题，读者可以在学习后面有关章节后再思考）：

1. 每份上市公司的年报都列示了“主要会计数据和财务指标”这一部分，表中的主要会计数据和财务指标各代表什么含义？

2. 营业收入规模的涨跌意味着什么？

3. 归属于上市公司股东的净利润和扣除非经常性损益的净利润有何区别？分析的意义何在？

4. 如何分析经营活动产生的现金流量净额的充足性？

5. 利用每股收益和净资产收益率两个指标就能充分评价一家上市公司的盈利能力吗？如何全面客观地评价其盈利能力？

6. 考察一家上市公司的风险和价值应主要考虑哪些因素？

7. 一家上市公司的总资产和净资产的规模如何？其变化趋势背后的战略含义是什么？

企业财务报表通过对企业某一特定日期的财务状况以及一定时期的经营成果和现金流量情况的具体列报，全面揭示企业各项经济活动的过程及其经济后果。由于企业财务报表反映的内容专业性强、概括性高，如不运用专门方法对其加以系统分析，就难以对企业财务状况的整体做出较为科学的评价与判断。因此，企业财务报表分析的重要功能就是对财务报表的数据做进一步加工、整理和分析，更加清晰、完整地展示企业财务状况的全貌。对企业财务报表进行分析，需要融合会计学、财务管理学、企业管理学、金融学及行为科学等多门学科的理论与实践经验。站在不同视角，分析者对一家企业财务状况的评价结论可能仁者见仁、智者见智。因此，财务报表分析既是一门科学，也是一门艺术。一位优秀的财务分析师不但能洞悉企业所提供的财务数字背后的经营状况，评价其偿债能力、盈利能力与营运能力，还能通过财务报表分析，对企业的战略制定与实施情况、经营管理质量、行业竞争力、风险与价值等诸多方面做出进一步的判断，并对企业的发展前景进行有效预测。

1.1 财务报表分析的起源和演进

1.1 即测即评

财务报表分析的起源与财务报表的产生几乎是同步的。当财务报表第一次出现时，必然需要以某种方式对其进行解读，将财务报表的具体数字转化成可理解的有用信息，于是就产生了财务报表分析。在形成一系列专门的财务报表分析方法之后，财务报表分析这门学科才算真正建立起来了。

系统的财务报表分析始于19世纪末20世纪初的美国，其理论与实务已有100多年的历史。财务报表分析源于西方银行家对信贷者的信用分析，之后又广泛应用于投资领域与企业内部分析。该学科的理论与实务是在企业外部金融市场（尤其是资本市场）环境的影响和需求下不断发展和完善起来的。本书以财务报表分析需求的变化为基础来阐释财务报表分析的演进过程。在不同发展阶段及不同的经济环境下，利益相关者或财务报表的阅读者对财务信息的需求不断发生变化，财务报表分析的内容和方法也随之发生变化。

1.1.1　信用分析

系统的企业财务报表分析起源于美国银行家对企业进行的所谓信用分析。19 世纪末 20 世纪初，经济危机时有发生，市场环境日趋复杂，企业竞争愈发激烈，越来越多的企业破产倒闭，信贷风险日益加大。为确保发放贷款的安全性，降低违约风险，越来越多的银行要求企业提供资产负债表等资料，以便了解企业的经营情况和财务状况。所以，信用分析又称资产负债表分析，主要是通过对企业的资产状况、负债状况等方面进行分析，运用流动比率、速动比率等一系列比率分析指标，考察和评价企业的偿债能力和信用状况。系统分析方法的出现和一些学者的研究，使得财务报表分析方法从一般经验中逐步显现出来形成一门学科，学者们在实践中创造了基于比率分析的多种技术分析方法。到了 20 世纪中期，财务分析者发现，在利用财务比率进行分析时需要一些便于比较的基础。因此，有些学者开始研究比率的统计分布，并且开始考虑是否应该为不同类型的企业建立不同的比率标准，于是在信用分析领域逐步形成了财务报表分析的实用比率学派。

1.1.2　投资分析

在 1920—1921 年的经济萧条时期，美国商品的变现价值大大低于实际成本，现金流量大幅减少，偿还贷款变得异常困难。随着信用的丧失，银行家发现了仅以流动性为基础的贷款政策的局限性，借款公司也认识到仅依靠银行的短期贷款会使自己在经济衰退时期变得更加脆弱。于是，大量发行股票便成为一般公司扩大规模的资金[①]源泉。当股票发行成为外部资金的主要来源，股东便成为财务报表的主要使用者，财务分析的重心就从信用分析扩展到投资分析，主要是盈利能力的分析，同时利润表成为更重要的报表。于是，财务报表分析就由信用分析阶段进入投资分析阶段，其主要任务也从稳定性分析过渡到收益性分析。

需要注意的是，从以信用分析为重心转变为以投资分析为重心，并不是后者对前者的否定，资本市场的发展和企业融资来源构成的变化，使得这一时期的财务报表分析出现以后者为重心、两者并存的状况。从财务报表分析的起源也可以看到，财务报表分析向来就是随着报表使用者对信息需求的变化而变化的。由于盈利能力（投资分析的主要方面）的稳定性是企业经营稳定性和财务稳健性的重要方面，企业的流动性很大程度上取决于盈利能力，同时资产的变现能力与盈利能力有间接的联系，因此随着人们对财务报表分析的理解不断加深，信用分析自然包括了盈利能力分析，它们逐步形成目前企业财务报表分析的基本框架。

---

① 本书对资本与资金两个概念并不严格加以区分。

1.1.3 内部分析

在企业财务报表分析的开始阶段，企业财务报表分析只是用于外部分析，即企业外部利益相关者根据各自的需求进行分析。后来，企业在接受银行的分析与咨询的过程中逐渐认识到财务报表分析的重要性，开始由被动地接受分析逐步转变为主动地进行自我分析。尤其是第二次世界大战后，企业规模不断扩大，经营活动日趋复杂。企业为了在激烈的市场竞争中求生存、图发展，不得不借助财务报表所提供的有关资料进行资讯导向、目标管理、利润规划及前景预测。这些都说明，企业财务报表分析开始由外部分析向内部分析拓展，并表现出两个显著特征：(1) 内部分析的目标更加多元化，资料的可获得性优于外部分析人员，这就为扩大分析领域、提高分析效果、发展分析技术提供了前提条件；(2) 内部分析的内容和手段不断扩大和优化，越来越成为财务报表分析的重心。

随着大数据时代的来临以及互联网技术的迅猛发展，人们对包括财务数据在内的企业业务数据的获取将更加快捷和准确，数据分析和提炼的手段将更加先进，财务报表分析的信息基础将会发生根本性的变化，财务报表分析的内涵和外延都会不断拓展，最终将会演变成“大数据分析”。这将极大地提高财务报表分析在企业内部管理中的地位和作用，同时也为企业财务报表分析内容的拓展、方法的完善、质量的提升带来更大的空间。

1.2 财务报表分析的概念、主体和目的

1.2 即测即评

1.2.1 财务报表分析的概念

企业财务报表分析的概念有狭义与广义之分。狭义的概念是指仅以企业对外提供的财务报表为主要依据，运用比率分析等手段，对企业的偿债能力、盈利能力与营运能力加以判断，并有重点、有针对性地对有关项目进行质量分析，从而对企业整体的财务状况质量进行评价，为报表使用者的经济决策提供财务信息支持的一种分析活动。广义的概念以此为基础，强调结合企业财务报表之外的其他信息来源（包括公开和不公开的财务信息与非财务信息），进行更为广泛的企业战略制定与实施情况分析、管理特征与质量分析、行业竞争格局与自身竞争优势分析（地域、资源、政策、行业、人才、管理等）、未来风险与挑战分析、发展前景与投资价值分析等。

如果说财务报表的产生过程是一种“综合”，将企业各个方面、各个部分、各种因素的变化所产生的经济业务，按照一定的规则加以分类、汇总，从而在整体上

反映出企业的财务状况和经营成果，那么财务报表分析则是更进一步的“综合”，通过专门的分析方法与手段，对财务报表所反映的信息做进一步的提炼、处理与加工，揭示企业的各种经营活动和管理活动与企业财务状况之间的内在联系、企业各种战略的制定与实施对企业财务状况造成的影响，这有利于更恰当地评价企业整体的财务状况质量，更科学地预测企业的发展趋势。

1.2.2　财务报表分析的主体和目的

财务报表分析的主体是与企业存在现时或潜在的利益关系，出于某些目的对企业的财务报表展开分析的组织或个人。通常情况下，财务报表分析的主体与财务信息使用者大体相同，均属于企业的利益相关者。不同的财务报表分析主体的利益倾向存在明显差异，与企业的利益关系也各不相同，这就决定了他们在对企业财务报表进行分析时必然有不同的分析目的和侧重点。

1. 企业所有者

所有者或股东作为企业的投资人，是企业收益的最终获得者和风险的最终承担者。因此，他们既高度关注有关企业营运能力和盈利能力等方面的信息（这将决定他们对企业投资的回报率），也高度关注有关企业的资产结构与质量、资本结构与质量、利润结构与质量以及现金流量结构与质量等方面的信息（这将决定他们对企业投资的风险水平）。同时，企业所有者又是企业委托-代理关系中的委托人，需要通过分析企业的财务状况来对经营管理者的受托责任履行情况进行评价。

从股权结构来看，由于股东的持股比例不同，在获取收益的规模、途径以及所承担的风险等方面均存在显著差异，他们进行财务报表分析的目的也就各不相同。一般而言，控股股东控制着董事会，主导企业的各项经营决策与财务决策，通过扶持企业不断成长来获取大规模的投资收益（当然也可以通过资金占用、关联交易等手段来转移企业的资源），在企业经营失败时将面临最大的投资损失，因此他们往往更注重企业的长远发展，更强调企业战略的运行方向和实施效果，对企业在资产质量、资本结构质量、利润质量以及现金流量质量等方面所体现的财务状况质量尤为关注。中小股东则主要是通过股价短期上涨、当期现金分红等方式来获取投资收益，因而他们更关注企业的短期盈利水平、现金流量状况与股利分配政策等方面的信息。

2. 企业债权人

企业债权人是指以出让资金使用权的方式或提供其他资产的方式向企业投入资源的自然人或法人，如商业银行、供应商、企业债券持有人等。由于对于企业债权人来说最重要的事情就是确保其债权的安全，即能否按期收回本金和利息，因此他们非常关注企业偿债能力方面的信息。此外，企业的盈利能力、资产质量和现金流量状况会在根本上决定企业的偿债能力，企业的营运能力又在很大程度上决定企业资产的流动性，因此，债权人也会关注企业盈利能力、营运能力以及资产质量和现金流量质量等方面的信息。

依据债务的偿还期限，债权人分为短期债权人和长期债权人。短期债权人通常需要在一年之内收回本金和利息，因此更关注企业资产的流动性和企业的现金流量状况，强调企业应具有一定的短期支付能力。而长期债权人在较长时间之后才需要收回本金和利息，因而往往更关注企业的财务状况质量，如资产质量、利润质量以及资本结构质量等，强调企业的风险因素和未来发展前景。

3. 经营管理者

经营管理者接受企业所有者的委托，对企业所从事的各项经济活动及其经营成果和财务状况进行有效的管理与控制，以实现企业长短期的经营目标。相对于所有者和债权人等外部信息使用者，经营管理者拥有更多了解企业的信息渠道和监控企业的方法，但财务报表仍然是十分重要且有效的信息来源。由于经营管理者要参与企业实际管理工作的全过程，会涉及方方面面的问题，因而其财务报表分析的目的呈现出多样化的特点。

为满足不同利益主体的需要，协调各方面的利益关系，经营管理者必须对涉及企业财务状况的各个方面予以详尽了解和掌握，以便及时发现问题、采取对策，进行科学的投融资决策，规划和修订市场定位目标，制定和调整资源配置战略、资本引入战略等各方面战略，进一步挖掘潜力，为经济效益的持续稳定增长奠定基础。同时，经营管理者还需要借助财务报表分析对企业的各个部门和员工进行业绩评价，为日后的生产经营编制科学的预算，实现高效的控制与监督。

4. 政府职能机构

政府职能机构是指工商、税务、财政以及各级国有资产监督管理委员会（以下简称国资委）等对企业有监管职能的各政府职能部门。工商行政部门主要是审核企业经营的合法性，进行产品质量监督与安全检查；税务与财政部门则主要关注企业的盈利水平与资产的增减变动情况，监督企业是否遵守相关政策法规，检查企业税收缴纳情况；各级国资委作为国有企业的直接出资人，除关注投资所产生的社会效应外，还必然对投资的经济效益予以考虑，在谋求资本保全的前提下，期望能够带来稳定增长的财政收入。总之，政府职能机构不仅需要了解企业资金的使用效率，预测财务收入增长情况，有效地组织和调整社会资金资源的配置，而且要借助财务报表分析，检查企业是否存在违法违纪、浪费国家财产等问题，最后通过综合分析，对企业的发展后劲以及对社会的贡献程度进行考察。

5. 社会中介机构

社会中介机构通常包括会计师事务所、律师事务所、资产评估事务所、资信评估公司以及各类咨询机构等。它们以独立第三方的身份为企业提供服务，包括对企业相关事项做出客观公正的评价，提出中肯的意见和建议，等等。通过财务报表分析，了解企业的财务状况，发现生产经营过程中存在的问题，会为社会中介机构提供非常有价值的判断依据。

在这些社会中介机构中，会计师事务所与财务报表分析的关系最为密切。注册会计师在对企业的财务报表进行审计时，需要就财务报表编制状况发表审计意见，而财务报表分析可以帮助其发现问题和线索，为审计结论提供依据。

6. 其他财务报表分析的主体

除上述财务报表分析主体之外，企业的客户、员工、竞争对手以及社会公众等都可能需要通过财务报表分析来了解企业的财务状况，以便做出各种决策。

在许多情况下，企业可能成为某个客户的重要的商品或劳务供应商。因此，客户关心企业连续提供商品或劳务的能力，关心企业的长期发展前景以及有助于对此做出估计的盈利能力指标与财务杠杆指标等。

企业的员工通常与企业存在长久、持续的关系。他们关心工作岗位的稳定性、工作环境的安全性以及获取报酬的前景。因而，他们对企业的盈利能力和偿债能力特别感兴趣。

竞争对手希望获取关于企业财务状况的会计信息及其他信息，借以判断企业间的相对效率与竞争优势，为未来可能出现的企业兼并提供信息。因此，竞争对手可能将企业作为接管目标，对企业财务状况的各个方面均感兴趣。

社会公众对特定企业的关心也是多方面的。一般而言，他们关心企业的就业政策、环境政策、产品政策以及社会责任履行情况等。对这些方面的分析可以借助盈利能力分析等手段。

我们可以从上述分析中得出以下结论：各财务报表分析主体要求得到的信息大部分都是面向未来的，而对外披露的财务报表反映的是企业过去的财务状况，因而财务报表分析并不能提供他们需要的全部信息；不同的财务报表分析主体有着不同的分析目的，财务报表分析要依据分析目的的不同而选用不同的分析视角和分析侧重点；不同的财务报表分析主体需要获得的信息的深度和广度并不相同，财务报表分析应选择具有个性化的分析方法而不能简单粗暴地“一刀切”。

1.3　财务报表分析的基本方法

决策依赖于评价，而评价建立在对比的基础上。究其本质，企业财务报表分析就是通过对比来发现问题，进而分析问题和解决问题。所以，企业财务报表分析的灵魂在于对比。

1.3 即测即评

一般来说，根据对比的对象不同，财务报表分析可以使用多种分析方法。企业某一年度的财务报表数据，可以在同一类项目之间进行对比，用以考察某特定项目在该类项目中所占比重，这种方法通常称为结构分析法；也可以在相互联系的不同类别项目之间进行对比，以揭示相互之间的依存关系和基本状况，这种方法就是最常用的比率分析法；还可以将各项目该年数据与历史年度数据进行对比，以寻找其变化规律、预测发展趋势，这种方法就是趋势分析法；更可以将各项目数据与同行业先进水平、平均水平甚至竞争对手的相关数据进行对比，以判断该企业在行业内的竞争优势和相对地位，这便构成了比较分析法的基本内容。除此之外，还可以对各项目逐项展开分析，根据其自身特征和管理要求，在结合企业具体经营环境和经营战略的基础上对其质量进行评价与判断，这也是一种非常有效的分析方法。这种方法使各项目按照具体的经济活动建立起广泛和多层次的联系，在分析各项目具体质量的基础上判断企业财务状况的整体质量（当然这种方法也离不开各项目之间的对比）。本书将这种分析方法定义为项目质量分析法，即对企业的资产负债表、利润表和现金流量表中值得关注的项目展开质量分析，在此基础上对企业的资产质量、资本结构质量、利润质量以及现金流量质量加以判断，最终对企业财务状况的整体质量进行评价，据以预测企业的发展前景。

1.3.1 结构分析法

结构分析法（structure analysis approach）又称垂直分析法、纵向分析法或者共同比分析法。它以财务报表中的某个总体指标作为100%，计算出各组成项目占该总体指标的百分比，从而比较各个项目百分比的增减变动，揭示各个项目的相对地位和总体结构关系，以便分析比较同一报表内各项目变动的适当性，判断有关财务活动的变化趋势。因此，结构分析法既可用于静态的结构分析，也可用于动态的趋势分析。

结构分析法通常用于资产负债表和利润表的结构分析。在对资产负债表进行结构分析时，资产类项目通常以总资产的百分率表示，计算各项资产在总资产中所占比重，以观察企业资产的流动性和各项资产所占比例是否适当；权益类项目通常以负债和所有者权益总计金额（即总权益）的百分率表示，分别计算各负债项目和所有者权益项目占总权益的比重，以分析资本结构的合理性。在对利润表进行结构分析时，由于营业收入是计算净利润的起点，因而通常将营业收入设为100%，分别计算各项收入、费用和利润项目占营业收入的比重，以反映各项收入对利润的贡献程度和各项费用开支的合理性。

为了进一步考察各类项目的内在构成情况，也可以将各类项目的总额设定为100%。例如，为了分析流动资产的结构，可以将流动资产合计设为100%，分别计算各流动资产项目所占比例。同理，在分析负债的结构时可以将负债合计设为 100%，分别计算各流动负债项目和非流动负债项目所占比例。

以北陆药业 2021 年和 2022 年的利润表为例，初步分析以营业收入为起点的结构百分比利润表，以考察各主要项目对净利润的影响程度，如表 1-1 所示。

表 1-1　结构百分比利润表

项目	2021 年		2022 年		百分比增减（%）
	金额（元）	百分比（%）	金额（元）	百分比（%）	
营业收入	859 906 451	100.00	765 881 882	100.00	0.00
营业成本	324 444 019	37.73	341 656 304	44.61	6.88
毛利	535 462 432	62.27	424 225 578	55.39	
税金及附加	10 308 907	1.20	11 447 407	1.49	0.30
销售费用	284 654 953	33.10	210 556 574	27.49	−5.61
管理费用	78 946 930	9.18	85 689 757	11.19	2.01
研发费用	47 227 073	5.49	99 008 885	12.93	7.44
利息费用	44186518	5.14	47643633	6.22	1.08
利息收入	13 195 328	1.53	8 483 398	1.11	−0.43
其他收益	15 310 266	1.78	13 580 415	1.77	−0.01
营业外支出	5 094 537	0.59	1 842 334	0.24	−2.27
所得税费用	12 062 434	1.40	−10 140 639	−1.32	1.81
净利润	110 293 674	12.83	−4 621 083	−0.60	−0.05

通过表 1-1 的结构百分比可以看出，营业成本和销售费用、管理费用、研发费用是影响利润水平的主要因素。借助结构分析很容易看出各项目在总体中的相对重要性，结构分析有助于报表使用者找出重要项目和异动项目，抓住问题的关键，明确进一步分析的方向。

然而我们注意到，在运用这种方法进行分析时，由于利润表中有些项目（如营业外收入等）与营业收入没有任何关联，因此将这些项目分别与营业收入相比较所计算出来的比率也就没有任何分析意义。鉴于此，本书建立了核心利润概念（见第 4 章），并计算出核心利润率指标（核心利润与营业收入之比），这样就可以较准确地反映营业收入所带来的经营成果。

1.3.2　趋势分析法

趋势分析法（trend analysis approach）又称水平分析法或者横向分析法。它是将两期或连续数期的财务报表中的相同指标进行对比，确定其增减变动的方向、数额和幅度，以说明企业财务状况和经营成果的变动趋势的一种方法。趋势分析的目的在于：(1) 确定引起财务状况与经营成果变动的主要项目；(2) 确定变动趋势的性质是否有利；(3) 预测将来的发展趋势。

在趋势分析中，常见的分析方法有以下三种：

1. 绝对数分析法

绝对数分析法就是将有关项目连续几期的绝对数额逐一列示并进行对比。采用这种分析方法易于看出相关项目的变动方向及其趋势（上升、下降、波动还是稳定）。

2. 环比分析法

环比分析法就是计算有关项目相邻两期的变化率，即分析期某项目的数值相对于前期该项目数值的变动百分比。采用这种分析方法不仅可以看出相关项目变动的方向，还可以看出其变动的幅度。环比变动百分比的计算公式为：

$$环比变动百分比=\frac{分析期某项目数值-前期某项目数值}{前期某项目数值}\times 100\%$$

需要注意的是，如果前期某项目的数值为零或者负数，则无法计算出有意义的环比变动百分比。

3. 定基分析法

定基分析法就是选择一个固定的期间作为基期，计算相关项目在各分析期的水平相对于基期水平的变动百分比。采用这种分析方法不仅可以看出不同期间的变动方向和幅度，还可以看出一个较长期间内的总体变化趋势，便于进行较长时期的趋势分析。定基变动百分比的计算公式为：

$$定基变动百分比=\frac{分析期某项目数值-基期某项目数值}{基期某项目数值}\times 100\%$$

选择基期时，不要选择项目数值为零或者负数的期间，否则无法计算出有意义的定基变动百分比。最好选择企业财务状况比较正常的年份作为基期，否则得出的定基变动百分比不具有典型意义。

为了便于读者理解以上三种方法在财务报表分析中的应用，我们以北陆药业2020—2022年的利润表为例，分析结果如表1-2所示。

表1-2 利润表项目的趋势分析表

项目	金额（元）			环比变动百分比（%）		定基变动百分比（%）	
	2020年	2021年	2022年	2021年	2022年	2021年	2022年
营业收入	827 337 626	859 906 451	765 881 882	3.94	−10.93	3.94	−7.43

续表

项目	金额（元）			环比变动百分比（%）		定基变动百分比（%）	
	2020 年	2021 年	2022 年	2021 年	2022 年	2021 年	2022 年
营业成本	276 484 244	324 444 019	341 656 304	17.35	5.31	17.35	23.57
毛利	550 853 383	535 462 432	424 225 578	−2.79	−20.77	−2.79	−22.99
税金及附加	11 613 766	10 308 907	11 447 407	−11.24	11.04	−11.24	−1.43
销售费用	267 411 119	284 654 953	210 556 574	6.45	−26.03	6.45	−21.26
管理费用	78 435 782	78 946 930	85 689 757	0.65	8.54	0.65	9.25
研发费用	51 719 751	47 227 073	99 008 885	−8.69	109.64	−8.69	91.43
利息收入	10 943 464	13 195 328	8 483 398	20.58	−35.71	20.58	−22.48
其他收益	15 062 987	15 310 266	13 580 415	1.64	−11.30	1.64	−9.84
营业外支出	9 361 691	5 094 537	1 842 334	−45.58	−63.84	−45.58	−80.32
所得税费用	19 841 132	12 062 434	−10 140 639	−39.20	−184.07	−39.20	−151.11
净利润	153 995 860	110 293 674	−4 621 083	−28.38	−104.19	−28.38	−103.00

从表 1－2 中可以看出，从环比角度看，北陆药业 2022 年因集采产品价格下跌，营业收入比上年降低了 10.93%，营业成本增加了 5.31%，毛利同比下降 20.77%。公司在当年研发投入大幅增加，增长幅度达到 109.64%，主要系本年加速对比剂、心血管等产品管线布局及响应国家和政府大力支持中医药发展号召，持续研发创新中药抗焦虑药物。此外，除了管理费用增长了 8.54%以外，销售费用、利息收入、其他收益大幅下降，下降幅度分别为 26.03%、35.71%、11.30%，营业外支出较上年降低了 63.84%，但由于这些项目规模相对较小，对利润影响有限。综合各种因素，公司当年净利润较 2021 年降低了 104.19%。

从定基比较来看，2022 年营业收入较 2020 年降低了 7.43%，加之营业成本增加了 23.57%，毛利大幅下跌，降低了 22.99%。相对于 2021 年，公司 2022 年在管理和研发上面进行了更多的投入，导致管理费用和研发费用较 2020 年分别上升了 9.25%和 91.43%，加上销售费用较 2020 年下降了 21.26%、利息收入降低了 22.48%、营业外支出下降了 80.32%，最终导致 2022 年净利润较 2020 年下跌了 103%。

在对报表各项目进行趋势分析时，应注意以下几个问题：

（1）如果前后期间所采用的会计政策不一致（如 2021 年固定资产达到预定可使用状态前或者研发过程中产出的产品或副产品对外销售的，应当按照《企业会计准则第14号——收入》《企业会计准则第1号——存货》等规定分别进行会计处理），应对前期相关项目进行追溯调整，这是比较的基础。

（2）应考虑各期内部重要事项（如重大资产重组）和外部环境因素（如金融危机）对各期财务数据造成的影响，在分析中需要对异常值做特殊处理。

（3）当趋势分析涉及的期限较长时，应考虑物价水平变动因素对各期财务数据造成的影响，必要时可先消除物价变动带来的影响，再进行分析。

1.3.3 比率分析法

比率分析法（ratio analysis approach）是把某些彼此存在关联的项目加以对比，计算出比率，据以确定经济活动基本特征以及变动程度的分析方法，分子分母中进行对比的两个项目通常分属于不同的两个会计要素。其作用为：（1）由于比率是相对数，采用这种方法能够把某些条件下的不可比指标变为可以比较的指标，将复杂的财务信息加以简化，以利于分析；（2）它揭示了报告期内各有关项目（有时还包括表外项目，如附注中的项目）之间的相关性，产生了许多在决策中有用的新信息。比率计算的结果如果直接利用往往不说明任何问题，只有将其在不同的年度之间以及不同的企业之间（最好处于同一行业）进行比较才显示出一定的利用价值。传统的比率分析指标主要用于分析企业的偿债能力、营运能力和盈利能力，具体各比率分析指标计算公式详见第3、4、5章。

1.3.4 比较分析法

比较分析法（comparative analysis approach）是通过比较不同的数据，发现规律性的东西并找出与被比较对象的差别的一种分析方法。用于比较的可以是绝对数，也可以是相对数，其主要作用在于揭示指标间客观存在的差距，并为进一步分析指明方向。比较形式可以是本期实际与以前各期的比较，可以是本期实际与计划或定额指标的比较，也可以是企业相关项目和指标与国内外同行业平均水平或者先进水平的比较。比较时要特别注意企业分析指标与比较标准之间的可比性，即与选择的比较标准在内容、期间、计算口径、计价基础、总体性质等各方面均应具有一致性。

常用的比较标准有基期标准、预期标准、行业标准等。

1. 基期标准

基期标准通常是指前期实际发生的、已经成为历史数据的比较标准。它反映企业分析指标的历史水平，可以是上期指标、往年同期指标或者历史上任意时期的指标。将企业分析指标与基期标准进行比较，可以对分析指标的改进情况、发展方向和变动趋势进行评价。

2. 预期标准

预期标准是指企业预先确定的比较标准，通常可以根据企业制定的计划、预算以及各部门相应责任加以确定，它反映企业分析指标的目标水平。将企业分析指标与预期标准进行比较，可以对企业完成计划、预算、定额或者责任指标的情况进行评价，作为衡量企业目标是否达成的重要依据。

3. 行业标准

行业标准是指企业所在行业的同类指标比较标准，反映分析指标的行业水平。行业标准可以是本行业的平均水平，也可以是本行业的先进水平，还可以是本行业的标杆水平。将企业分析指标与行业标准进行比较，可以对企业在本行业中的地位和相对竞争优势或劣势进行评价，找出本企业与行业先进水平或者对标企业之间的差距，为企业今后的发展指明方向。

1.3.5 项目质量分析法

由本书作者提出并在书中采用的项目质量分析法（item quality analysis approach）主要是通过对财务报表各项目的规模、结构以及状态进行分析，还原企业所发生的经营活动和理财活动，并根据各项目自身特征和管理要求，结合企业具体经营环境和经营战略，对各项目的质量进行评价。在此基础上，还可以对企业整体的资产质量、资本结构质量、利润质量以及现金流量质量进行分析与评价，最终对企业财务状况质量做出整体判断。虽然该方法仍处于发展与完善阶段，但在十多年的教学和实践中，已显示出较强的生命力和较高的应用价值。

在进行项目质量分析时，通常不需要面面俱到地对报表中的每一个项目进行分析，而是根据重要性原则和例外原则，找出重大项目和异动项目，这样便于提高分析效率。对于每个企业来说，其重大项目和异动项目会因企业所处的行业、自身经营战略的选择以及具体业务环境不同而有所不同，因此，每个企业在利用项目质量分析法进行分析时，需要分析的项目可能不同。这就意味着，项目质量分析法更像是为每个企业量身定做的个性化的分析方案，而不是像比率分析法那样，对每个企业的财务状况都采用统一的一套财务指标体系进行衡量。

在上市公司年报“经营情况讨论与分析”中，通常都会包含“资产及负债状况”这部分内容，通过一张表来揭示资产和负债构成的重大变动情况，这实际上就是采用重要性原则和例外原则对重大项目和异动项目所进行的列示（当然也可以根据实际情况适当添加一些项目）。我们以北陆药业 2022 年资产负债表为例来说明资产负债表中的重大项目和异动项目的基本情况，如表 1－3 所示。

表1-3 北陆药业2022年资产负债表重大项目和异动项目一览表

项目	2022年末		2021年末		比重增减（%）	金额较上年增减（%）
	金额（元）	占总资产比例（%）	金额（元）	占总资产比例（%）		
货币资金	766 734 641	27.23	895 023 071	30.82	-3.59	-14.33
应收账款	106 202 236	3.77	133 730 179	4.60	-0.83	-20.58
存货	276 221 626	9.81	250 009 439	8.61	1.20	10.48
其他流动资产	13 659 008	0.49	8 681 454	0.30		57.34
其他非流动金融资产	362 126 503	12.86	335 245 728	11.54	1.32	8.02
长期股权投资	198 961 733	7.07	217 851 563	7.50	-0.43	-8.67
固定资产	782 906 565	27.81	745 763 511	25.68	2.13	4.98
在建工程	44 986 175	1.60	49 000 133	1.69	-0.09	-8.19
无形资产	125 101 049	4.44	138 987 560	4.79	-0.35	-9.99
使用权资产	12 566 262	0.45	536 698	0.02	0.43	2 241.40
短期借款	107 611 686	3.82	79 081 370	2.72	1.10	36.08
合同负债	4 446 180	0.16	3 797 908	0.13	0.03	17.07
应付票据	54 781 327	1.95	64 716 257	2.23	-0.28	-15.35
应付账款	86 121 968	3.06	76 410 259	2.63	0.43	12.71
租赁负债	9 982 253	0.35	136 019	0.00	0.35	7 238.88
其他应付款	9 328 054	0.33	15 435 494	0.53	-37.66	-39.57
应付债券	426 503 607	15.15	391 299 153	13.47	12.43	9.00
股本	491 956 552	17.47	492 717 587	16.97	0.50	-0.15
其他权益工具	132 466 354	4.70	132 475 083	4.56	0.14	-0.01
资本公积	135 296 312	4.81	201 268 513	6.93	-2.12	-32.78
盈余公积	147 763 426	5.25	144 211 559	4.97	0.28	2.46
未分配利润	871 149 363	30.94	897 832 648	30.91	0.03	-2.97

项目质量分析法通常需要借助报表附注披露的内容以及一些表外信息开展分析，报表各项目的具体分析内容和方法详见本书后面的有关章节。在本案例中，根据项目质量分析法所采用的重要性原则和例外原则，在常规的比率分析的基础上，应该针对资产负债表中的货币资金、应收账款、存货、其他非流动金融资产、长期股权投资、固定资产、在建工程和无形资产等资产项目做进一步的项目质量分析，负债和所有者权益中短期借款、应付账款、应付债券以及资本公积等项目也要予以

特殊关注。

总体来说，前四种分析方法基本上属于传统的财务报表分析方法，已经较为成熟。这些方法以系统化的比率分析法为主体，侧重于对企业的盈利能力、偿债能力、营运能力、发展能力等方面做出分析与评价。然而，这种传统的财务比率分析法均具有相当大的局限性，每个财务比率仅就企业财务状况的某一局部或某一方面加以分析，且都有较为严格的假设前提，因此导致财务比率的分析结果过于绝对化，更难以对企业财务状况的整体质量做出全面客观的评价。可以这样说，如果在比率分析中不结合行业特征、竞争战略、商业模式、结算模式以及经营环境等诸多具体、复杂的企业内外部因素，很可能会导致分析结果"以偏概全"，甚至会误导决策者做出错误的决策，从而影响社会资源的优化配置。因此，在分析中本书建议基于"业财融合"理念，在具体的业务场景和经营管理条件下对财务比率加以分析和诠释，这样才能使得每一项财务数据和每一个财务指标因与企业诸多主客观个性化因素相连而变得鲜活并富有实际意义。举例来说，一些上市公司报表中的净利润背后隐藏的可能是政府给予税收优惠等多方面的支持，扭亏为盈的根源也许是盈余管理和政府买单，业务规模迅速扩张的原因仅仅是大规模并购中的数字游戏，等等。如果不分析蕴藏在这些财务报表数据背后的经济实质，就很可能导致分析者对企业的真实盈利能力产生错误的判断。因此，在分析中需要在比率分析的基础上，进一步通过对企业利润结构以及收入、费用等各利润表项目的质量进行考察，得出更为全面而恰当的分析结论。

鉴于此，在财务报表分析方法的运用上，本书建议将多种方法有机融合，比如比率分析法与项目质量分析法通过融合，可以实现互为补充，在很大程度上克服了比率分析法本身存在的"一刀切"问题，使得分析结论更加贴近企业具体的实际情况。当然，在分析中除了要使用财务报表和报表附注中披露的财务数据之外，还需要结合其他从各种渠道获取到的相关非财务信息，这样才能为财务信息使用者提供更科学、全面的决策依据。

需要说明的是，在内容编排上，考虑到读者的学习习惯和知识的连贯性，本书并没有完全遵照上述分析路径所列示的顺序，而是按照资产负债表、利润表和现金流量表这样的顺序对分析内容逐章地加以介绍。在分析方法的具体运用上，主要是将比率分析法与项目质量分析法加以结合，系统地对上述三张基本财务报表展开系统分析。读者可以根据自身需要灵活地调整分析顺序。

本章小结

通过本章的学习，我们了解了财务报表分析的起源和演进；掌握了财务报表分析的概念、主体和目的；掌握了主要的财务报表分析方法。

关键术语

结构分析法　　趋势分析法　　比率分析法
比较分析法　　项目质量分析法

思考题

1. 财务报表分析经历了怎样的演进过程，发展趋势如何？
2. 如何理解财务报表分析的概念？
3. 财务报表分析的主体通常有哪些？各自有什么分析目的？
4. 主要的财务报表分析方法有哪些？

案例讨论与分析

案例一　是谁决定了公司的发展方向

哈尔滨秋林集团股份有限公司（下称秋林集团）2020年3月3日发布的该公司2019年年度报告中，有这样的描述：

公司董事长及副董事长的失联（详见公告临2019-004）原因尚不明朗。为保证公司各项生产经营活动正常开展，成立应急领导小组。应急领导小组决策实行票决制，表决事项需取得2/3以上成员同意方可审议通过。另外，应急领导小组下设工作小组，协助应急领导小组工作。

为保证公司各项生产经营活动正常开展，公司于2019年2月15日紧急研究决定，在公司董事长无法履职期间，由公司董事、总裁潘建华女士代行公司董事长及法定代表人职责。

由于过去公司黄金事业部下辖各公司的经营管理活动一直由董事长直接负责，故无法判断董事长、副董事长或控股股东是否存在在公司经营管理层其他人员不知晓的情况下通过该业务或利用其身份而产生其他不当交易、违规担保、资金占用等有损上市公司利益的行为。

秋林集团2023年4月27日发布的该公司2022年年度报告中，有这样的描述：

公司于2023年4月3日通过中国证券监督管理委员会黑龙江监管局官网查询到对公司时任董事长李亚、副董事长李建新的《市场禁入决定书》〔2023〕1号：对李建新采取终身市场禁入措施，对李亚采取10年证券市场禁入措施。

2021年5月12日本公司被上海证券交易所终止上市。2021年12月2日，黑龙江省哈尔滨市中级人民法院裁定受理了哈尔滨广祥矿业投资有限公司对本公司的破产清算申请。

截至目前，秋林集团董事长李亚仍处于失联状态，公司表示其黄金珠宝业务经营停滞。此外，秋林集团 2022 年度发生亏损 0.88 亿元，财务状况持续恶化。

董事长失联对黄金业务影响较大，目前公司黄金事业部下辖公司经营状态已停滞。

1. 表面上看，公司董事长、副董事长的失联对公司管理的影响可能通过 2019 年 2 月 15 日的“紧急研究决定”暂时得到解决。但实际上，该公司仍然有可能朝着业绩严重下滑的方向发展。从黄金事业部业务的停滞可以看出，公司董事长及其相关的资源对企业发展方向和业务拓展的影响是十分巨大的。请思考：公司董事长对企业发展的影响何在?

2. 请进一步思考：决定企业未来发展趋势的关键因素是什么？是企业所拥有的资源（即资产负债表的左边）还是企业资本结构、股权结构所决定的控制权结构(即资产负债表的右边)?

案例二 银行选择信贷对象的经验做法

一次，在介绍保持银行贷款安全性的会议上，某银行行长说：我们着重考察企业的“三品”：第一，人品，即我们着重考察企业领导人的人品；第二，产品，即我们注重考察企业贷款用于生产的产品的盈利能力；第三，抵押品，即我们还要考察企业对贷款的保障措施。

1. 当作为债权人的银行选择信贷对象时，企业财务分析的作用何在？又有何局限性?

2. 选择信贷对象时通常还需要考虑哪些非财务信息？这位银行行长的经验与企业的财务状况有哪些关联?

第2章

财务报表分析基础

素养提升

全面了解企业财务报告的构成，有助于学生充分认识仅仅利用财务报表数据进行比率分析的局限性，深入探讨利用财务信息和非财务信息进行深层次分析的必要性，培养学生对企业整体财务状况的系统思维和综合分析能力。

全面了解制约企业财务报表编制和保证财务信息质量的基本会计假设、一般会计原则和法规体系，培养学生诚信为本的职业道德意识和社会责任观念。

1. 价值塑造

树立创新引领的科学发展观：强化在继承与学习传统的企业财务报表分析体系的同时，努力克服其自身存在的不适用性和局限性，深刻认识只有通过创新才能使财务报表分析理论体系不断得到发展与完善的重要意义。

树立诚信为本的职业道德观：通过了解制约财务报表编制的一般原则和法规体系，强化财务信息质量弹性边界的概念，帮助学生树立诚信为本的职业道德观念和科学的准则约束意识与法律意识。

树立平等和谐的社会责任观：通过全面学习上市公司的信息披露制度，强化企业通过财务报告进行信息披露对利益相关者的意义，以及对促进企业公平发展和推动资本市场不断完善的重要作用，帮助学生树立基于公开平等与和谐共生的社会责任观。

2. 知识传授

获取企业经济活动的信息来源主要包括企业定期对外发布的财务报告，财务报告的组成除了基本的资产负债表、利润表、现金流量表和所有者（股东）

权益变动表外，还包括报表附注和注册会计师出具的审计报告。

财务报表分析的对象表面上是财务报表所能反映的企业各项基本经济活动，包括筹资活动、投资活动和经营活动等，但这些经济活动实质上反映了企业战略所驱动的企业行为。企业对外披露的财务信息只有结合财务信息背后经济活动发生的逻辑才能变得鲜活起来，才有可能被正确地加以解读和利用。理解企业各项经济活动及其所反映的（战略驱动的）企业行为是解读和分析财务信息的重要基础。

企业财务报表的编制会受到会计的基本假设和一般原则的制约。正是这些财务会计的基本假设和基本原则奠定了现代企业财务信息披露的专业技术基础，也限定了企业财务信息质量的弹性边界（即财务信息质量的可接受范围）。

3. 能力培养

培养学生的系统思维能力： 帮助学生认识全面运用上市公司年报信息，基于中国制度背景和经济环境对企业财务报表进行系统分析的重要意义，培养学生对企业整体财务状况的系统思维和综合分析能力。

培养学生的职业道德意识： 通过了解制约财务报表编制的基本会计假设和一般会计原则，强化会计信息的质量观念，帮助学生牢固树立“诚信为本，不做假账”的职业道德意识。

培养学生的社会责任意识： 学习上市公司的信息披露制度，强化企业通过财务报告进行信息披露对利益相关者的意义，以及对促进企业发展和推动资本市场不断完善的重要作用，有助于学生树立公正和谐的社会责任意识。

学习目标

1. 掌握企业财务报告的构成；
2. 了解制约企业财务报表编制的基本会计假设；
3. 了解制约企业财务报表编制的一般会计原则；
4. 理解基本会计假设与一般会计原则对报表信息的影响；
5. 了解制约企业财务报表编制的法规体系；
6. 了解主要的上市公司信息披露制度和规范。

引例

北陆药业 2022 年年报财务报表附注（节选）

1. 编制基础

本财务报表按照财政部颁布的企业会计准则及其应用指南、解释及其他有关规定

（统称“企业会计准则”）编制。

本财务报表以持续经营为基础列报。

公司会计核算以权责发生制为基础。除某些金融工具外，本财务报表均以历史成本为计量基础。资产如果发生减值，则按照相关规定计提相应的减值准备。

2. 持续经营

公司对报告期末起12个月的持续经营能力进行了评估，未发现对持续经营能力产生重大怀疑的事项或情况。

3. 遵循企业会计准则的声明

本财务报表符合企业会计准则的要求，真实、完整地反映了公司2022年12月31日的财务状况以及2022年的合并及公司经营成果和合并及公司现金流量等有关信息。

思考

1. 什么是财务报表附注？它的作用何在？
2. 从上市公司年报的财务报表附注来看，制约企业财务报表编制的法规体系有哪些？
3. 持续经营的含义是什么？据你了解，财务报表除了以持续经营为基础进行列报外，还应有哪些基本会计前提？
4. 根据企业会计准则的要求，为真实、完整地反映公司的财务状况及经营成果和现金流量等有关信息，所编制的财务报表应包括哪些内容？

2.1 企业财务报告的构成

2.1 即测即评

一般认为财务报表是指用货币形式表现企业一定时期财务状况、经营成果和现金流量的书面文件，通常包括资产负债表、利润表、现金流量表和所有者（股东）权益变动表等。本书的财务报表分析所涉及的内容较为广泛，与通常所说的企业财务报告一致。企业财务报告是指企业对外提供的反映企业某一特定日期的财务状况和某一会计期间的经营成果、现金流量等会计信息的文件。财务报告包括基本财务报表和其他应当在财务报告中披露的相关信息和资料，如审计报告、报表附注等。为便于读者理解和掌握财务报表分析的内容，本节对财务报告的构成和几个相关概念加以简要介绍。

2.1.1 企业财务报告的构成

1. 基本财务报表

一般而言，基本财务报表是会计信息的载体，是对企业财务状况、经营成果和现金流量的结构性表述，是对企业各种经济活动财务后果的综合性反映。

从基本财务报表的发展、演变过程来看，世界各国的报表体系逐渐趋于形式上的一致（尽管其概念内涵、指标口径等在各国有不同程度的差异）。目前，世界各国的基本财务报表一般包括资产负债表（balance sheet）、利润表（income statement）、现金流量表（statement of cash flow）和所有者（股东）权益变动表（statement of changes in stockholders' equity）。

（1）资产负债表。资产负债表是企业的基本财务报表之一，它反映企业在某一特定日期（如月末、季末、年末）全部资产、负债和所有者权益的情况，是企业经营活动的静态体现。它是根据"资产＝负债＋所有者权益"这一平衡公式，依照一定的分类标准和一定的次序，将某一特定日期的资产、负债、所有者权益的具体项目加以适当的排列编制而成。它表明企业在某一特定日期所拥有或控制的经济资源、所承担的现时义务和所有者对净资产的要求权（即剩余权益）。

（2）利润表。利润表也是企业的基本财务报表之一，它反映企业一定会计期间（如月度、季度、半年度或年度）的经营成果，是企业经营活动的动态体现。企业一定会计期间的经营成果既可能表现为盈利，也可能表现为亏损，因此利润表也称损益表。它全面揭示了企业在某一特定时期实现的各种收入，发生的各种费用、成本或支出，以及企业实现的利润或发生的亏损情况。利润表是根据"收入－费用＝利润"这一基本关系编制的，其具体内容取决于收入、费用、利润等会计要素及其内容，利润表项目是收入、费用和利润等要素内容的具体体现。

（3）现金流量表。现金流量表是反映企业一定时期（如月度、季度、半年度或年度）内经营活动、投资活动和筹资活动对其现金所产生影响的财务报表。现金流量表详细描述了企业在一定会计期间分别由经营活动、投资活动与筹资活动所产生的现金流入与现金流出的具体情况。

需要说明的是，现金流量表中的"现金"指的是货币资金（包括库存现金、银行存款、其他货币资金等）和现金等价物（一般指企业持有的期限短、流动性强、易于转换为已知金额现金、价值变动风险很小的投资）。

（4）所有者（股东）权益变动表。所有者（股东）权益变动表是反映构成所有者权益的各个组成部分当期增减变动情况的报表。所有者权益变动表既可以为报表使用者提供所有者权益总量增减变动的信息，也能为其提供所有者权益增减变动的结构性信息，特别是能够让报表使用者理解所有者权益增减变动的根源。

上述财务报表中各具体项目的内涵与分析将在后面相关章节中详细介绍。

2. 报表附注

报表附注是有关资产负债表、利润表、现金流量表和所有者权益变动表等报表中列示项目的文字描述或明细资料，以及对未能在这些报表中列示项目的说明等。现代企业经营活动日益复杂，财务报表越来越难以满足利益相关者充分了解企业实际情况的需求，作为表外信息的报表附注越来越受到报表编写者和使用者的重视。

我国在2014年修订的《企业会计准则第30号——财务报表列报》中，明确说明报表附注和财务报表具有同等重要的地位，同时也对附注信息的披露做出了进一步的规范。报表附注一般应当包括下列内容：

（1）企业的基本情况：

1）企业注册地、组织形式和总部地址；

2）企业的业务性质和主要经营活动；

3）母公司以及集团最终母公司的名称。

（2）财务报表的编制基础。

（3）遵循企业会计准则的声明。

（4）重要会计政策的说明，包括财务报表项目的计量基础和会计政策的确定依据等。

（5）重要会计估计的说明，包括可能导致下一个会计期间内资产、负债账面价值重大调整的会计估计的确定依据等。

（6）会计政策和会计估计变更以及差错更正的说明。

（7）对在资产负债表、利润表、现金流量表和所有者权益变动表中列示的重要项目的进一步说明，包括终止经营税后利润的金额及其构成情况等。

（8）或有和承诺事项、资产负债表日后非调整事项、关联方关系及其交易等需要说明的事项。

（9）在资产负债表日后、财务报告批准报出日前提议或宣布发放的股利总额和每股股利金额（或向投资者分配的利润总额）。

概括起来说，附注要求披露的信息非常广泛，除了要对报表编制的基础、所采用的固定资产折旧方法、存货盘存和计价方法等会计政策进行明晰外，还要对关联方交易、或有负债等不便于单纯用数字表达的重要内容加以说明，也要对表内信息做进一步的拓展，如对营业收入和营业成本的构成、应收账款的账龄分布和前五大客户的占比以及存货各组成部分的增减变动等详细信息进行披露，因此，附注信息是财务报表信息的有力补充。

报表附注至少会在上市公司的年度报告中进行披露，所占篇幅通常很大（约占整个年报的1/2），所披露内容由于涉及上市公司的具体业务和经营情况，因此往往带有很强的上市公司个性化色彩，是分析者了解上市公司报表各项目当期变动原因、解读各项目背后的管理活动、判断上市公司财务状况质量和管理质量的重要资料，因此，只有采用项目质量分析法，对上市公司报表中的重大项目和异动项目运用报表附注信息做进一步的解读与分析，才能真正达到报表分析的“个性化”分析境界，所得出的分析结论才有可能更加贴近上市公司的实际情况，在此基础上进行预测和决策才能更加科学、合理。

3. 审计报告

上市公司年度报告中涉及的审计报告是指审计人员（即注册会计师）根据独立审计准则，在对被审计单位（即上市公司）制定审计计划的基础上，实施必要的审计程序，就被审计事项做出审计结论，提出审计意见和审计建议的书面文件。审计报告是注册会计师在完成审计工作后向委托人提交的最终产品，是注册会计师与财务报表使用者沟通所审计事项的主要手段，相当于财务报表和报表附注的“质量鉴定书”，它具有法定证明效力，对增加会计信息的可靠性起着至关重要的作用。

审计报告一般包括标题、收件人、范围段、意见段、签章、会计师事务所地址和报告日期等基本内容。注册会计师根据审计结果和被审计单位对有关问题的处理情况，形成不同的审计意见，分别出具标准无保留意见、带强调事项段的无保留意见、保留意见、无法表示意见和否定意见五种基本类型审计意见的审计报告。

标准无保留意见说明审计师认为被审计单位编制的财务报表已按照适用的会计准则的规定编制并在所有重大方面公允反映了被审计单位的财务状况、经营成果和现金流量；带强调事项段的无保留意见说明审计师认为被审计单位编制的财务报表符合相关会计准则的要求并在所有重大方面公允反映了被审计单位的财务状况、经营成果和现金流量，但是存在需要说明的事项，如对持续经营能力产生重大疑虑及重大不确定事项等；保留意见说明审计师认为财务报表整体是公允的，但是存在影响重大的错报；无法表示意见说明审计师的审计范围受到了限制，且其可能产生的影响是重大而广泛的，审计师不能获取充分的审计证据；否定意见说明审计师认为财务报表整体是不公允的或没有按照适用的会计准则的规定编制。

简单地说，标准无保留意见就是表示财务报表和报表附注质量符合要求，数据可靠、信息真实；其他四种类型的意见表示财务报表和报表附注或多或少都存在问题，其问题的严重性由轻到重依次为带强调事项段的无保留意见、保留意见、无法表示意见和否定意见。

如前所述，由于对财务报表展开会计分析以及识别相应的报表粉饰等内容并不是本书的研究重点，因而本书在进行财务报表分析之前，主要是基于财务报告中注册会计师出具的审计报告的类型和措辞，对企业财务报表的会计质量做出整体判断，而不再开展单独的会计分析。不可否认的是，审计报告代表注册会计师所发表的一种专业判断，不可避免地也会带有人为估计因素，很难保证审计意见绝对的真实、客观和公正，甚至在会计造假舞弊案件中对相关注册会计师通常都要追究一定的连带责任，但是，随着监管力度的加大和注册会计师法律风险意识的增强，审计报告的总体质量在不断提高。

2.1.2 相关概念

1. 合并财务报表与母公司财务报表

合并财务报表是指反映母公司及其全部子公司所形成的企业集团的整体财务状况、经营成果和现金流量的财务报表。其中，母公司是指有一个或一个以上子公司的企业（或主体，下同）；子公司是指被母公司控制的企业。合并财务报表至少应当包括下列组成部分：合并资产负债表、合并利润表、合并现金流量表、合并所有者权益（或股东权益，下同）变动表以及报表附注。合并财务报表应当由母公司负责编制。合并财务报表反映作为经济主体的集团（母公司和子公司）合并的会计信息。母公司财务报表仅仅提供作为法律主体的母公司自身的会计信息。股东和债权人在决策过程中如何恰当利用合并财务报表和母公司财务报表信息，在理论界和实务界一直是一个颇具争议的话题。

尽管通常认为，较之于母公司财务报表，合并财务报表可以为母公司的股东（特别是控股股东）提供更有用的信息，但关于母公司财务报表是否对合并财务报表具有补充性的作用尚存争议，关于合并财务报表对债权人的有用性也没有统一的认识。母公司和子公司的债权人对企业债务的求偿权是针对法律主体而非经济主体的，合并财务报表实际上是母公司和各子公司报表数据的混合，并不能反映每个法律主体的偿债能力。因此，只有当母、子公司存在债务交叉担保，或对企业集团进行整体授信时，合并财务报表才能为债权人提供更有用的信息。

由于存在上述争议，西方主要发达国家对母公司财务报表存在两种制度安排：一种是以合并财务报表取代母公司财务报表，母公司只对外提供合并财务报表，而不提供自身的财务报表，即单一披露制，如美国和加拿大等；另一种则是要求母公司同时提供合并财务报表和母公司财务报表，即双重披露制，如英国、法国、德国和日本等。我国目前实行的是双重披露制，证监会要求作为母公司的上市公司同时提供母公司财务报表和合并财务报表。不论各国准则制定机构和相关证券监管机构选择单一披露制还是双重披露制，合并财务报表的作用是不言而喻的，它能提供有关母公司直接或间接控制的经济资源，以及整个企业集团的经营成果等方面的综合信息，同时也全面反映了母公司的股东在企业集团中所享有的权益。

有关合并范围的确定、合并财务报表的一般编制原理、合并财务报表的特征以及分析方法等内容，将在本书第6章加以讨论。

2. 年度财务报告与中期财务报告

（1）年度财务报告。年度财务报告是指以整个会计年度为基础编制的财务报告。《中华人民共和国公司法》（以下简称《公司法》）第二百零八条规定，公司应当在每一会计年度终了时编制财务会计报告，并依法经会计师事务所审计。为了规范上市公司年度报告的编制及信息披露行为，保护投资者合法权益，根据《公司法》和《中华人民共和国证券法》（以下简称《证券法》）等法律法规及中国证监会的有关规定，中国证监会多次修订《公开发行证券的公司信息披露内容与格式准则第 2 号——年度报告的内容与格式》，对公司年度报告中应披露的信息做了更详细的规定和说明。同时还明确指出，该准则的规定是对公司年度报告信息披露的最低要求。凡对投资者投资决策有重大影响的信息，不论准则是否有明确规定，公司均应披露。

公司年度报告中的财务会计报告必须经具有证券期货相关业务资格的会计师事务所审计，审计报告须由该所至少两名注册会计师签字。已发行境内上市外资股及其衍生证券并在证券交易所上市的公司，还应进行境外审计（指会计师依据国际审计准则或境外主要募集行为发生地审计准则，对调整的公司财务会计报告进行审计）。公司应在年度报告文本扉页刊登如下（不限于）重要提示：本公司董事会、监事会及董事、监事、高级管理人员保证本报告所载资料不存在任何虚假记载、误导性陈述或者重大遗漏，并对其内容的真实性、准确性和完整性承担个别及连带责任。如有董事、监事、高级管理人员对年度报告内容的真实性、准确性、完整性无法保证或存在异议，应当声明：××董事、监事、高级管理人员无法保证本报告内容的真实性、准确性和完整性，理由是……请投资者特别关注。如有董事未出席董事会，应当单独列示其姓名。如果执行审计的会计师事务所对公司出具了有强调事项、保留意见、无法表示意见或否定意见的审计报告，重要提示中应增加以下陈述：××会计师事务所为本公司出具了有强调事项（或保留意见、无法表示意见、否定意见）的审计报告，本公司董事会、监事会对相关事项亦有详细说明，请投资者注意阅读。公司负责人、主管会计工作负责人及会计机构负责人（会计主管人员）应当声明：保证年度报告中财务报告真实、完整。

年度报告正文应包括如下内容：

1）重要提示、目录与释义；

2）公司简介和主要财务指标；

3）管理层讨论与分析；

4）公司治理；

5）环境与社会责任；

6）重要事项；

7）股份变动及股东情况；

8）优先股相关情况；

9）债券相关情况；

10）财务报告。

其中，在财务报告部分，公司应披露审计意见全文、经审计的财务报表及其附注。财务报表包括公司报告期末及其前一个年度末的比较式资产负债表、该两年度的比较式利润表和股东权益变动表以及该年度的现金流量表。编制合并财务报表的公司，除提供合并财务报表之外，还应提供母公司已审计的财务报表以及未予合并的特殊行业子公司的已审计的财务报表。被合并企业的财务报表必须经具有证券期货相关业务资格的会计师事务所审计。财务报表附注是财务报告中不可缺少的一个组成部分，它对比较式报表的两个日期或期间的数据均应做出说明。财务报表附注应当按照《企业会计准则》和中国证监会发布的相关规定编制。

年度报告应当在每个会计年度结束之日起4个月内完成，并按照中国证监会的有关规定予以披露。

（2）中期财务报告。中期财务报告是指以中期为基础编制的财务报告。中期是指短于一个完整的会计年度（自公历1月1日起至12月31日止）的报告期间，它可以是一个月、一个季度或者半年，也可以是其他短于一个会计年度的期间，如1月1日至9月30日等。因此，中期财务报告包括月度财务报告、季度财务报告、半年度财务报告，也包括年初至本中期末的财务报告。

中期财务报告至少应当包括资产负债表、利润表、现金流量表以及附注等内容。

1）资产负债表、利润表、现金流量表和附注是中期财务报告应当编制的法定内容，对于其他财务报表或者相关信息，如所有者权益变动表等，企业可以根据需要自行决定。

2）中期资产负债表、利润表和现金流量表的格式和内容，应当与上年度财务报表一致。但如果当年新施行的会计准则对财务报表的格式和内容做了修改，中期财务报表应当按照修改后的报表格式和内容编制，在中期财务报告中提供的上年度比较财务报表的格式和内容也应当做相应的调整。

3）中期财务报告中的附注相对于年度财务报告中的附注而言是适当简化的。中期财务报表附注的编制应当遵循重要性原则。

中期财务报告应当按照相关规定编制完成并披露。

2.2 制约企业报表编制的基本会计假设

2.2 即测即评

一般认为，会计假设是指会计机构和会计人员对那些未经确认或无法正面论证的经济业务或会计事项，根据客观的正常情况或变化趋势所做出的合乎情理的判断。

下面我们分别介绍基本会计假设的含义及其对报表编制的影响。

2.2.1 会计主体假设

会计主体（accounting entity）假设的基本含义是，每个企业的经济业务必须与企业的所有者及其他经济组织分开。会计主体假设规定了会计处理与财务报告的空间范围，也限定了企业的会计活动范围。有了会计主体假设，会计处理的经济业务和财务报告才可以按特定的主体来识别。在上市公司年报中，上市公司自身和上市公司与其子公司组成的企业集团都可以成为一个会计主体，但一般情况下，这样的企业集团（除非履行了正式的法律登记注册手续）并不是一个法律主体。

目前，我国证监会要求上市公司对外披露的会计报表中包含合并报表和母公司报表两套报表。股东和债权人在决策过程中如何恰当利用合并报表和母公司报表信息，在理论界和实务界一直是一个颇具争议的话题。在分析某些问题时，使用合并报表并不能得出科学、合理的结论，例如，母公司和子公司的债权人对企业债务的求偿权应该是针对法律主体而非会计主体的，合并报表实际上是母公司和各子公司报表数据的合并（经过一定的抵销处理），并不能反映母、子公司作为单个法律主体的实际偿债能力，因此只有当母、子公司存在债务交叉担保，或对企业集团进行整体授信时，合并报表才能为债权人提供更有用的信息。因此，在报表分析中，是否恰当地利用了母公司报表和合并报表信息，会在很大程度上决定着报表分析结论的质量。

2.2.2 持续经营假设

持续经营（going concern）假设的基本含义是，企业会计方法的选择应以企业在可预见的未来将以它现时的形式并按既定的目标持续不断地经营下去为假设。通俗地讲，就是企业在可预见的将来不会面临破产、清算。对此，《企业会计准则——基本准则》的表述是："企业会计确认、计量和报告应当以持续经营为前提。"在这里，企业在可预见的将来保持持续经营并不意味着企业会永久存在，而是指企业能存在足够长的时间，使企业按其既定的目标开展经营活动、按已有的承诺去清偿债务。

当然，在实务中，判断企业是否具有持续经营能力是衡量企业是否健康、正常的一个非常重要的标准，在注册会计师对上市公司进行年审过程中，企业是否具有持续经营能力也是一个非常重要的审计内容，甚至会在相当程度上决定着审计意见的类型。在我国新《证券法》（于 2020 年 3 月 1 日实施）的第十二条中，将公司首次公开发行股票的条件由原来的"具有持续盈利能力，财务状况良好"修订为"具有持续经营能力"，这一改变，一方面为尚未产生盈利的新经济企业上市提供了法律依据；另一方面也改变了资本市场的退市规则。既然没有盈利的企业都可以上市，那么已经上市的公司只要具有持续经营能力，即便没有盈利能力，也可能不再成为退市的理由。

2.2.3 会计分期假设

会计分期（accounting periods）假设的含义是，企业在持续经营过程中所发生的各种经济业务可以归属于人为划分的各个期间。这种因会计的需要而划分的期间称为会计期间，会计期间通常是按月、季和年来划分的。对此，《企业会计准则——基本准则》的表述是："企业应当划分会计期间，分期结算账目和编制财务会计报告。"

会计分期假设是持续经营假设的必然结果。由于我们假设企业会在可预见的将来保持持续经营状态，因此在持续经营的过程中存在何时向与企业有利害关系的各方提供财务报告的问题。为了使财务报告的使用者能定期、及时地了解企业的财务状况和经营成果，会计上应将持续经营的经济活动人为地进行划分，使其归属于各不相同的会计期间，并进行会计处理及财务报告的编制。以年度划分的会计期间称为会计年度，会计年度既可与日历年度一致，又可与日历年度不一致。我国《企业会计准则——基本准则》规定："会计期间分为年度和中期。中期是指短于一个完整的会计年度的报告期间。"

会计期间的确定，实际上决定了企业对外报送报表的时间间隔以及企业报表所涵盖的时间跨度。从会计信息本身应当反映的经济内容以及报表信息使用者希望了解的内容来看，会计期间的划分应当体现较为完整的生产经营过程。在企业连续、大批、大量生产和经营产品且季节性影响较小的条件下，会计期间的划分不会对信息披露以及信息使用者分析企业财务状况产生较大影响。但是，在企业季节性生产的条件下，整齐划一地以日历年度为会计年度，有可能因财务信息代表性较差而使企业所披露的部分信息（如资产负债表信息）难以反映企业财务状况，从而误导信息使用者。

会计分期假设除了为企业进行会计处理、计算损益和编制财务报告限定了时间区域，对会计信息质量有重要影响外，对会计的概念也有一定的影响。由于受会计分期假设的影响，许多会计概念具有鲜明的"时期"特性。比如，利润总额、收入、费用等。相应地，这些概念又会因采用权责发生制原则而不可避免地存在主观判断和人为因素。

2.2.4 货币计量假设

货币计量（monetary measurement）假设的基本含义是，会计主体在财务会计确认、计量和报告时均采用货币作为计量单位，反映会计主体生产经营活动价值方面的表现。也就是说，只有能用货币反映的经济活动，才能纳入会计系统；不同实物形态的资产只有用货币作为统一计量单位，才能进行会计处理，揭示企业的财务状况。货币计量假设使得企业对大量复杂的经济业务进行统一汇总和计量成为可能。货币计量假设的深层次含义还在于假设币值是稳定的，否则"货币"并不完全符合作为计量单位所应具有的特征。

但这也意味着选择货币作为计量单位，会给财务报表带来一定的局限性：第一，报表信息并未完全反映企业可以利用的经济资源，企业有许多经济资源受客观条件制约或者受会计惯例的制约并未在报表中得到体现，例如企业的人力资源、历史悠久的企业账外存在的大量无形资产（如未申请专利的专有技术）、大数据资源、客户资源以及自创商誉等，这些资源难以用货币计量，均不可能在报表中予以反映。第二，大量的实物资产在选择货币作为计量单位体现其价值时，还会产生计量属性的"两难选择"问题：历史成本计量属性缺乏决策相关性，而公允价值计量属性又在一定程度上缺乏客观性。第三，当某一时期存在较大幅度的通货膨胀时，会计信息的价值会大大降低。

2.3 制约企业报表编制的基本会计原则

会计原则是从会计实践中逐渐发展起来的，被公认为公正、妥善和有用的系统化的惯例，是会计人员据以辨认、计量和记录经济业务，提供财务报告的指南。

财政部发布的《企业会计准则——基本准则》对我国企业会计以及报表编制应遵循的基本会计原则做了规定。现分述如下。

2.3 即测即评

1. 客观性原则

企业应当以实际发生的交易或者事项为依据进行会计确认、计量和报告，如实反映符合确认和计量要求的各项会计要素及其他相关信息，保证会计信息真实可靠、内容完整。我们认为，客观性（objectivity）原则有两层含义：一是可验证性；二是会计人员对某些会计事项的估计判断合法、合规、合理。

可验证性是指企业的会计处理应当尽量以实际发生的业务为基础，以取得的业务凭证为依据。这样，就能保证企业的会计处理从填制记账凭证、登记账簿到编制会计报表等都有可靠的凭证为依据，也能保证会计上的账证、账账、账表和账实之间的相互一致。

在会计实务上，除了能够取得记载业务发生情况的凭证的业务以外，还有一些虽已发生但其金额需要靠会计人员的职业估计和判断才能确定的业务。对这类业务的处理，就很难要求其达到数据准确性。这些业务有：固定资产和无形资产、递延资产的摊销，坏账损失的预先估计，制造费用在完工产品和产成品之间的分摊，或有损失的估计，等等。很明显，这些业务在各个会计期间都会发生，但其金额大小不一，不同的会计人员可能会估计出不同的结果。对此，我们只能要求会计人员的处理尽量合法、合规、合理，不带主观偏见。美国会计界比较有代表性的见解认为，财务信息客观性的标志是："如果两个以上有资格的人员查证同样的数据，基本上能得出相同的计量和结论。"①

2. 相关性原则

相关性（relevance）原则是指企业所提供的会计信息应当与信息使用者相关，对信息使用者的决策有用。会计的相关性原则是会计信息的生命力所在，因为企业会计信息的使用者都希望通过利用会计信息做出更加客观、科学的决策。如果不能起到这一作用，会计信息乃至会计工作就失去了意义。

企业提供的会计信息应当与财务会计报告使用者的经济决策需要相关，有助于财务会计报告使用者对企业过去、现在或者未来的情况做出评价或者预测。因此，我们通过财务报表分析，正是利用反映企业过去业绩和财务状况的财务报表，再结合其他一系列非财务因素，利用专门的分析方法，来进一步预测企业的未来发展走势，提供更加科学、合理的决策依据。

3. 明晰性原则

企业提供的会计信息应当清晰明了，便于财务会计报告使用者理解和利用。强调明晰性（clarity）原则是由会计核算的目的决定的。我们知道，会计核算的目的之一是向与企业有关的各个方面提供有用的会计信息，而要做到这一点，就必须要求企业的会计信息能够清晰完整地反映企业经济活动的来龙去脉。如果企业提供的会计信息清晰度不高而使信息使用者无法使用，不仅会给信息使用者造成困难，对提供信息的企业来说也是一种损失。

另外，为了保证企业提供的会计信息符合客观性原则的要求，还需要通过特定的方法对会计信息及其产生的过程进行审查和验证。这就要求企业的会计记录准确、清晰，会计凭证和账簿据实填制和登记，账户对应关系清楚，文字摘要属实，手续齐备，程序合理。

4. 可比性原则

企业提供的会计信息应当具有可比性，可比性（comparability）原则具有两个方面的要求：第一，同一企业不同时期发生的相同或者相似的交易或者事项，应当采用一致的会计政策，不得随意变更。确需变更的，应当在附注中说明。第二，不同企业发生的相同或者相似的交易或者事项，应当采用规定的会计政策，确保会计信息口径一致，相互可比。

坚持可比性原则，可以使企业连续几个会计期间的会计信息对经营决策有使用价值，还可以对不同会计期间的会计报表和会计信息进行纵向的分析和对比；也可以防止个别企业或个别人利用会计方法的变动，人为地操纵体现企业财务状况的指

---

① 常勋．现代西方财务会计．北京：中国统计出版社，1994.

标（如成本、利润等）以粉饰企业的财务状况和财务成果。财务报表分析中的比较分析法正是在会计信息可比性原则的基础上建立起来的。

另外，对于不同企业，特别是同一行业的不同企业，按照会计准则的可比性要求，应当采用相同或相似的会计政策，以使不同企业会计报表的编制建立在相同的基础上，从而有利于会计信息的使用者进行企业间的分析比较。遵守可比性原则将使企业间会计信息的比较质量大大提高。

5. 实质重于形式原则

企业应当按照交易或者事项的经济实质进行会计确认、计量和报告，不应仅以交易或者事项的法律形式为依据。按照实质重于形式（substance over form）原则，企业在进行会计处理时，对那些经济实质与法律形式不相符的业务或者事项，可以按照经济实质进行处理。在判断纳入合并报表的合并范围时，也是以实质性控制权作为标准，更强调对被投资企业的控制程度而不仅仅看持股比例。

6. 重要性原则

企业提供的会计信息应当反映与企业财务状况、经营成果和现金流量等有关的所有重要交易和事项。重要性（materiality）原则主要表现为：对某些经济业务，因其金额或数量较小，不单独反映对揭示企业的财务状况不致发生重大影响，所以在处理时采取与其他项目合并以突出其他重要性项目的做法。例如，对低值易耗品的会计处理，尽管其受益期将持续若干会计期间，但其金额与固定资产相比较小，因而在实务上多采用简化的方法，如一次摊销法、五五摊销法等。对固定资产则采用比较规范的折旧处理。至于哪些项目可视为重要性项目，应视企业的实际情况而定。

在运用项目质量分析法进行分析时，也强调要将重大项目（即金额巨大的项目）列为重点分析对象予以特殊关注。

7. 谨慎性原则

谨慎性（prudence）原则又称稳健性原则，是指在对企业不确定的经济业务进行处理时，应持保守态度。具体地说，凡是可以预见的损失和费用均应予以确认，对不确定的收入则不予确认。企业对交易或者事项进行确认、计量和报告应当保持应有的谨慎，不应高估资产或者收益、低估负债或者费用。

必须指出的是，谨慎性原则是市场经济条件下企业会计活动必须遵循的一条重要原则。这是因为，在现实经济生活中存在许多不确定性因素。比如，企业只要与其他经济组织和个人发生商品赊销业务，就存在发生坏账损失的可能性；商业企业购入的商品在经营活动中可能存在削价处理损失以及其他一些或有损失；等等。所有这些都可能对企业的财务状况产生影响。对于上述可能发生的费用和损失，如果不进行预先处理，可能导致高估资产和收益、低估费用和损失，从而使企业在财务分配上处于不利的境地，并且影响企业未来的正常经营活动。

目前一般认为，允许企业采用谨慎性原则的方面有：对各种质量下降的资产计提减值准备，对企业进行预计负债的账务处理，对部分固定资产可以采用加速折旧法等。

需要强调的是，采用谨慎性原则会使得企业的会计信息因去除了“水分”而变得更加可信，但同时也会因掺杂进了对“可能性”以及减值损失金额等诸多方面的估计和判断，反而有可能加大会计信息的操纵空间。

8. 及时性原则

企业对于已经发生的交易或者事项，应当及时进行确认、计量和报告，不得提前或者延后。我们认为，及时性（timeliness）原则有两方面的含义：一是在企业的经济活动发生以后，会计人员应对其进行及时的会计处理，将其纳入会计系统；二是在会计期间结束以后，应及时编制财务报告，便于利益相关者了解企业财务状况的最新变化。

上述两方面含义是相互联系的：只有对已发生的经济业务进行及时的会计处理，才有可能在会计期间结束以后迅速编制财务报告；但如果在会计期间结束以后未能及时编制财务报告，即使会计记录做到了及时性，也会使会计信息的价值大打折扣。

2.4 会计的确认基础和计量属性

2.4 即测即评

2.4.1 会计的确认基础

在财务会计理论和实务中，会计确认是一个十分重要的环节，它决定了会计核算主体何时将本单位具体的经济业务记录为何种要素，从而实现向企业外部的利益集团提供符合要求的会计信息这一根本目标。目前，无论从财务会计的理论还是实务来看，可选择的会计确认基础一般都只有两个，即收付实现制和权责发生制。

1. 收付实现制

收付实现制（cash basis）又称现金制，是以款项的实收实付时间为入账标准来确认本期收入和费用，即凡是本期收到的收入款项和付出的费用款项，不论是否应该属于本期的收入和费用，均作为本期的收入和费用处理，期末不需要对收入和费用进行任何账项调整。

由于收付实现制是以企业实际收付现金的时间为确认收入和费用的基本标

准，因而报表中所体现的企业当期经营成果与期末的现金余额相一致，这样可以使企业的经营成果具有非常高的含金量和可信度。但是在商业信用广泛应用的行业和领域，现金的收付时间往往和企业实际的收入赚取及费用发生的时间不一致，采用收付实现制将导致计入当期的收入和费用相互之间并不存在事实上的因果关系，报表中的利润并不反映企业真实的经营业绩，从而使其失去科学性及运用价值。这一致命缺陷导致当今世界范围内没有一个国家在会计上采用这一确认基础。

2. 权责发生制

权责发生制（accrual basis）又称应计制，是以业务的实际发生时间为入账标准来确认本期收入和费用，即凡是属于本会计期间发生的收入和费用，不论其款项是否收付，均应作为本期的收入和费用处理；凡是不属于本期发生的收入和费用，即使其款项已在本期收取或付出，也不作为本期的收入和费用处理。

在这里，属于本期的收入也称已实现的收入，其确认主要关注实现收入的过程是否完成，并不关注货币的收取情况：只要商品销售的过程完成或收入的赚取过程完成，在会计上就确认收入。一般来说，企业会计上所确认的收入（体现为利润表中引起利润增加的因素）与货币收款情况有三种对应关系：一是在销售活动完结或劳务提供过程完结时立即收取货款（如现销），使得收入的确认引起货币同时增加；二是在销售活动完结或劳务提供过程完结时并不立即收取货款（部分或全部），但取得在未来确定的时间内收取货款的权利（如赊销），使得收入的确认引起债权增加；三是在向顾客提供商品和劳务以前已经收取了货币（如预收款销售），此时收入的确认引起债务减少。

属于本期的费用也称已发生的费用，是指为产生一定会计期间的收入而发生的耗费，在利润表中表现为使利润减少的因素。按照权责发生制原则对费用进行确认，主要关注资源的消耗与实现收入的过程是否相关，并不关注货币的支付情况：只要是为实现收入发生的资源消耗，在会计上就确认为费用。一般来说，企业会计上所确认的费用（体现为利润表中各项费用等）与货币支付情况有三种对应关系：一是在费用发生时立即支付货款（如小额的费用开支），使得费用的确认引起货币同时减少；二是在费用发生时并不立即支付款项（部分或全部），但承担在未来确定的时间内支付款项的义务（如先耗用他人资源，后付款），使得费用的确认引起债务增加；三是在费用发生以前已经对有关资源的取得进行了支付（如先付款购买，后耗用），此时费用的确认引起非货币性资产减少。

权责发生制是依据持续经营和会计分期两个基本前提来正确划分不同会计期间资产、负债、收入、费用等会计要素的归属，并运用诸如应收、应付、预提、待摊等项目来记录由此形成的资产和负债等会计要素。企业的经营活动不是一次而是多次，其损益的记录要分期进行，每期损益的计算理应反映所有属于本期的真实经营业绩，收付实现制显然不能完全做到这一点。因此，与收付实现制相比，权责发生制能更加准确地反映特定会计期间企业实际的财务状况和经营业绩，成为世界范围内普遍采用的会计确认基础。

然而，由于在实务中确认企业业务实际发生的时间往往以企业开发票的时间为标准，而开发票的时间易受人为控制，带有一定的主观性，这便为企业操纵利润提供了相当大的空间和可能性。同时，企业业务发生的时间往往和现金实际收付的时间不一致，导致一个从利润表来看经营很好、效率很高的企业，在资产负债表上却可能因没有足够的现金而陷入财务困境，即通常所说的"有利润没钱"的状况。在金融风险日益加剧的今天，现金为王的观念越来越深入人心，人们甚至认为现金与现金流量比会计利润更重要，因为企业的现金流量状况在很大程度上影响着企业的生存与发展。为满足人们的这一信息需求，可以通过编制以收付实现制为基础的现金流量表来弥补权责发生制的不足。

2.4.2 会计的计量属性

会计计量是为了将符合确认条件的会计要素登记入账并列报于财务报表而确定其金额的过程。企业应当按照规定的会计计量属性进行计量，确定相关金额。计量属性是指所计量的某一要素的特性，如固定资产的数量、原材料的重量、楼房的高度等。从会计的角度看，计量属性反映的是会计要素金额的确定基础。按照《企业会计准则——基本准则》，会计计量属性主要包括：

1. 历史成本

历史成本（historical cost）又称实际成本，是指取得或制造某项财产物资时所实际支付的现金或者其他等价物的金额。在历史成本计量下，资产按照购置时支付的现金或者现金等价物的金额，或者按照购置资产时支付的对价的公允价值计量。负债按照因承担现时义务而实际收到的款项或者资产的金额，或者承担现时义务的合同金额，或者按照日常活动中为偿还负债预计需要支付的现金或者现金等价物的金额计量。

采用历史成本原则计价的优越性在于：第一，由于交易价格是由企业与企业外部共同确定的，因而具有一定的客观性；第二，历史成本的确定通常要有一定的会计凭证作为依据，具有可验证性；第三，历史成本原则有助于抑制因主观判断而产生的可能蓄意歪曲企业财务状况的事件发生。

2. 重置成本

重置成本（replacement cost）又称现行成本，是指按照当前市场条件，重新取得同样一项资产所需支付的现金或现金等价物的金额。在重置成本计量下，资产按照当前市场条件下重新取得同样一项资产所需支付的现金或现金等价物的金额计量。负债按照现在偿付该项债务所需支付的现金或者现金等价物的金额计量。

3. 可变现净值

可变现净值（net realizable value）是指在正常生产经营过程中以预计售价减去进一步加工的成本和销售所必需的预计税金、费用后的净值。在可变现净值计量下，资产按照其正常对外销售所能收到的现金或者现金等价物的金额扣减该资产至完工时估计将要发生的成本、估计的销售费用以及相关税费后的金额计量。

4. 现值

现值（present value）是指对未来现金流量以恰当的折现率进行折现后的价值，是考虑货币时间价值因素等的一种计量属性。在现值计量下，资产按照预计从其持续使用和最终处置中产生的未来净现金流入量的折现金额计量，负债按照预计期限内需要偿还的未来净现金流出量的折现金额计量。

5. 公允价值

公允价值（fair value）是指市场参与者在计量日发生的有序交易中，出售一项资产所能收到或者转移一项负债所需支付的价格。在公允价值计量下，资产和负债按照市场参与者在计量日发生的有序交易中，出售资产所能收到或者转移负债所需支付的价格计量。

在实务中，一般应当采用历史成本。采用重置成本、可变现净值、现值、公允价值计量的，应当保证所确定的资产金额能够取得并可靠计量。

美国会计准则和国际财务报告准则比较侧重公允价值的运用，以体现会计信息的相关性。据悉，我国财政部为此多次与国际会计准则理事会讨论相关问题。考虑到中国市场发展的现状，现行准则体系中主要在金融工具、投资性房地产、非共同控制下的企业合并、债务重组和非货币性交易等方面采用了公允价值。总体上说，现行会计准则体系对公允价值的运用还是比较谨慎的，只有在存在活跃市场、公允价值能够取得并可靠计量的情况下，才能采用公允价值计量。

2.5　制约企业财务报表编制的法规体系

企业财务报表的编制如果没有具有一定强制性、约束性的法规制约，将会给报表信息使用者的使用带来极大障碍。从世界各国的实际情况来看，各国大都针对企业财务报表的编制与报告内容制定了法规，使报表信息的提供者——企业在编制报表时操纵报表信息的可能性受到限制。

2.5 和 2.6 即测即评

在我国，制约企业财务报表编制的法规体系包括会计规范体系以及约束上市公司信息披露的法规体系。从目前的情况来看，制约我国企业财务报表编制的会计规范体系主要包括下列内容。

2.5.1 《中华人民共和国会计法》

《中华人民共和国会计法》（以下简称《会计法》）于1985年1月21日由第六届全国人民代表大会常务委员会第九次会议通过，此后于1993年、1999年、2017年进行过修正和修订。《会计法》是调整我国经济活动中会计关系的法律总规范，是会计法律规范体系的最高层次，是制定其他会计法规的基本依据，也是指导会计工作的最高准则，可以说是规范会计工作的“宪法”。《会计法》中明确规定了会计工作的作用、适用范围、会计人员行使职权的保障措施和会计工作的管理体制等，明确规定了会计信息的内容和要求及企业会计核算、监督的原则，会计机构的设置、会计人员的配备以及相关人员的法律责任。

2.5.2 企业会计准则体系

企业会计准则是有关财务会计核算的规范，是企业的会计部门从事诸如价值确认、计量、记录和报告等会计活动所应遵循的标准。

我国企业会计准则体系由基本会计准则、具体会计准则、会计准则应用指南和解释公告等组成。

1. 基本会计准则

我国的基本会计准则于1992年11月30日发布，自1993年7月1日起实施。2006年2月15日，财政部公布了修订后的《企业会计准则——基本准则》，自2007年1月1日起施行。基本会计准则的主要内容包括：财务会计的目标、会计核算的基本前提、会计核算的一般原则以及会计要素。虽然基本会计准则不具备实务操作性，但它是制定和指导具体会计准则的前提条件，为具体会计准则的制定提供了基本框架，在会计准则体系中起着统驭作用。

本书的全部内容将体现《企业会计准则——基本准则》的精神。

2. 具体会计准则

具体会计准则是根据基本会计准则的要求制定的。具体会计准则就经济业务的会计处理以及报表披露等方面做出具体规定。财政部于2006年发布了38项具体会计准则，全面规范了企业的财务会计活动。38项具体会计准则规范了三类经济业务或会计事项的处理：

（1）一般业务处理准则。主要规范各类企业普遍适用的一般经济业务的确认与计量，如存货、长期股权投资、固定资产、无形资产、投资性房地产、职工薪酬、收入、建造合同、所得税、股份支付、政府补助、外币折算、借款费用、资产减值、每股收益、企业合并、企业年金基金、财务报表列报、现金流量表、中期财务报告、分部报告、资产负债表日后事项、会计政策、会计估计变更和差错更正等。

（2）特殊行业会计准则。主要规范特殊行业的会计业务或事项的处理，如生物资产、石油天然气开采等。

（3）特定业务准则。主要规范特定业务的确认与计量，如债务重组、非货币性资产交换、租赁、或有事项、金融工具确认和计量、金融资产转移、金融工具列报、套期保值、原保险合同、再保险合同等。

为了适应我国企业和资本市场发展的实际需要，实现我国企业会计准则与国际财务报告准则的持续趋同，经财政部部务会议决定，于2014年7月1日起实施公允价值计量、合营安排和在其他主体中权益的披露等3项具体会计准则，还对原有的一些会计准则陆续进行了修订，包括长期股权投资、职工薪酬、财务报表列报及合并财务报表等。2017年，财政部新增《企业会计准则第42号——持有待售的非流动资产、处置组和终止经营》，并对金融工具确认和计量、金融资产转移、套期会计、金融工具列报、收入及政府补助等6项具体会计准则进行修订。2018年，财政部对《企业会计准则第21号——租赁》进行修订。2019年，财政部修订了非货币性资产交换和债务重组两项准则。2020年，财政部修订了保险合同准则。这是自2006年2月颁布《企业会计准则——基本准则》和38项具体会计准则之后，财政部第二次大规模修订准则和增补企业会计准则（2014年为第一次大规模修订和增补）。这些新准则基本与相关国际财务报告准则一致，保持了持续趋同。

3. 会计准则应用指南和解释公告

财政部于2006年发布了《企业会计准则——应用指南》。应用指南是根据基本会计准则和具体会计准则制定的用于指导会计实务操作的细则，是企业会计准则体系的重要组成部分，主要解决在运用会计准则处理业务时所涉及的会计科目、账务处理、会计报表及其格式以及编制说明等问题，类似于以前的会计制度。应用指南的发布有助于会计人员完整准确地理解和掌握新准则，确保新准则的贯彻实施，同时也标志着我国企业会计准则体系的构建工作基本完成。随着企业会计准则的不断推出与修订，应用指南也相应地得到补充和完善。

解释公告是随着企业会计准则的贯彻实施，就实务中遇到的实施问题对准则做出的具体解释。

我国制约企业财务报表编制的会计规范体系如图2－1所示。

需要提醒读者注意的是，在我国，制约企业财务报表编制的会计规范体系一直处于完善和变化中，今后将继续完善和发展。

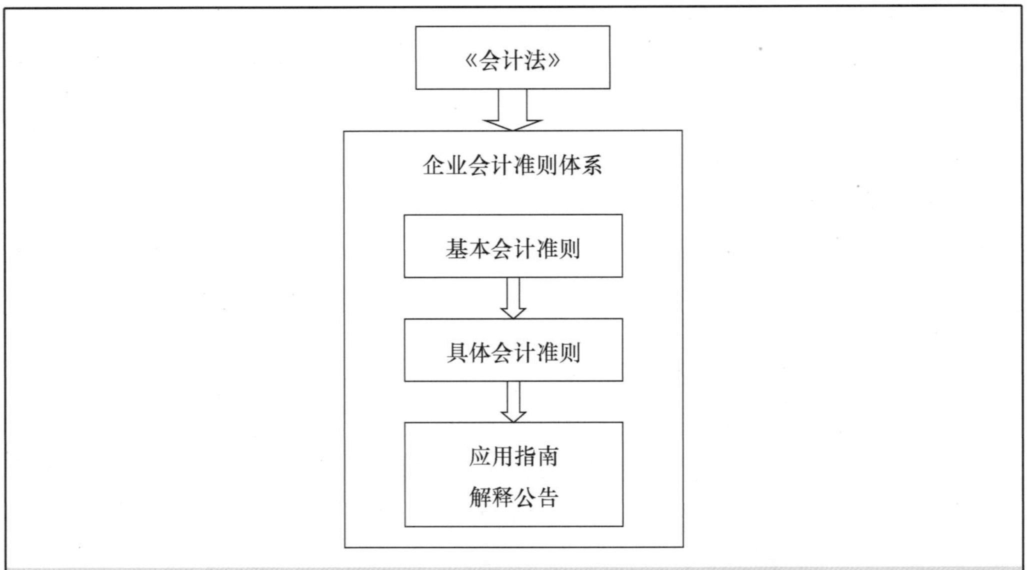

图 2-1　制约企业财务报表编制的会计规范体系

2.6　上市公司的信息披露制度

2.5和2.6即测即评

信息披露制度也称公示制度或公开披露制度，是上市公司为保障投资者利益、接受社会公众的监督，依照法律规定将自身的财务变化、经营状况等信息和资料向证券管理部门和证券交易所报告，并向社会公开或公告，以便投资者充分了解情况的制度。

上市公司信息披露的内容主要分为两类：一是投资者评估公司状况所需要的信息；二是对股价运行有重要影响的事项。从上市公司披露信息的时段来看，包括上市前会计信息和上市后会计信息两部分内容。

我国现行的上市公司信息披露规范体系主要由证券发行信息披露制度和持续性信息披露制度（定期报告制度和临时报告制度等）两个方面组成。具体而言，会计信息披露文件一般包括招股说明书、上市公告书、年度报告、中期报告（包括半年度报告和季度报告）以及临时报告（包括重大事件公告和收购与合并公告）；前两者构成首次披露，后三者构成持续披露。

信息披露的评价标准是及时性、有效性和充分性。信息披露制度的目的与证券市场监管的目标是一致的，都以维护投资者利益、提高证券市场的效率为宗旨。从各市场经济国家证券市场监管的实践来看，信息披露制度是一个国家证券监管制度不可分割的组成部分。为了应对证券市场中的欺诈行为和内幕交易等市场失灵现象，改善市场中客观存在的不公平竞争状态，几乎所有国家的证券法规都规定，一切已经上市的和即将上市的股份有限公司都负有公开、公平和及时地向投资者和潜在投资者披露一切有关公司重要信息的持续性责任。因此，证券监管将信息披露监管作为重中之重。

近年来，随着上市公司数量的不断增加，我国上市公司的信息披露制度逐渐规范。中国证监会先后发布了《上市公司信息披露管理办法》《公开发行证券的公司信息披露内容与格式准则第2号——年度报告的内容与格式》《公开发行证券的公司信息披露内容与格式准则第3号——半年度报告的内容与格式》《公开发行证券的公司信息披露编报规则第13号——季度报告的内容与格式》《公开发行证券的公司信息披露内容与格式准则第11号——上市公司公开发行证券募集说明书》《公开发行证券的公司信息披露内容与格式准则第5号——公司股份变动报告的内容与格式》《公开发行证券的公司信息披露编报规则第12号——公开发行证券的法律意见书和律师工作报告》等。

2018年4—6月发布了《公开发行证券的公司信息披露编报规则第19号——财务信息的更正及相关披露》，并对保险公司以及创新试点红筹企业发布了《保险公司信息披露管理办法》《公开发行证券的公司信息披露编报规则第23号——试点红筹企业公开发行存托凭证招股说明书内容与格式指引》《公开发行证券的公司信息披露编报规则第22号——创新试点红筹企业财务报告信息特别规定（试行）》。

2018年9—12月发布了针对新三板上市企业的环境治理信息披露制度《全国中小企业股份转让系统公开转让说明书信息披露指引——环境治理公司》与《全国中小企业股份转让系统挂牌公司信息披露指引——环境治理公司》，并发布了《金融信息服务管理规定》。

2019年3月发布了《公开发行证券的公司信息披露内容与格式准则第41号——科创板公司招股说明书》《公开发行证券的公司信息披露内容与格式准则第42号——首次公开发行股票并在科创板上市申请文件》。

2020年3月，我国证监会修订了《公开发行证券的公司信息披露内容与格式准则第15号——权益变动报告书》《公开发行证券的公司信息披露内容与格式准则第16号——上市公司收购报告书》《公开发行证券的公司信息披露内容与格式准则第17号——要约收购报告书》《公开发行证券的公司信息披露内容与格式准则第18号——被收购公司董事会报告书》《公开发行证券的公司信息披露编报规则第22号——创新试点红筹企业财务报告信息特别规定》。

2021年6—12月，我国证监会陆续发布了新增或修订的15项公开发行证券的公司信息披露内容与格式准则，例如《公开发行证券的公司信息披露内容与格式准则第53号——北京证券交易所上市公司年度报告》《公开发行证券的公司信息披露内容与格式准则第49号——北京证券交易所上市公司向特定对象发行股票募集说明书和发行情况报告书》，主要涵盖了北京证券交易所上市公司相关规定及非上市公众公司信息披露内容和格式相关规定，和对《公开发行证券的公司信息披露内容与格式准则第2号——年度报告的内容与格式》的修订等。

2022年1月，我国证监会发布了《公开发行证券的公司信息披露编报规则第4号——保险公司信息披露特别规定（2022年修订）》、《公开发行证券的公司信息披露编报规则第26号——商业银行信息披露特别规定（2022年修订）》和《关于注册制下提高招股说明书信息披露质量的指导意见》等三项文件，体现了对上市公司信息披露规范的最新动向。

我国约束上市公司信息披露的法规体系包括以下层次（见图2-2）。

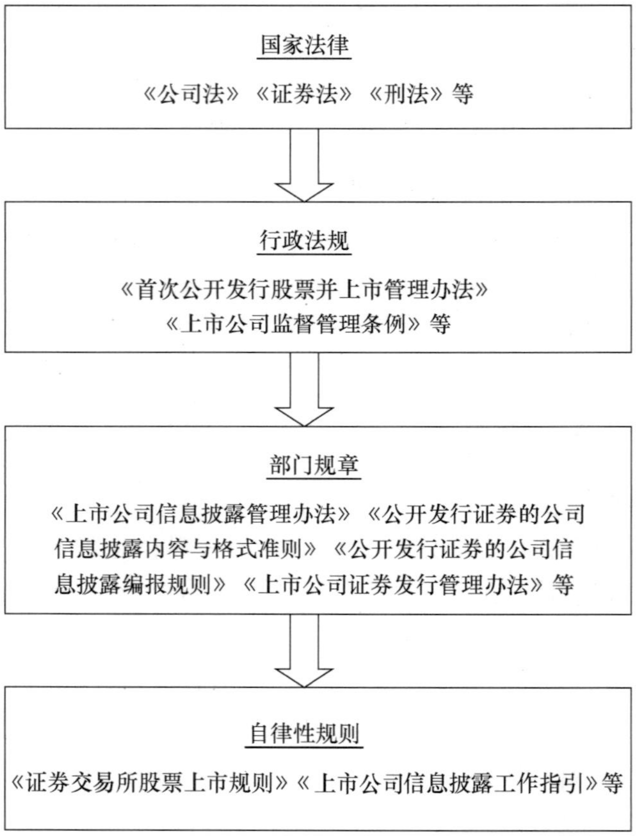

图2-2　我国约束上市公司信息披露的法规体系

2020年3月1日，《中华人民共和国证券法（2019年修订）》（本书称为新《证券法》）开始施行，实施了近20年的证券发行核准制将逐渐退出历史的舞台，取而代之的是分步全面推行注册制。相比修订前的《证券法》，新《证券法》进一步强化信息披露要求，设专章规定并系统完善了信息披露制度，保障证券发行注册制的实施。随着证券发行注册制在A股的推行，信息披露制度的实施情况成为各方关注的焦点。

上市公司信息披露制度的有关规定会随着上市公司治理结构的不断变化而发展变化。提请读者注意特定时期的有关规定的出台。

本章小结

通过本章的学习，我们了解了企业财务报表分析应具备的理论基础，包括企业财务报告的构成，制约企业财务报表编制的四个基本会计假设与八个基本会计原则等，制约企业财务报表编制的法规体系以及上市公司的信息披露制度的主要内容。

关键术语

财务报表	财务报告	资产负债表
利润表	现金流量表	所有者（股东）权益变动表
报表附注	合并财务报表	中期财务报告
会计主体假设	持续经营假设	会计分期假设
货币计量假设	企业会计准则	重要性原则
谨慎性原则	客观性原则	实质重于形式原则
权责发生制		

思考题

1. 企业财务报告的组成内容包括哪些?
2. 作为企业财务报表编制基础的四个基本会计假设对企业的财务报表编制有什么影响?
3. 在规范企业财务报表编制的基本会计原则中，如何理解客观性原则和谨慎性原则?
4. 基本会计假设与基本会计原则是如何对报表信息产生影响的?
5. 制约企业财务报表编制的法规体系中各层次之间的关系如何?
6. 上市公司的信息披露制度主要规范上市公司的哪些方面?

案例讨论与分析

以附录中深圳市卫光生物制品股份有限公司（下称卫光生物）2022 年年报的部分内容为基础，完成下列练习。

1. 企业的三张基本财务报表是什么?
2. 仔细体会三张报表之间的关系。

第3章 资产负债表分析

素养提升

从财务比率分析到质量分析，拓展和丰富的不仅仅是财务报表的分析维度——从数量维度到质量维度，更是对企业发展规律认识与财务信息内涵认知的一次升华；财务信息只有与企业战略相结合才能发挥真正价值，财务指标也只有与项目的具体质量加以联系才能得出更为科学、合理的结论。

通过本章学习，学生可以从更多的维度和更高的层面思考财务报表分析问题，树立正确的价值观和发展观，采用批判性思维审视传统的财务报表分析体系，用质量思维和系统思维来弥补现有财务比率分析存在的不足和局限性，用战略思维来进一步拓展分析视野和分析格局。

从某种程度上来说，能否成为一家优秀的企业，能够为社会履行怎样的社会责任，并不在于企业所拥有资产的规模和质量，而是在于企业资本结构质量所决定的公司治理质量。优质的资本结构可以为企业长期持续发展提供强大动力和根本保障。

本章内容可以帮助学生树立科学的企业发展观和正确的价值观，培养学生的社会责任感和风险防范意识。

1. 价值塑造

树立科学的辩证发展观：强化在学习传统的企业财务报表分析体系的同时，努力克服其自身存在的不适用性和局限性，帮助学生认识到只有通过不断改进原有财务指标并大胆尝试新的分析方法才能使报表分析理论体系不断得到发展与完善。

树立全面的质量发展观：强化企业的持续发展是在保障企业资产质量基础

上的不断扩张与增长，帮助学生认识当下与未来的平衡，速度与高度的协调，数量与质量的统一；强化资本结构影响企业的控制权结构和治理结构，公司治理质量又决定着上市公司整体质量，良好的资本结构质量可以成为企业健康发展的强大动力和根本保障。

树立正确的持续发展观：强化企业资产结构是企业对经济资源的安排与布局的反映，是企业资源配置战略选择与实施的财务体现，帮助学生认识到只有企业制定和实施适合企业发展的战略，才能保证企业资产的质量不断得到提升，企业整体的财务状况不断得到改善，企业才有可能持续、健康地向前发展。强化资本引入战略对资源配置战略的决定作用，优质的资本结构有利于企业坚持长期主义观点来经营企业，更加注重企业的持续发展而不是眼前的利益。

树立高尚的企业核心价值观：在资本结构质量分析中强化企业各方利益相关者和谐共生的重要意义，竭力为顾客创造价值，与利益相关者分享收益，追求整体和长远利益，实现与股东、员工、顾客、供应商、政府以及社会的合作共赢。

2. 知识传授

传统的与资产负债表有关的财务报表分析内容，基本都是计算和分析各个有关的财务比率，如流动比率、速动比率、现金比率等有关短期偿债能力的比率，资产负债率、产权比率等有关长期偿债能力的比率，还有权益乘数等反映财务杠杆程度的比率。

财务报表分析不应仅仅针对相关项目之间的数量关系展开分析，各项财务数据背后蕴藏着极其丰富的战略内涵。只有从战略和管理层面深刻理解和解读财务信息，才能够更为深入地通过财务信息认知企业的经济行为，更加科学地预测企业的未来发展走势。

本章的资产质量、资本结构质量等分析内容，是在对上述财务指标进行计算和分析的基础上，基于本书作者提出的项目质量分析法对资产、负债和所有者权益的重要项目和例外项目利用报表附注和相关资料展开进一步的分析，从周转性、盈利性和保值性等三个方面考察各资产项目的具体质量，从强制性、合理性等几个方面分析各负债项目的实际偿付压力，试图对财务比率的分析结论形成有力补充，努力实现以中国企业财务信息披露特征与现实业务场景为基础，对资产质量和资本结构质量分析理论框架和内容加以不断完善。

本章关于资产结构与企业资源配置战略之间关系的内容，揭示了关乎企业命运和未来发展的核心逻辑：企业资产结构反映了企业对经济资源的安排与布局，是企业资源配置战略选择与实施的财务体现，这将在很大程度上决定资产质量和企业发展前景。本章内容可以帮助学生在计算和分析各项财务指标、进行具体项目质量分析的基础上，进一步从战略层面拓展分析视野和分析格局。

本章关于资本结构与企业资本引入战略之间关系的内容，试图从另一视角去理解和考察企业资源配置战略的背后决定因素，解读影响企业盈利能力的内部驱动因素，帮助学生更为科学地预测企业未来的发展趋势。实践证明，这是一条行之有效的分析路径。

3. 能力培养

培养学生的批判性思维能力：帮助学生认真思考和挖掘各种传统财务指标存在的问题和局限性，并通过对传统财务指标进行改进和对各项资产、负债进行项目质量分析来对分析结论加以补充和完善。

培养学生的辩证思维能力：强化资产质量在分析企业偿债能力和盈利能力中的重要性，克服对财务指标采用“一刀切”式评价标准的形而上学思维，帮助学生深刻体会资产质量的相对性以及特定资产对企业整体的相对价值，让学生认识到只有将报表分析融入企业具体的业务环境和战略背景，在分析和考察各具体资产项目质量的基础上，才有可能得出更贴近企业实际情况的分析结论。

培养学生的系统思维能力：帮助学生在深入了解企业具体的经营背景和战略选择的基础上解读财务数据、分析财务指标，培养学生从企业整体运行环境和管理系统层面思考和解决财务报表分析所面临的具体问题。

培养学生的社会责任意识：帮助学生深刻理解企业各方利益相关者和谐共生的重要意义，认识到优质的资本结构更有利于企业坚持长期主义观点经营企业，更有助于企业实现持续发展，帮助学生树立正确的价值观，增强社会责任意识。

培养学生的风险防范意识：帮助学生认识到负债对企业发展来说是一把收益与风险并存的“双刃剑”，提高学生善于利用风险、控制风险的能力，培养学生科学的风险防范意识。

学习目标

1. 了解企业资产负债表的基本结构及作用；
2. 掌握与资产负债表有关的常规财务分析比率；
3. 掌握资产项目的质量特征；
4. 掌握货币资金的项目质量分析方法；

5. 掌握应收票据和应收账款的特征以及项目质量分析方法；

6. 掌握存货的概念和构成、制造业存货的特殊问题以及项目质量分析方法；

7. 掌握长期股权投资的概念、特征以及项目质量分析方法；

8. 掌握固定资产的概念、特征以及项目质量分析方法；

9. 掌握无形资产的会计难点、一般会计处理惯例以及项目质量分析方法；

10. 掌握如何通过资产的重分类来考察企业资源配置战略的实施情况；

11. 掌握流动负债项目的构成及其质量分析方法；

12. 掌握非流动负债项目的构成及其质量分析方法；

13. 掌握所有者权益项目的构成及其质量分析方法；

14. 掌握资本结构质量分析方法；

15. 掌握通过企业资本结构考察企业资本引入战略的方法。

引例

资产质量的背后玄机

某上市公司花好几亿元上了一套设备，说公司有了这套设备，就可以引领行业未来发展了。当时，借此题材，公司股价扶摇直上，从几块钱涨到了30多块钱。可没过半年，上市公司发布公告沉痛地宣布，设备不合适，公司要进行减值计提。结果股价一泻千里，那些被套的小散户吓得一路狂逃。第二年，上市公司再次发布关于那一套设备的公告，不过这次是好消息，披露说经过改装，设备终于可以上马了。结果该公司股价再次狂飙，小散户们再次跟着庄家不停地被割韭菜坐电梯。

这家上市公司的玩法，就是利用资产质量变化而计提减值准备的题材进行"财务洗澡"，配合庄家进行股价操纵，将散户们玩弄于股掌之间。

在企业日常的管理活动中，我们经常听到关于企业不良资产和优质资产的各种议论。大量研究成果和实际案例都表明，企业资产规模与效益之间不一定有直接关系：规模大的企业，效益未必好。所以在分析一家公司的财务状况时，除了关注公司的资产规模，更应该关注公司的资产质量。那么，到底如何看待一家公司的资产质量呢？资产质量又是如何影响公司业绩的呢？

既然资产负债表的左边——资产存在着质量问题，那么资产负债表的右边——资本结构是否也存在着质量问题呢？

学完本章，你就能回答上述问题。

3.1 资产负债表概述

3.1 即测即评

资产负债表是基本财务报表之一，是以“资产＝负债＋所有者权益”为平衡关系，反映企业财务状况的静态报表，它揭示企业在某一特定日期所拥有或控制的经济资源、所承担的现时义务和所有者享有的剩余权益。

3.1.1 资产负债表三大会计要素的概念及特征

1. 资产

资产是企业因过去的交易或事项而形成，并由企业拥有或控制，预期会给企业带来未来经济利益的资源，包括财产、债权和其他权利。资产具有如下基本特征：

（1）资产是由过去的交易取得的。企业所能利用的经济资源能否列为资产，标志之一就是是否由已发生的交易引起。资产的取得途径通常有内部形成（对于存货来说称为自制，对于固定资产来说称为自建，对于无形资产来说称为自创）和外部购入两种方式。

（2）资产应能为企业实际拥有或控制。在这里，“拥有”是指企业拥有资产的所有权；“控制”则是指企业虽然没有某些资产的所有权，但实际上可以对其自由支配和使用。而对于物流企业来说，那些存放于企业仓库中的代运物品并不是企业实际“拥有或控制”的，因此不能将其作为企业的资产反映在账面上。

（3）资产必须能以货币计量。也就是说，会计报表上列示的资产并不是企业拥有或控制的所有资源，而只是那些能用货币计量的资源。这样就会导致企业的某些资源甚至是非常重要的资源，如人力资源、客户资源和大数据资源等，由于无法用货币计量而不能作为企业的资产列示在报表中。

（4）资产应能为企业带来未来经济利益。在这里，“未来经济利益”是指直接或间接地为未来的现金净流入做出贡献的能力。这种贡献可以是直接增加未来的现金流入，也可以是因耗用（如材料存货）或提供经济效用（如对各种非流动资产的使用）而节约的未来的现金流出。资产的这一特征通常用来作为判断资产质量的一个重要方面，那些无法为企业带来未来经济利益的资产往往被贴上“不良资产”的标签。

一般而言，资产按其变现能力（即流动性）的大小分为流动资产和非流动资产两大类。

2. 负债

负债是指企业由过去的交易或者事项形成的，预期会导致经济利益流出企业的现时义务。负债具有如下基本特征：

（1）与资产一样，负债是由企业过去的交易或者事项引起的一种现时义务。一般情况下，如果企业仅仅签订一份合同，由此引起的法律义务并不构成企业的负债，只有在发生相应的交易或事项后所形成的现时义务才构成企业的负债。同理，或有负债由于具有“有可能发生也有可能不发生”这一特点，也不构成企业的负债。

（2）负债必须在未来某个时点（且通常有确切的受款人和偿付日期）通过转让资产或提供劳务来清偿，即预期会导致经济利益流出企业。因此，在分析时通常将相应资产的规模与相应负债的规模进行比较来衡量企业的偿债能力。

（3）负债应是金额能够可靠地计量（即货币计量）的经济义务。在实务中企业通常需要根据谨慎性原则将很有可能发生并且金额能够可靠计量的经济义务确认为预计负债，列示于负债项目之中。

一般而言，负债按偿还期（也可看作流动性）的长短分为流动负债和非流动负债两大类。

3. 所有者权益

所有者权益又称净资产（公司的所有者权益又称股东权益），是指企业资产扣除负债后由所有者享有的剩余权益。与债权人权益比较，所有者权益一般具有如下基本特征：

（1）所有者权益在企业经营期内可供企业长期、持续地使用，企业不必向投资人（或称所有者）返还所投入的资本。而负债须按期返还给债权人，成为企业固定的负担。

（2）企业的所有者凭借其对企业投入的资本，享受税后分配利润的权利。所有者权益是企业分配税后净利润的主要依据，而债权人除按规定取得利息外，无权分配企业的盈利。

（3）企业的所有者有权行使企业的经营决策和管理权，或者授权管理人员行使经营管理权。但债权人并不享有相应权利。

（4）企业的所有者对企业的债务和亏损负有无限责任或有限责任（依企业性质而定），而债权人与企业的其他债务不发生关系，一般也不承担企业的亏损。

所有者权益的来源有：企业所有者对企业投入的资本、直接计入所有者权益的利得和损失及留存收益等。具体项目包括：实收资本（或者股本）、资本公积、盈余公积和未分配利润等。

3.1.2　资产负债表的基本结构

资产负债表的结构一般是指资产负债表的组成内容及各项目在表内的排列顺序。

就组成内容而言，资产负债表包括表头、基本内容和补充资料等。

（1）表头提供了编报企业的名称、报表的名称、报表所反映的日期、金额单位及币种等内容。

（2）基本内容部分列示了资产、负债及所有者权益等内容。

（3）补充资料列示或反映了一些在基本内容中未能提供的重要信息或未能充分说明的信息。这部分资料主要在报表附注中列示。

我国企业资产负债表的排列及各项目的含义受企业会计准则的制约。资产负债表的基本结构和主要项目如表3－1所示。

表3－1　资产负债表（主要项目）

流动资产：	流动负债：
货币资金	短期借款
应收票据	应付票据
应收账款	应付账款
应收款项融资	预收款项
预付款项	合同负债
其他应收款	流动负债合计
存货	非流动负债：
合同资产	长期借款
非流动资产：	应付债券
长期股权投资	长期应付款
固定资产	非流动负债合计
在建工程	负债合计
无形资产	所有者权益（或股东权益）：
商誉	实收资本（或股本）
非流动资产合计	资本公积
	盈余公积
	未分配利润
	所有者权益（或股东权益）合计
资产总计	负债和所有者权益（或股东权益）总计

可以看出，在资产方，按照资产变现能力由强到弱的顺序排列为流动资产和非流动资产；在负债和所有者权益方，依据负债需要偿还的先后顺序将负债分为流动负债和非流动负债分别列示，所有者权益列示在负债的下方。此种格式与“资产＝负债＋所有者权益”的会计等式是完全吻合的。由于这种排列呈左右水平对称式，

故又称水平式或账户式。

为了便于分析者比较不同时点资产负债表的数据，资产负债表还将各项目再分为“期初余额”和“期末余额”两栏分别填列。在实务中，还可能出现一些项目排列上的变化，但基本内容不会变。

3.1.3　资产负债表的作用

1. 有助于分析和评价企业的偿债能力

通过将流动资产（即一年内可以或准备转化为现金的资产）、速动资产（即流动资产中变现能力较强的资产）与流动负债（即一年内需要清偿的债务）进行对比分析，可以评价企业的短期偿债能力；通过将企业的资产规模、负债规模及所有者权益规模进行对比分析，可以评价企业的长期偿债能力及举债潜力。在资产负债表中，将资产和负债分别按照流动性分为流动和非流动两个部分列示，主要目的就是便于进行企业偿债能力的分析与评价。

2. 有助于分析和评价企业的营运能力和盈利能力

在资产负债表中，资产是企业开展经济活动的物质媒介，所有者权益是企业开展经济活动的“本钱”；在利润表中，收入反映企业开展经济活动所实现的规模，利润则体现企业开展经济活动所取得的成果。通过对资产负债表与利润表的有关项目进行比较，如计算存货周转率、债权周转率、资产报酬率、权益报酬率等财务指标，有助于对企业各种资源的利用效率（即营运能力）以及企业的盈利能力做出分析和评价。

3. 有助于解释、评价和预测企业的财务状况质量和未来发展趋势

财务状况是指企业从事筹资、投资和经营等各种经济活动所产生的财务后果。资产负债表通过对资产各个项目的列示，揭示了企业拥有或控制的能用货币计量的经济资源（即资产）的总体规模及其具体分布状况；通过对负债和所有者权益各个项目的列示，揭示了企业从不同渠道所获得资本的总体规模及其具体分布状况。传统的财务报表分析框架基本上是利用常规的财务指标，通过偿债能力、盈利能力、营运能力和发展能力等方面的分析来评价企业的财务状况。而本书在此基础上通过资产质量、资本结构质量以及利润质量等一系列质量维度的分析，并遵循“资产创造利润，利润带来现金流量”这一基本逻辑关系，将资产负债表与利润表、现金流量表进一步联系起来，从总体上对企业的财务状况质量做出评价。这些信息将有助于预测企业财务状况的未来发展趋势。

4. 有助于了解和判断企业有关方面战略的制定与实施情况，透视企业的管理质量

对企业资产分别从项目个别质量、资产结构质量以及资产总体质量等不同的层次进行质量分析与评价，有助于分析者判断企业在资源利用战略方面的制定与实施情况。由于不同的负债和所有者权益项目往往会给企业的经营活动带来不同的成本和风险，同时企业的资本结构（即负债和所有者权益之间的比例关系以及所有者权益内部的比例关系）又在很大程度上决定企业的控制权归属、治理模式以及未来的发展方向，具有较强的战略导向，因而对企业的负债和所有者权益各项目从资本结构质量层面进行分析与评价，有助于分析者了解企业利用何种资本来实现自身的未来发展，判断企业在资本引入战略方面的制定与实施情况。根据企业在资源利用战略和资本引入战略等方面的制定和实施情况，还可以进一步透视企业的管理质量。

3.2 资产负债表相关的比率分析

3.2 即测即评

前已述及，比率分析法是将某些彼此存在关联的项目加以对比，计算出比率，据以确定经济活动基本特征以及变动程度的分析方法。由于比率是相对数，可以消除规模的影响，能够把某些条件下的不可比指标变为可以比较的指标，因此，比率分析将复杂的财务信息加以简化，以利于其在不同企业之间以及同一企业的不同时期之间进行比较和分析。比率分析是资产负债表最传统、最基本的分析工具之一。

在资产负债表中，资产和负债均按照流动性分为流动和非流动两大类进行列示，时间界限均为一年或者长于一年的一个营业周期。其中，流动资产对应流动负债，由于人们通常将流动资产视为用来偿付流动负债的物资保障，因此将两者进行比较可以大致揭示出企业对一年内到期债务的偿还能力，即短期偿债能力；而又可将资产总额与负债总额进行比较，用以反映企业的长期偿债能力。从另一个角度来说，由于举债可以产生财务杠杆效应，因此还可以利用一些财务比率来揭示企业利用财务杠杆的程度，当然也能体现出企业所面临的财务风险程度。具体地说，上述分析所涉及的常规比率主要包括以下几个方面：

3.2.1 短期偿债能力分析

1. 营运资本

营运资本是指企业流动资产减去流动负债后的差额，计算公式为：

营运资本＝流动资产－流动负债

从公式可以看出，营运资本实际上反映的是流动资产可用于偿还和抵付流动负债后的余额，营运资本越多，说明企业可用于偿还流动负债的资金越充足，债权人收回债权的安全性也越高，当然，偿付流动负债后企业用于日常经营运作的资金也就越充足。因此，可将营运资本作为衡量企业短期偿债能力的绝对指标。

但由于营运资本只反映了企业可用于偿还流动负债剩余资金的绝对量，并不利于企业在不同期间以及同一期间的不同企业之间进行比较，因此，运用相对指标来反映企业的短期偿债能力非常必要。

2. 流动比率

流动比率（current ratio）是流动资产与流动负债的比率，计算公式为：

$$流动比率=\frac{流动资产}{流动负债}$$

流动比率反映企业运用其流动资产偿还流动负债的能力。因为流动负债具有偿还期较短的特点，流动资产具有较容易变现的特点，正好可以满足流动负债的偿还需要，所以流动比率是分析短期偿债能力最主要的指标。美国的传统教材认为，将其保持在 2∶1 左右是比较适宜的。但这只是一个经验数据。由于所处行业不同、受到季节性因素的影响，或者企业处在不同的发展阶段，这一数据会有很大的差别。

考察一下中国资本市场的上市公司，大量企业的流动比率并不高，却表现出了极强的竞争力。这表明，分析企业流动资产和流动负债的关系，不能仅仅关注这个比率。

具体地说，在利用这一比率进行分析时有以下两点值得关注。

第一，在全部流动资产中，各项目在清偿债务时的可用性并不相同。可用性是指资产及时、不贬值地转变为可以清偿债务的货币资金的能力（即本书所强调的资产质量中的保值性）。例如，对于以赊销为主的企业，其存货首先应转化为债权，在回收债权后才能用于偿债。因此，流动比率仅是一个较为粗略地评价企业短期偿债能力的比率。

第二，在行业地位比较显赫的企业尤其是龙头企业中，往往倾向于采用类金融模式，即 OPM（other people's money）模式进行融资，商业债务往往大大高于其商业债权，因此通常导致这类企业的流动比率偏低，但这并不代表企业的短期偿债能力较差，相反是企业议价能力较强而主动安排的结果。因此，针对流动比率的计算结果不能一概而论，要结合企业的现金流量情况和盈利能力进一步加以分析。

3. 速动比率

传统上，为了更精确地评价企业短期偿债能力，需要剔除流动资产中可用性差的项目，于是就出现了速动比率（quick ratio），也叫酸性测试比率（acid-test ratio）。

$$速动比率=\frac{速动资产}{流动负债}$$

式中，速动资产是指可以及时、不贬值地转换为可以直接偿债的货币资金的流动资产。在实践中一般是简单地将存货从流动资产中剔除而得到速动资产。美国教材通常认为，一个企业的速动比率为1∶1是恰当的，这种情况下，即便所有的流动负债要求同时偿还，也有足够的资产维持企业正常的生产经营。

这一比率也是用来衡量一个企业的短期偿债能力的，一般而言，比率越高，流动负债的偿还能力越强。但这个比率也不是越高越好，因为通常情况下，速动比率越大，流动资产的流动性越高，其收益性就有可能越差，或者几乎没有收益，比如现金。

上述两个比率在反映企业的短期偿债能力之外，也在某种程度上反映了企业的经营管理能力、企业的经营风格和竞争力。将这两个比率当年与往年的水平进行比较或者与行业的正常水平进行比较，看是否有较大的变动，并分析这一变动的原因，有利于了解企业的战略和经营风格。

4. 现金比率

现金比率（cash ratio）是指企业的现金类资产与流动负债之间的比率，通常有两种计算方法：一种是按货币资金与流动负债之比计算的现金比率，也称货币资金比率；另一种是按现金及现金等价物与流动负债之比计算的现金比率。计算公式分别为：

$$货币资金比率=\frac{货币资金}{流动负债}\times 100\%$$

$$现金比率=\frac{现金及现金等价物}{流动负债}\times 100\%$$

在企业的流动资产或速动资产中，现金及现金等价物的流动性最强，可直接用于偿还企业的流动负债，因此从谨慎性角度出发，用现金比率衡量企业的短期偿债能力是最为保险的。但需要指出的是，企业短期偿债能力分析从本质上讲，是用来衡量企业偿还一年内到期的债务的能力，由于流动资产从理论上讲均能在一年内转化为现金用于偿债，因此，用目前企业拥有的现金存量来衡量偿还一年内到期债务的能力，这似乎过于保守了。

3.2.2 长期偿债能力分析

1. 资产负债率

资产负债率（debt ratio）是企业负债总额与资产总额的比率，表示企业全部资金来源中有多少来自举借债务。这个指标也是衡量企业财务风险的主要指标。

$$资产负债率=\frac{负债总额}{资产总额}\times 100\%$$

资产负债率是对企业负债状况的总体反映。

2. 资产金融性负债率

资产金融性负债率（financial debt/assets ratio）是本书作者创立并倡导使用的

一个指标。资产金融性负债率也可以称为资产有息负债率，反映的是企业直接从银行等金融机构取得的借款等有息负债与资产总额之间的对比关系，是用来评价企业偿债能力的一个非常实用的指标。由于负债按照取得途径来分，至少包括经营性负债和金融性负债两种，其中经营性负债是企业在经营过程中基于企业的议价能力（一般会因企业在行业中的竞争地位和竞争优势不同存在差异）形成的，如应付票据、应付账款、预收款项、其他应付款等，在我国当前的市场经济环境下，大多数经营性负债是无成本的（至少表面上是这样），对企业来说并不构成固定的成本压力。而金融性负债是企业直接从银行等金融机构取得的有息负债，如短期借款、长期借款、一年内到期的非流动负债、长期应付款等，它们往往有固定的利息和确定的还款日，因此，企业的偿债压力相对较大。通过资产金融性负债率指标的计算，可以了解企业实际的偿付压力，进一步揭示企业真实的偿债能力。

资产金融性负债率的计算公式为：

$$资产金融性负债率=\frac{金融性负债总额}{资产总额}\times 100\%$$

3. 产权比率

产权比率（leverage ratio）反映的是企业的负债与所有者权益之间的对比关系，反映由债权人提供的借入资金与所有者提供的自有资金的相对关系。其计算公式为：

$$产权比率=\frac{负债总额}{所有者权益总额}$$

产权比率表示，在企业中相对于股东每提供一元钱债权人所提供的借款额。在企业经营状况不好时，企业多借债，股东可以将损失和风险转嫁给债权人；而在企业经营状况良好时，企业多借债，股东则可以获得额外利润。一般而言，产权比率越小，自有资金对借入资金的保障程度越高，偿债能力越大，偿债风险也就越小。

3.2.3　财务杠杆程度分析

财务杠杆是一个应用很广的概念。在物理学中，利用一个杠杆和一个支点，就能用很小的力量抬起很重的物体。而财务杠杆是指企业由于举债而使得企业给股东带来的回报大于企业自身的回报，当然，举债也有可能使得企业给股东带来的亏损大于企业自身的亏损，正所谓举债可以使“赢的企业更赢，亏的企业更亏”。因而财务杠杆又可称为融资杠杆或者资本杠杆。财务杠杆是企业举债经营所产生的一种效应。

风险是一个与损失相关联的概念，是一种不确定性或可能发生的损失。财务风险是从另外一个角度对财务杠杆效应所进行的诠释，是指企业因举债而产生的在未来收益不确定情况下由股东所承担的附加风险。因此，如果企业经营状况良好，企业投资报酬率大于负债利息率，则获得财务杠杆收益；如果企业经营状况不佳，企业投资报酬率小于负债利息率，则会产生财务杠杆损失，甚至导致企业破产，其中的不确定性就是企业运用负债所承担的财务风险。衡量企业的财务杠杆程度通常可以采用权益乘数指标。

权益乘数（equity multiplier）是资产总额与所有者权益总额（在杜邦财务分析体系中是用资产平均余额与所有者权益平均余额）的比率，反映企业由于举债而产生财务杠杆效应的程度。

$$权益乘数=\frac{资产总额}{所有者权益总额}$$

权益乘数多大为宜，通常没有定论。权益乘数的大小除了受企业所在行业、所处经营周期等因素的影响，与企业的举债程度有直接关系，反映管理层的经营理念和风险偏好。不过通常认为，具有较大的权益乘数的企业财务风险相对较大。但并不意味着该指标越小越好，因为企业的财务目的是使股东财富最大化，利用财务杠杆可以获得经营机会，借用债务人的资金为投资者赚取更多的利润。所以，企业应根据自身的实际情况采取不同的融资策略。这个指标在不同行业的不同企业之间会存在很大的差异。

案例分析

北陆药业部分财务比率计算

以附录中收录的北陆药业的合并资产负债表信息为基础计算出来的主要财务比率如表3-2所示①。

表3-2　与资产负债表有关的财务比率计算表

财务比率	2022年12月31日			2021年12月31日		
	分子	分母	指标值	分子	分母	指标值
流动比率	1 178 013 005	302 669 060	3.89	1 306 078 452	285 558 159	4.57
速动比率	1 178 013 005－276 221 626	302 669 060	2.98	1 306 078 452－250 009 439	285 558 159	3.70

① 需要说明的是，由于在上市公司年报的附注部分，主要是针对合并报表项目逐一进行较为全面、详细的明细说明，而针对母公司报表只有一些主要项目才有明细说明，因此，我们后续的项目质量分析（如本章3.3节内容）主要是基于合并报表项目注释而展开的。在将项目质量分析法与比率分析法相结合进行分析的过程中，为了更好地保证彼此数据相互匹配，建议在计算财务比率时以合并报表数据为基础。考虑到整个集团并不是一个法律主体，有些财务比率（如流动比率、资产负债率等偿债能力分析比率）并不适用于合并报表，因此最好分别针对合并报表和母公司报表计算两套财务比率，并对其中差异比较大的财务比率予以特殊关注，进一步解释其中的原因。在本案例中，由于北陆药业母公司资产负债表中的控制性投资规模相对较小，合并资产负债表与母公司资产负债表各项目数据差异不大，因此，我们在计算财务比率时，只计算了合并报表的相关财务比率。

续表

财务比率	2022年12月31日			2021年12月31日		
	分子	分母	指标值	分子	分母	指标值
货币资金比率	901 791 379			1 056 069 013		
资产负债率	892 274 093	2 815 514 459	31.69%	8 182 236 689	2 904 264 587	28.17%
资产金融性负债率	647 117 540	2 815 514 459	22.98%	575 956 811	2 904 264 587	19.83%

对上述比率的高低及其背后的含义，我们将在本书后面的综合分析中进行阐述。

在实际分析时，各资产项目在企业中是否能够真正成为债务的物质保障，还要依各资产项目的具体性质和质量而定，其对企业债务的实际偿付能力大小并非按照资产负债表中所谓的“流动性”顺序排列，比如，货币资金中有可能存在很多用途被限定的资金而无法动用；应收账款中有很多因账龄偏长而很难在近期收回；其他应收款中有很多被大股东等关联方占用而形成不良资产；等等。而负债各项目在企业中所形成的实际偿付压力也并非按照资产负债表中所谓的“流动性”顺序排列，比如，应收账款等商业性负债由于没有具体的偿付日期限制而导致企业的偿付压力并没有那么大；预收款项由于事先已收归入账、事后只需提供相应货物或劳务而使得企业的实际偿付压力并不大（毛利率高的企业就更小了）；一些央企会因国家政策扶持而往往通过“借新还旧”等方式缓解偿付压力；等等。因此，对企业偿债能力的分析千万不能通过比率分析“一刀切”，而要结合资产负债表中资产和负债各个项目的具体项目质量和项目特点通过运用项目质量分析法来加以“个性化”的分析。同时，单个比率一般是针对企业某个特定方面进行的分析，通常不能全面地说明问题，单个财务比率的高低，也只能反映某一单一被评价项目或方面的状态和水平。因此，要想对企业的偿债能力加以系统、全面的考察，在分析中还需要结合更多的财务比率，考虑更多的维度，借助更多的分析方法。

更进一步地说，企业的偿债能力不仅取决于资产的流动性和资本结构，从长期来看，还在一定程度上取决于企业的盈利能力。企业在个别年份盈利能力不足，不一定会影响偿债能力，但若一家企业长期丧失盈利能力，资产的流动性必然逐步由好转坏，资本结构也将逐渐由优变劣，企业最终有可能陷入资不抵债的困境。因此对于连年亏损的企业来说，其偿债能力通常会受到较大的影响。因此，考察企业的偿债能力，还可以进一步结合利润表中的相关项目，从评价企业每年支付利息和固定支出的能力的角度进行分析。这是由长期负债的特点所决定的，长期负债除了需要到期偿还本金，每年还要支付利息，如果企业出现不能及时偿还利息的情况，就会影响企业的信誉和举债能力。与利润表有关的偿债能力评价指标如利息保障倍数、固定支出保障倍数等参见第4章。此外，由于现金是企业的“血液”，企业即便有坚实的资产作为债务的物资保障，有丰厚的盈利作为债务的偿还基础，如果出现现金短缺，企业仍然有可能无法如期偿还债务；企业即便在账面能生成巨额利润，如果在回款环节出现问题而影响了自身的现金创造能力，企业仍然有可能陷入财务困境甚至出现生存危机。因此，偿债能力分析还要在一定程度上考虑到现金因素，尤其是企业从经营活动、投资活动和筹资活动等各个领域获取现金的能力。与现金流量表有关的偿债能力评价指标请参见第5章。至于企业资产运营效率方面的比率分析，由于需要结合某项或某类资产所推动的企业经营规模（如营业收入或营业成本）的情况来加以考察，具体指标及计算公式也请参见第4章。

还需要强调的一点是，实践证明，能够通过财务指标（如资产负债率等各种反映偿债能力的财务指标）计算出来的风险也许未必是企业所面临的真正的风险。宏观经济环境、国家政策、行业竞争格局等诸多方面均会给企业带来外部环境风险；企业因盲目扩张而发生的过度融资和过度投资会给企业带来战略失败风险；股权结构巨变会给企业带来治理风险；对组织文化、竞争环境、核心人物和核心业务的过度适应会给企业带来惯性依赖风险；等等。这些因素对企业的负面影响可能非常大，甚至会给企业带来灭顶之灾。因此，在通过财务报表分析对企业的财务风险和偿债能力进行评价时，应该在计算财务指标的基础上还要充分考虑非财务因素，强调企业所处的实际环境和特定背景对企业的经济行为造成的不同影响。

3.3 资产项目质量分析

3.3 即测即评

长期以来，我国部分上市公司屡屡出现一个看似很不正常的现象，即在连续几年收入和利润持续稳定增长的情况下，却突然陷入严重的财务危机。这一现象涉及很多方面的问题，其中有企业业绩评价体系本身存在的问题，有会计法规、政策规定不合理的问题，也有市场体系不完善的问题，等等。但从财务报表分析的角度来看，有一点不容忽视，那就是企业在追求良好的财务业绩的同时，很可能也在制造大量的不良资产，致使资产质量日益恶化，最终陷入财务困境而无法自拔。

科学有效地评价上市公司质量，保护利益相关者权益，是资本市场健康发展的关键所在。也就是说，从财务的角度能否有效甄别高质量发展的企业（以上市公司为主），这将在相当程度上决定着决策者能否真正获取到有价值的决策信息，资本市场能否真正有效率地配置经济和社会资源。而对资产质量的评价是对上市公司财务（状况）质量评价的重要方面。现行会计准则也更加关注企业资产的质量，更加强调对企业资产负债表日的财务状况进行恰当、公允的反映，而不再仅仅关注盈利结果。因此，研究企业资产质量问题，作为企业质量（以上市公司质量为代表）评价中非常重要的一个方面，关乎企业的生存与发展，已成为财务报表分析领域的一个核心内容。资产质量分析具有重要的理论研究价值，对企业来说也具有重大的现实意义。

3.3.1 资产项目的质量特征

按照质量大师克劳士比的话说，质量就是符合要求。那么对资产的要求就是通过对其进行安排与使用，使其预期效用能够最大限度地发挥。因此，资产的质量就是指资产在特定的经济组织中实际发挥的效用与其预期效用之间的吻合程度。企业在资产的安排和使用程度上的差异，即资产质量的好坏，将直接导致企业实现利润、创造价值水平方面的差异，因此不断优化资产质量，促进资产的新陈代谢，保持资产的良性循环，是决定企业能否长久保持竞争优势的源泉。

资产项目的质量特征是指企业针对不同的资产项目，根据自身的属性和功用所设定的预期效用。由于流动资产、对外投资、固定资产在企业经营中所发挥的作用不同，企业对各类资产预期效用的设定也就各不相同，因而资产的不同项目具有各自的质量特征。但总的来说，研究各个资产项目的质量特征，可以从资产的盈利性、周转性和保值性三个方面进行分析。

需要特别强调的是，不同的企业或同一企业在不同时期、不同环境之下，对同一项资产的预期效用也会有所差异，因此，对资产质量的分析要结合企业特定的经济环境，不能一概而论。

1. 资产的盈利性

资产的盈利性，是指资产在使用中为企业带来经济利益的能力，它强调的是资产能够为企业创造价值这一效用。资产是指由企业过去的交易或事项引起，为企业拥有或控制，能够给企业带来未来经济利益的资源。因此，对资产有盈利性的要求是毋庸置疑的，它是资产的内在属性，是其存在的基础。资产质量好的公司盈利性一般较高，而通过保持企业稳定的盈利能力就能够确保企业的资产升值，因此，资产的盈利性是资产运作结果最综合的表现，也是提升资产质量的条件。

2. 资产的周转性

资产的周转性，是指资产在企业经营运作中的利用效率和周转速度，它强调的是资产作为企业生产经营的物质基础而被利用的效用。资产只有在企业的日常经营运作中得到利用，它为企业创造价值的效用才得以体现。同行业企业相比较，相同资产条件下，周转速度越快，说明该项资产与企业经营战略的吻合性越高，对该资产利用得越充分，资产为企业赚取收益的能力越强。因此，资产的利用越频繁，也就越有效，说明其质量越高。如果资产闲置，资产的周转性必然会受到损害，质量就较差。马克思认为资产的周转性非常重要，他在《资本论》中提出，提高资本周转速度对实现剩余价值或资本增值至关重要。

3. 资产的保值性

资产的保值性，是指企业的非现金资产在未来不发生减值的可能性。在实务中，当企业的资产账面净值低于其可回收金额（即公允价值）时，通常要对其进行减值处理。资产发生减值，一方面会给企业带来减值损失，影响企业的当期业绩；另一方面会使债权人在受偿时蒙受损失（如抵押贷款），影响企业的未来信用。对于应收账款、存货等流动资产项目来说，发生减值后，随着债务人财务状况好转、市场经济状况回暖等，价值回升的可能性依然存在。但对于固定资产、无形资产以及长期股权投资等非流动资产来说，发生减值往往都是由于技术落后、被投资企业失去盈利能力等一些永久性因素，日后几乎不再有价值回升的可能。因此对于非流动资产来说，分析其保值性的意义在于预测这些资产项目在未来进一步发生减值的可能性，为债权人等相关信息使用者提供非常有价值的资产信息。

3.3.2 流动资产的项目质量分析

流动资产（current assets）一般是指企业可以或准备在一年内或者超过一年的一个营业周期内转化为货币、被销售或被耗用的资产。在我国的资产负债表上，按照各流动资产变现能力的强弱，依次为货币资金、交易性金融资产、应收票据、应收账款、预付款项、其他应收款、存货、一年内到期的非流动资产和其他流动资产等。

1. 货币资金质量分析

货币资金（cash）是指企业生产经营中处于货币形态的那部分资金，按其形态和用途的不同可分为库存现金、银行存款和其他货币资金。其中，库存现金和银行存款（通常合称为现金）因其可作为支付手段并被普遍接受等特性，常被人们看作企业的“血液”。其他货币资金主要包括一些因用途受到限制而不能随意支取的项目，如外埠存款、银行汇票存款、银行本票存款、信用证存款、信用卡存款和在途资金等。

其中，库存现金是指存放于企业财会部门并由出纳人员保管，用于零星开支的现钞，它是流动性最大的货币资金；银行存款是指企业存放在当地开户银行或其他金融机构的存款账户上的货币资金；外埠存款是指企业到外地进行临时或零星采购时，汇往采购地银行开立采购账户的存款；银行汇票存款和银行本票存款是指企业为取得银行汇票或银行本票按规定存入银行的款项；信用证存款是指企业采用信用证结算方式向国外付款，委托银行开出信用证时存入银行信用证保证金专户的款项；信用卡存款是指企业为了便于开展经营业务而将现金交存银行后办理的各种信用卡中的存款；在途资金是指企业同所属单位之间和上下级之间的汇、解款项，在月终时未到达的汇入款项。

货币资金质量主要涉及货币资金的运用质量、货币资金的构成质量以及货币资金的生成质量。因此，对企业货币资金质量的分析主要从以下几个方面进行。

（1）货币资金规模的恰当性——分析货币资金的运用质量。货币资金[①]兼具低收益性与高流动性两大特征。从财务管理的角度看，过低的货币资金保有量将严重影响企业正常的经营活动，制约企业发展，进而影响企业的商业信誉，尤其是在经济不景气时期，留有足够的货币资金才能够保证企业安然度过"寒冬"，幸运地存活下去。但过多的货币资金存量不但会造成投资机会的浪费，还会增加企业的筹资成本。因此，将其规模保持在合理水平，将帮助企业有效提升生存力与竞争力。判断企业货币资金规模是否恰当，是分析企业货币资金运用质量的一个重要方面。

一般而言，企业持有货币资金有以下三种动机：1）交易性动机，企业持有货币资金是为了满足日常生产经营的需要，顺利地购买原材料、支付各种成本费用，以保障生产经营活动的正常进行；2）预防性动机，企业持有货币资金是为了及时应对各种意外和风险，以满足企业对货币资金的不时之需；3）投机性动机，企业持有货币资金是为了抓住突然出现的获利机会，在瞬息万变、挑战与机遇并存的市场中实现持续发展。

那么，企业货币资金的规模（余额）应为多少才合适？由于企业的情况千差万别，货币资金的最佳规模并没有一个标准的尺度，需要企业根据自己的实际情况来调整，但总的原则是既要满足生产经营和投资的需求，又不能造成大额货币资金的闲置。概括起来说，判断企业货币资金的规模恰当与否主要考虑下列几个因素：

1）企业的资产规模（即企业总盘子）和业务收支规模（即交易量）。一般而言，企业规模（即资产总额）越大，业务收支越频繁且绝对额较大，对货币资金的日常交易性需求也就越大，因而处于货币资金形态的资产也会越多。另外，企业规模越大，各子公司和控股公司出于预防性动机和投机性动机需求，为了更加灵活地应对市场风险和抓住市场机遇，也更倾向于持有更为充裕的货币资金。

2）企业的行业特点。企业的行业特点制约着企业的货币资金规模，银行、保险公司与各种类型的工业企业在相同的资产规模条件下不可能保持相近规模的货币资金。而处于同一行业的企业，因面对相似的市场环境，采用行业惯例所决定的结算方式，企业间往往具有一定的可比性，因而在判断企业货币资金规模的恰当性时，行业平均值（通常采用货币资金占总资产的比例）具有一定的参考价值。

---

① 这里更准确地说，应该采用"现金"这一概念，特指用途不受限制、可以随时支用的部分货币资金，在绝大多数的学术文献中也是采用"现金"概念，此处为保持上下文的一致性，仍沿用货币资金概念。下同。

3）企业战略和投资机会。企业战略选择不同，风险偏好（激进还是保守）、扩张速度（迅猛还是稳健）、延伸领域（横向多元化还是纵向一体化）、政策环境（扶持还是限制）等诸多方面均体现出非常大的差异性，对货币资金的需求当然也就大不相同。若企业能够审时度势、战略实施得当、善于抓住机遇，正常情况下应不会出现大量货币资金闲置的局面，当然，为了应对战略投资所带来的经营风险，企业也有可能选择保有更多的货币资金存量以防不时之需。但无论如何，在剔除政策、行业等因素后，过大的货币资金规模很可能意味着该企业正在丧失潜在的投资机会，或者表明企业尚未找到合适的投资项目，生财无道。

4）企业的外部筹资能力。如果企业具有良好的信誉和融洽的外部融资关系（如银企关系），能保证企业的融资渠道畅通，且能以相对较低的成本筹得巨额资金，一般就没有必要持有大量的货币资金。因为当企业需要动用大量货币资金时，可以适时从外部筹集，这样可以减少货币资金闲置，降低资金成本和机会成本。

总而言之，判断企业货币资金规模恰当与否非常复杂，难以一概而论，除了要考虑上述因素外，分析者还需要结合下列因素：企业近期偿债的资金需求；企业的盈利状况和自身创造现金的能力；股利分配政策；宏观经济环境变化对企业融资环境的影响；等等。

（2）货币资金的币种构成及其自由度——分析货币资金的构成质量。企业资产负债表上的货币资金金额代表了资产负债表日企业的货币资金拥有量。由于其形态的特殊性，在会计上，货币资金一般不存在估价问题，其价值永远等于各时点上的货币一般购买力。但由于物价波动、技术发展等方面的原因，相同数量金额的货币资金在不同时点的购买力并不必然相同。

在企业的经济业务涉及多种货币、企业的货币资金有多种货币的条件下，不同货币币值的不同未来走向决定了相应货币的“质量”。此时，对企业保有的各种货币进行汇率趋势分析，就可以确定企业持有的货币资金的未来质量。

此外，有些货币资金项目由于某些原因被指定了特殊用途，这些货币资金因不能随意支用而不能充当企业真正的支付手段。在分析中，可通过计算这些货币资金占该项目总额的比例来考察货币资金的“自由度”，这有助于揭示企业实际的支付能力。

案例分析

北陆药业货币资金项目质量分析

北陆药业2022年财务报表附注中关于货币资金的构成情况如表3-3所示。

表3-3　2022年末货币资金构成情况表　　单位：元

项目	期末余额	期初余额
库存现金	4 086.00	36 756.00

续表

项目	期末余额	期初余额
银行存款	736 939 821.24	860 302 427.59
其他货币资金	29 790 733.91	34 683 887.67
合计	766 734 641.15	895 023 071.26

其他说明：(1) 其他货币资金主要系海昌药业为开立银行承兑汇票提供的保证金。(2) 期末，公司不存在其他抵押、质押或冻结或者存放在境外且资金汇回受到限制的款项。

从上述结构来看，北陆药业货币资金的质量非常高：大量货币资金属于可以自由支付、无任何限制的资金。公司货币资金管理比较规范，库存现金极少。

(3) 货币资金规模的持续性——分析货币资金的生成质量。货币资金（主要指现金部分）通常被誉为企业的“血液”，因而财务分析者非常关注企业货币资金规模的持续性。一个企业在生产经营正常、投资和筹资规模不变的情况下，货币资金流入越大则企业活力越强；如果经营活动货币资金流入占总货币资金流入的比重较大，则可能反映出企业经营状况较好，收现能力强且坏账风险小，货币资金流入结构较为合理；如果企业的货币资金流入主要是由收回投资产生的，甚至是由处置固定资产、无形资产和其他资产引起的，则可能反映出企业生产经营能力衰退，维持和发展出现问题；如果筹资活动货币资金流入所占比重较大，则可能意味着企业拥有广阔的筹资渠道，拥有获得足够的资金扩大生产经营规模的潜力。具体地说，企业的货币资金规模发生变化，主要基于以下几个原因：

1）企业经营活动引起货币资金规模变化。企业在经营活动中创造货币资金的能力通常被视为企业自身的造血功能。在经营战略和经营规模没有明显调整的情况下，一个自身造血功能正常的企业，其货币资金规模通常会呈现出不断上升的趋势（如格力电器、贵州茅台等）。一般认为，如果一个企业自身的造血功能比较好，货币资金规模的增加主要来自经营活动，那么企业货币资金的生成质量就会比较高。

通常情况下，企业经营活动中有两个主要方面会影响企业的造血功能：第一，销售规模以及信用政策的变化。随着宏观经济环境、企业所处行业以及企业在行业中的竞争优势发生变化，企业的销售规模会相应发生变化，而销售回款是企业自身创造现金的最主要渠道；信用政策的变化也会在一定程度上影响企业销售所收到的货币资金量。第二，企业采购规模以及议价能力的变化。企业的采购行为往往需要企业动用货币资金存量，而由企业在行业中的竞争地位决定的面对上游供应商的议价能力，又会在一定程度上影响当期货币资金支付的相对水平。

2）企业投资活动引起货币资金规模变化。一般情况下，企业不管是出于扩大再生产的战略需要而大量购入固定资产等长期资产，还是出于对外扩张的战略需要而大举对外投资，都要动用大量的货币资金，从而引起企业货币资金规模不同程度的下降。相反，如果企业处置固定资产等长期资产或者收回投资，往往会引起货币资金规模的上升。值得注意的是，无论是投资还是收回投资，所引起的货币资金规模的变化往往是一次性的，主要受各年度企业战略规划与实施情况的影响，通常会呈现出一定的波动性。

3）企业筹资活动引起货币资金规模变化。企业往往会由于经营活动的资金捉襟见肘、近期有重大投资安排、准备大量派发现金股利、偿还即将到期的银行贷款、改善资本结构、引进战略投资者等各种原因，通过举债或者增发股票等方式筹资。这些筹集到的资金在使用前会引起企业货币资金规模上升，但其规模随后会由于资金的使用而有所下降，因此，这种货币资金规模的变化通常不具有持续性。

在分析中，我们可以依据企业提供的现金流量表展开相应的货币资金质量分析，考察企业货币资金的生成质量，判断企业货币资金规模的持续性及合理性，为预测企业未来的货币资金规模走势提供更加科学的依据。

北陆药业2022年年报中货币资金的生成质量分析请参见第7章有关该案例现金流量表分析部分。

2. 应收票据质量分析

在我国，应收票据（notes receivable）是指企业因赊销产品、提供劳务等在采用商业汇票结算方式下收到的商业汇票（目前主要是银行承兑汇票）而形成的债权。

应收票据在确认时，由于依据的是赊销业务中债权人或债务人签发的表明债务人在约定时日应偿付约定金额的书面文件，并具有法律效力，因而受到法律的保护，具有较强的变现性。商业汇票是商品经济高度发达的产物，其实质是一种商业信用行为，其本身是一种有价证券。在到期之前，企业如果需要资金，可将持有的商业汇票背书后向银行或其他金融机构办理贴现，取得现金，从另一个方面保证其具有较强的变现性。

在分析应收票据的质量特征时，在强调其具有较强的变现性的同时，必须关注其可能给企业的财务状况造成的负面影响。我国票据法规定，票据贴现具有追索权，即如果票据承兑人到期不能兑付，背书人负有连带付款责任。这样，对企业而言，已贴现的商业汇票就是一种或有负债，若已贴现的应收票据金额过大，可能给企业的财务状况带来较大影响。因此，在分析该项目时，应结合会计报表附注中的相关披露，了解企业是否存在已贴现的商业汇票，据以判断其是否会影响企业未来的偿债能力。

需要说明的是，如果企业根据日常资金管理的需要，有明确意图将部分银行承兑汇票进行贴现或背书，或者对部分应收账款进行保理业务，基于其发生的频繁程度、金额以及内部管理情况，企业可以把这类债权由“应收票据”和“应收账款”项目转入“应收款项融资”项目进行列示。可以更简单地理解为：企业收到商业票据后，如果打算持有至到期，就列为“应收票据”；如果打算中途贴现或背书，就列入“应收款项融资”。一般而言，在“应收款项融资”项目中列示的基本上是信用等级较高的商业票据（当然要有明确意图用于背书或贴现），因而风险相对较低。这就决定了“应收款项融资”项目因具有更高的等级和收款保障而质量相对更高一些。

案例分析

北陆药业应收票据项目质量分析

北陆药业 2022 年财务报表附注中关于应收票据的部分信息如表 3-4 所示。

表 3-4　2022 年末应收票据明细表　　单位：元

项目	期末余额	期初余额
银行承兑汇票	6 463 682.95	8 791 333.05
合计	6 463 682.95	8 791 333.05

北陆药业的应收票据全部为银行承兑汇票，意味着公司的应收票据质量较高。该项目的年末金额小于年初金额，减少了 26.5%，相比较而言，当年的营业收入减少了 10.9%，应收账款余额减少了 30.7%，这很可能是公司面对经济环境变化而采取了更为谨慎的赊销政策所带来的结果。

3. 应收账款质量分析

应收账款（accounts receivable）是指企业因赊销产品、材料，提供劳务等业务而形成的商业债权。这种债权应向购货单位或接受劳务单位收取。对于许多企业来说，自身产品或劳务不外乎采用预收款（常见于广告企业）、赊销或者现销等三种方式进行结算，债权规模一般情况下应与企业经营方式和所处行业有直接联系。例如，商业零售企业的许多业务是现金销售业务，商业债权较少；工业企业往往采用赊销方式，形成大量的商业债权。绝大多数应收账款都会以货币资金的形式收回，个别情况下有可能以非现金资产或者劳务的形式收回，收不回来的应收账款最终会形成坏账。

资产负债表的资产项目中还有一个类似的项目叫“合同资产”。合同资产（contract assets）是指企业已向客户转让商品而有权收取对价的权利，且该权利取决于时间流逝之外的其他因素。如企业向客户销售两项可明确区分的商品，企业因已交付其中一项商品而有权收取款项，但收取该款项还取决于企业交付另一项商品的，企业应当将该收款权利作为合同资产。企业拥有的、无条件（即仅取决于时间流逝）向客户收取对价的权利应当作为应收款项单独列示。二者的区别在于，应收款项代表的是无条件收取合同对价的权利，即企业随着时间的流逝即可收款，而合同资产并不是一项无条件收款权，该权利除了时间流逝之外，还取决于其他条件（例如，履行合同中的其他履约义务）才能收取相应的合同对价。因此，与合同资产和应收款项相关的风险是不同的，应收款项仅承担信用风险，而合同资产除信用风险之外，还可能承担其他风险，如履约风险等。合同资产的减值的计量、列报和披露应当符合相关金融工具准则的要求。

由于合同履行是一个动态的过程，债权方在确认合同资产时，合同中所涉及的交易尚未最终完成（如企业还需交付另一项商品），合同双方是否能够按照合同约定或相关法律规定，全面、适当地履行合同义务，成为决定合同资产质量的一个关键因素。

企业赊销产品，就是向购买方提供商业信用。因此，企业的信用政策对其商业债权规模有直接的影响：放宽信用政策，将会刺激销售，扩大债权规模；紧缩信用政策，则会制约销售，缩小债权规模。然而，企业应收账款规模越大，由于占用资金而产生的机会成本就越多，发生坏账（不可回收的债权）的可能性也越大，可以进一步断定，企业放宽信用政策达到一定程度之后，销售规模的进一步扩大并不一定能带来企业盈利的增加。因此，合理制定信用政策，在刺激销售和减少坏账间寻找赊销政策的最佳点，是企业在制定营销策略时应该考虑的问题。

对于应收账款项目来说，分析周转性和保值性是对其质量进行分析的关键，具体可以从以下几个方面进行。

（1）应收账款规模的真实性和合理性分析。前已述及，应收账款规模一般情况下与企业经营方式、所处行业和采用的信用政策有直接联系。因此，在将应收账款规模与企业资产规模和营业收入规模进行对比计算出相应比例之后，与同行业对标企业、行业平均水平以及自身前期水平进行比较，便可以大致判断规模的合理性。

当应收账款的相对规模水平出现急剧上升（即应收账款增长率大大高于企业资产增长率或者营业收入增长率）时，要格外关注。导致这种情况发生的原因一般是行业竞争加剧，或者该企业在行业中的竞争地位明显下降，或者发生了客户陷入财务困境等意外事项。如果用常理解释不了，就要警惕该企业是否存在虚构交易，通过将虚假的收入在应收账款中挂账，达到粉饰当期业绩的目的。这种虚假的应收账款不可能长期挂账，该企业往往会在来年通过销售退回方式撤销这些虚构交易，或者在日后某一年份通过核销坏账的方式对其进行消化，这样势必导致日后业绩跳水。

（2）应收账款的周转性分析。

1）应收账款的账龄分析。对债权的账龄进行分析，是最传统的一种方法。这种方法通过对债权的形成时间进行分析，进而对不同账龄的债权分别判断质量。对现有债权，按欠账期长短（即账龄）进行分类分析。一般而言，未过信用期或已过信用期但拖欠期较短的债权出现坏账的可能性比已过信用期较长时间的债权发生坏账的可能性小。

这种分析对确定企业的坏账情况、制定或调整企业的信用政策十分有益。值得注意的是，应收账款账龄本身也有人为操纵空间。实务中，很多企业会想尽各种办法（如设法向债务企业提供资金，待其偿还欠款后再进行赊账）将应收账款的账龄缩短，从而在整体上提高应收账款的质量。

案例分析

北陆药业应收账款项目质量分析（1）——账龄及计提坏账准备情况分析

北陆药业2022年财务报表附注中有关应收账款分类、坏账计提情况如表3-5和表3-6所示。

表3-5　北陆药业应收账款的坏账计提情况

类别	期末余额				
	账面余额		坏账准备		账面价值（元）
	金额（元）	比例（%）	金额（元）	计提比例（%）	
按单项计提坏账准备的应收账款	62 133.50	0.06	62 133.50	100.00	0.00
按组合计提坏账准备的应收账款	111 382 661.63	99.94	5 180 426.12	4.65	106 202 235.51
其中：商业公司客户	111 340 361.63	99.91	5 174 305.31	4.65	106 166 056.32
医院客户	42 300.00	0.03	6 120.81	14.47	36 179.19
合计	111 444 795.13	100.00	5 242 559.62	4.70	106 202 235.51
类别	期初余额				
	账面余额		坏账准备		账面价值（元）
	金额（元）	比例（%）	金额（元）	计提比例（%）	
按单项计提坏账准备的应收账款	4 740 709.12	3.28	4 740 709.12	100.00	
按组合计提坏账准备的应收账款	139 775 828.73	96.72	6 045 649.46	4.33	133 730 179.27
其中：商业公司客户	139 337 448.27	96.42	6 035 654.12	4.33	133 301 794.15
医院客户	438 380.46	0.30	9 995.34	2.28	428 385.12
合计	144 516 537.85	100.00	10 786 358.58	7.46	133 730 179.27

表3-6　应收账款的账龄分析表

账龄	账面余额（元）
1年以内（含1年）	110 021 859.94
1～2年	1 294 757.94
2～3年	23 743.75
3年以上	
合计	111 340 361.63

从上述应收账款的附注信息可以看出，在期初余额中，仅有3.28%的应收账款由于收回可能性存在重大不确定而计提了100%的坏账准备，其余96.72%的应收账款则属于正常的应收账款而按照账龄分析法计提坏账准备，由于计提比例仅为4.33%，说明公司应收账款整体质量较高，可回收性较强。在期末余额中，由于收回可能性存在重大不确定而计提100%坏账准备的应收账款占比下降为0.06%，其余99.94%的应收账款属于正常的应收账款按照账龄分析法计提坏账准备，整体计提比例略有上升，为4.65%，1年以内的应收账款占98.82%，说明公司应收账款整体质量仍保持在较高水平，可回收性依旧较强。

2）债务人（客户）的构成分析。在很多情况下，企业债权的质量不仅与债权的账龄有关，更与债务人的构成有关。因此，在有条件的情况下，可以通过分析债务人的构成来分析债权的质量。

对债务人的构成进行分析，可以从以下几个方面入手。

第一，从债务人的行业构成入手来分析。由于不同行业的成长性差异可能很大，处于同一行业的企业往往在财务质量方面有较大的相似性，因此，对债务人的行业构成进行分析至关重要。

第二，从债务人的区域构成入手来分析。从债务人的区域构成来看，不同地区的债务人由于经济发展水平、法制建设条件以及特定的经济环境等方面的差异，在企业自身债务的偿还心态以及偿还能力方面有相当大的差异：经济发展水平较高、法制建设条件较好以及特定的经济环境较好地区的债务人，一般具有较好的债务清偿心理，企业对这些地区的债权的可回收性较强；经济发展水平较落后、法制建设条件较弱以及特定的经济环境较差（如正面临战争）地区的债务人，还款能力较差。

第三，从债务人的所有权性质入手来分析。从债务人的所有权性质来看，不同所有制的企业在自身债务的偿还心态以及偿还能力方面也有较大的差异。许多企业的实践已经证明了这一点。

第四，从债权企业与债务人的关联状况入手来分析。从债权企业与债务人的关联状况来看，可以将债务人分为关联方债务人与非关联方债务人。由于关联方彼此之间在债权债务方面的操纵色彩较强，因此，对关联方债务人的偿还状况应给予足够重视。

第五，从债务人的稳定程度入手来分析。从债务人的稳定程度来看，稳定的债务人的偿债能力一般较好把握，但同时也要关注其近期是否出现财务困难。一般地，稳定的债务人过多，通常意味着企业的经营没有太大起色。而临时性或不稳定的债务人虽然有可能是企业扩展经营业务的结果，但其偿债能力一般较难把握。

第六，对债务人（客户）的集中度进行分析。债务人集中度高，尤其是集中在优质“老”客户的情况下，企业收益和回款的稳定性一般情况下都比较高，且有助于降低销售费用和坏账风险。但同时也应注意到，债务人集中度越高，债务人的谈判议价能力就越强，其越有能力向企业提出产品降价、延期付款或大额赊购等诸多要求，企业利润被侵蚀的可能性就越大，坏账风险和盈利风险反而有可能变得更高，即大客户的“敲竹杠”风险反而使企业遭受经营损失，甚至诱发财务危机。因此，在分析时要充分关注债务人（客户）集中度快速提高或过度依赖大客户所带来的潜在风险。

案例分析

北陆药业应收账款项目质量分析（2）——债务人构成分析

北陆药业2022年财务报表附注中有关债务人构成情况如表3-7所示。

表3-7 按债务人归集的期末余额前五名的应收账款情况

客户名称	应收账款期末余额（元）	占应收账款期末余额合计数的比例（%）	坏账准备期末余额（元）
客户1	13 125 000.00	11.78	656 250.00
客户2	7 170 992.23	6.43	316 240.76
客户3	6 649 391.88	5.97	293 238.18
客户4	4 428 964.83	3.97	195 317.35
客户5	3 673 200.00	3.30	161 988.12
合计	35 047 548.94	31.45	1 623 034.41

从上述应收账款的附注信息来看，由于未披露前五名客户的具体名称，无法从债务人的区域构成、所有权性质、关联状况以及稳定程度等方面来判断应收账款的质量。从表3-5得知，商业公司客户占比非常高，为99.91%，而医院客户占比非常少，仅为0.03%，这应与公司所选择的销售渠道和销售方式有关，两类客户信用整体上都比较好，坏账计提比例均不大。从表3-7可知，前五大赊销客户的期末欠款规模均不大，赊销范围较为分散，从一个侧面说明公司的应收账款质量整体较好，发生坏账的可能性较小。

3）应收账款的周转情况分析。应收账款的周转情况可借助应收账款周转率、应收账款平均收账期等指标进行分析（具体指标的计算可参见第 4 章）。在一定的赊账政策条件下，企业应收账款周转率越低，平均收账期越长，债权周转速度越慢，债权的周转性也就越差。应收账款周转率在同一行业的企业之间是具有一定的可比性的。

然而在实务中，应收账款周转率并非越高越好，过严的赊销政策虽然会保证应收账款快速回收，但同时可能会制约存货的周转，导致企业市场占有率下降、存货周转率降低。应收账款周转率与存货周转率之间往往存在此消彼长的关系，我们需要在保证存货顺畅周转的前提下考察应收账款的质量。

当然，应收账款周转率和存货周转率之间的关系会受到企业所处的市场环境和采取的营销策略的影响。若应收账款周转率与存货周转率同步上升，一般表明企业的市场环境日渐明朗，前景看好；若应收账款周转率上升，而存货周转率下降，可能表明企业因预期市场看好而扩大产销规模或收紧信用政策，或两者兼而有之；若存货周转率上升，而应收账款周转率下降，可能表明企业放宽了信用政策，扩大了赊销规模，这种情况可能隐含着企业对市场前景不乐观，应有所警觉。

（3）应收账款的保值性分析——对坏账准备计提情况以及计提政策的恰当性进行分析。由于资产负债表上列示的是应收账款净额，因此，在分析应收账款的质量时要特别关注应收账款的保值性，即对坏账准备计提情况以及计提政策的恰当性进行分析。现行准则强调，应收账款作为一项金融资产，应当在资产负债表日进行减值检查，将其账面价值与预计未来现金流量现值之间的差额确认为减值损失，计入当期损益。

企业的应收账款是否发生减值以及减值程度的大小取决于该项目预计未来现金流量的现值，而不再过分强调所采用的坏账准备计提方法。当然在实务中，企业仍可使用账龄分析等方法对坏账准备加以估计，而变更坏账准备的计提方法和比例往往存在不可告人的目的，阅读会计报表的相关附注，结合当年的实际业绩及行业惯例（即参照行业坏账计提比例的平均值），有助于判断其变更的合理性，从而在一定程度上判断该项目的保值质量。

企业在急需资金时还可以采用应收款项（包括应收票据和应收账款）抵借、出售等方式进行融资。目前，应收款项证券化方兴未艾，这是一种既能充分发挥应收款项的促销作用，又能控制和降低应收款项成本的管理办法。应收款项作为一种金融资产证券化的实质是，将未来现金流量收益权转让给投资方，其本身的所有权可以转让也可以不转让。在国际上，证券化的应收款项已经覆盖汽车应收款、信用卡应收款、租赁应收款、航空应收款等极为广泛的领域。财政部于 2019 年 4 月底发布了新的报表格式，这意味着从 2019 年年报开始，资产负债表的资产项目中会增加一个新的项目：应收款项融资。企业将应收账款出售给银行或其他金融机构，但是银行或其他金融机构具有追索权，即如果应收账款收不回时，银行或其他金融机构有权向企业索要款项，这时相应的应收账款金额就应列为应收款项融资项目。此时应收账款的风险报酬并没有转移，所以相当于企业将这项应收账款作为质押，从银行或其他金融机构借款。该款项在无法收回时，可以进行处置获取现金流入。

4. 存货质量分析

存货（inventory）是指企业在正常生产经营过程中持有以备出售的产品或商品，或者为了出售仍然处在生产过程中的在产品，或者将在生产过程或提供劳务过程中耗用的材料、物料用品等。企业的资产是否作为存货处理，不取决于资产的物理特性，而是取决于其持有目的：如果持有目的是短期周转、销售或快速消耗，则应作为存货处理。这样的持有目的使得存货明显区别于固定资产。

存货的构成在不同企业中是有差别的。在工业企业中，存货包括库存、加工中和在途的各种原材料、燃料、包装物、低值易耗品、在产品、外购商品、自制半成品、产成品以及分期收款发出商品等。商品流通企业的存货则包括在途商品、库存商品、加工商品、出租商品、分期收款发出商品、材料物资、包装物、低值易耗品以及企业委托代销的商品等。需要指出的是，为建造固定资产等各项工程而储备的各种材料，虽然同属材料，但是由于用于建造固定资产等各项工程，其价值分次转移，最终目的并非出售，因此不能作为企业的存货进行核算。企业的特种储备以及按照国家指令专项储备的资产不符合存货的定义，因此也不属于存货。

企业通过持有和使用存货，希望达到保障正常的生产经营周转、顺利实现销售获取盈利、降低宏观环境变化带来的波动风险（起到安全、缓冲和储备的作用）等预期效用。存货虽然是企业（尤其是工商业企业）盈利的主要物质媒介，是企业一项重要的流动资产，但它通常要占用企业大量的资金，会给企业带来持有成本（机会成本、仓储成本等）和持有风险（过期风险、降价风险等）。因此，如何提升存货的市场竞争力，加速存货周转，降低存货持有量并保持存货价值，既是存货管理的关键因素，也是评价存货质量的主要方面。

对存货进行质量分析，应该结合该项目本身的物理属性和预期效用，从盈利性、周转性以及保值性等三个维度入手。作为系统分析，应该以分析存货的构成、规模恰当性、物理质量和时效状况为基础。下面对存货项目的质量进行分析。

（1）存货的构成及规模恰当性分析。对于传统的工商业企业来说，存货项目可能规模庞大、占用资金较多，同时内部构成极其繁杂，甚至有可能数不胜数。因此，对企业的存货项目展开分析，不能仅仅依据资产负债表上的存货余额这一数字就下结论，更不能简单地使用存货周转率这一指标来反映存货的质量，而是要结合报表附注中有关存货的披露内容，对存货的构成情况进行深入的分析。这就需要了解企业存货各具体项目之间的构成比例，还要分析其规模的恰当性、规模变动的合理性以及对企业未来盈利能力所产生的影响。

一般地，对于工业企业而言，如果原材料和产成品项目之间的相对比例大体保持不变，总体规模随着企业营业规模的增减而适量放缩，这往往是企业以销定产的具体体现；如果原材料的相对规模有所增大，很有可能是企业预见到原材料市场价格的上涨趋势而做出的一种管理安排，囤积适量原材料以降低未来的产品成本；但如果原材料的相对规模有所减小，产成品的相对规模却有所增大，就有产品因滞销而减产的嫌疑，当然也有可能是企业通过“低转成本”① 而人为粉饰当期业绩，或是其他原因。总之，存货是企业一大类具有相同或相似特征的流动资产的总称，其构成繁简不一，各种存货在规模上的变化可以相互抵消，只考察存货总规模很可能会掩盖诸多具体情况和问题，因此在分析时应关注存货的具体构成情况，及其规模变动背后潜藏的管理信息。

案例分析

北陆药业存货项目质量分析（1）——存货各项目变化情况分析

北陆药业 2022 年财务报表附注中有关存货的各项目构成情况如表 3－8 所示。

表 3－8　北陆药业存货各项目变化情况表　　单位：元

项目	2022 年期末余额（原值）	2021 年期末余额（原值）
原材料	132 346 124.10	109 662 965.90
在产品	44 999 355.11	30 239 826.67
库存商品	61 030 676.33	70 760 483.98
周转材料	5 238 178.14	4 776 724.64
发出商品	2 465 722.94	0
半成品	33 068 366.60	36 682 836.85
合计	279 148 423.20	252 122 838.10

数据显示，北陆药业 2022 年末存货总规模较年初有了 10.72％的增幅，增长了 0.27 亿元，其中，原材料增长了 0.23 亿元；增长幅度较大的是企业的在产品，增长了 0.15 亿元，增幅达 48.81％；而库存商品出现了小幅缩减，减少了近 0.1 亿元；其他项目也有小幅波动，但涨跌相抵，对存货规模整体影响不大。从利润表中可以看出，北陆药业 2022 年的营业收入比 2021 年有了一定幅度的下跌，跌幅达 10.93％，与此同时，营业成本却较上年增加了 5.31％。根据年报披露，营业收入及毛利率同比下降主要系集采产品价格下降及未中标产品量价齐跌所致。由此看

① 低转成本通常是指企业并未将已售产品的成本转入营业成本项目，仍将其包含在存货项目中。通过这种方式可以人为降低当期的营业成本，虚增毛利率，继而达到粉饰当期业绩的目的。虚增存货余额还可以增加银行抵押贷款的“筹码”。蓝田股份、银广夏等多家公司都曾用此方法来粉饰企业业绩。

来，纳入集采的产品销量虽然上去了（体现在企业库存商品的减少），但由于销售价格下降，导致“增量不增收”的结果就不难理解了。而与此同时，在碘对比剂产品（在收入中占比达66.82%）已纷纷被纳入集采的背景下，作为原材料的碘的国际价格大幅上涨，从而导致存货中原材料和在产品的成本均所有上升（也有适度增加了原材料储备的可能）。整体上看，存货余额以及内在各项目余额的变化均属正常现象。

在企业生产和销售多种产品的条件下，不同品种产品在盈利能力、技术状态、市场发展前景以及抗变能力等方面可能存在较大的差异。过分依赖一种或几种产品的企业，极有可能因产品出现问题而受到重创。但是，多品种策略也有可能让企业失去焦点、迷失方向而陷入发展困境。因此，应当对企业存货中产成品的品种构成进一步分析，并关注不同品种产品的市场规模、盈利能力、技术状态、市场潜力以及抗变能力等。

按照证监会的规定，如果当年上市公司的存货规模有异常变动，在其年报的“管理层讨论与分析”中会对存货异常变动的原因做出解释，从目前的披露情况来看，大部分上市公司能够按照要求对此进行披露，但披露的公允性有待进一步的考察。实践表明，管理层对存货异常变动在“管理层讨论与分析”中所给出的解释对于企业未来的盈利预测来说具有一定的参考价值。

（2）存货的盈利性分析——考察毛利率水平及走势。对于传统行业的企业而言，毛利率在很大程度上反映企业在日常经营活动中的初始获利空间，也可以体现存货项目的盈利性。在充分竞争的行业，毛利率水平往往趋于平均化，企业的毛利率可以稍高于或者稍低于行业平均值，这恰恰是该企业在行业中的竞争地位的体现，但如果大大高于（或者低于）平均值，尤其是在年度间（企业的产品结构没有显著调整的情况下）出现巨幅波动，往往是企业试图通过人为调整存货余额和低转（或高转）成本、改变存货计价和盘存方式等手段来操纵业绩的一个显性证据。正常情况下，在同行业中，如果企业的相对毛利率水平不断下降，要么意味着企业的产品在市场上的竞争力下降，要么意味着企业的产品生命周期出现了转折，要么意味着企业生产的产品面临激烈的竞争。在对存货进行项目质量分析时，应尽量剔除诸多主观人为操纵因素的影响。

案例分析

北陆药业存货项目质量分析（2）——盈利性分析

北陆药业2021年和2022年的毛利率分析如表3-9所示。

表3-9 北陆药业2021年和2022年的毛利率分析表 金额单位：元

项目	2021年	2022年
营业收入	859 906 451	765 881 882
营业成本	324 444 019	341 656 304
毛利（营业收入－营业成本）	535 462 432	424 225 578
毛利率（毛利/营业收入×100%）	62.27%	55.39%

数据显示，北陆药业2022年由于大量产品纷纷纳入集采，导致了营业收入及毛利率下跌。与此同时，公司主要产品碘对比剂的原材料碘的国际价格大幅上涨，进一步降低了公司的毛利率。在未来，企业可通过生产、研发等部门共同推进工艺优化、供应链管理及成本控制等一系列精细化管理措施，进一步提高公司的运营效率和盈利能力。

（3）存货的周转性分析——考察存货周转率。存货周转率是一个动态的内部管理指标，反映一定时期内存货流转的速度。从公式来看，它是营业成本和平均存货水平的比值，通常越大越好。尽管存货周转率是个数值，但它同样是运营状况的动态反映，因为营业成本取决于公司的采购成本、转换成本、其他成本和成本计算方法等，而平均存货水平是企业持续运营管理的综合结果。企业关注的焦点在于减少存货和加速流转。减少存货可以有效减少资金占用、降低经营风险、改善公司的财务状况和提高抵御风险的能力。加速流转可以有效提高公司的盈利能力，从而创造更多的价值。在周转一次产生的毛利水平相对不变的情况下，当其他条件相同时，企业存货周转速度越快，一定时期的盈利水平也就越高。

当然，在分析应收账款质量时我们已经提及，实务中企业的存货周转率并非越高越好，相对于行业平均水平来说，过高的存货周转率有可能是企业执行了过于宽松的信用政策的结果，很可能会导致企业出现大量坏账。企业商业债权（应收账款与应收票据）的回收速度与存货周转率之间往往存在此消彼长的关系，因此，企业需要在保证商业债权回款的前提下考察存货的周转性。

分析中需要注意的是，在考察存货的项目质量时，其盈利性与周转性也往往存在此消彼长的关系。有的企业借助产品在市场中拥有一定的定价自主权，通过较高的毛利率来保证企业的盈利能力；有的企业则通过薄利多销的手段用产品较高的周转率来保证企业的盈利能力。这与企业所制定的经营战略直接相关：在差异化战略下，企业通过保持产品的领先性、优质性和独特性来占领市场；在成本领先战略下，企业则利用各种管理手段控制成本、压低售价，通过提供价廉物美的产品来完胜对手。不管采取何种经营战略，保持存货在盈利性或者周转性方面的高质量是企业在竞争中取胜的关键因素之一。

案例分析

北陆药业存货项目质量分析（3）——周转性分析

根据北陆药业 2022 年年报中利润表和资产负债表相关信息计算的存货周转率信息如表 3－10 所示。

表 3－10　北陆药业历年存货周转率计算和比较表　金额单位：元

项目	2022 年	2021 年	2020 年
营业成本（取自利润表数据）	341 656 304.4	324 444 019.1	276 484 243.6
存货余额（取自资产负债表数据）	276 221 625.7	250 009 438.6	117 118 440.2
存货平均余额＝（年末余额＋年初余额）/2	263 115 532.1	183 563 939.4	—
存货周转率＝营业成本/存货平均余额（次/年）	1.30	1.77	—

注：存货数据的选取和存货平均余额的计算，应该用减除存货减值准备前的原值。考虑到企业的存货盈利能力较强、业务发展较快，企业存货出现较大价值减损的可能性较小，因此，采用报表的数字来代替存货原值计算存货平均数字。存货原值可以在报表附注中查找。

数据显示，北陆药业 2022 年的存货周转率较上一年有所降低，这往往意味着公司存货的周转速度在放缓，周转效率在下降。但通过前述对存货内在项目的构成分析，我们已经了解到，存货余额的增长主要是由于原材料碘的国际价格大幅上涨所致，甚至公司有可能为了锁定原材料价格而适当增加了采购规模。而存货中的库存商品规模是有所下降的，也就是说，产品的实际周转速度并没有放缓。这足以证明仅仅通过计算存货周转率来评价存货的周转状况是不全面、不科学的，应该进一步结合存货的项目质量分析，这样才有可能得出较为合理的评价结果。

（4）存货的保值性分析——考察存货的期末计价和计提存货跌价准备的合理性。企业会计准则规定，存货的期末计价采用成本与可变现净值孰低法，对于可变现净值低于成本的部分，应当计提存货跌价准备。存货跌价准备在质量方面的含义是：它反映了企业对其存货贬值程度的认识水平和企业可接受的贬值水平。

可变现净值是指企业在正常经营过程中，以预计售价减去预计完工成本以及销售所必需的预计费用后的价值。这就涉及对预计售价、预计完工成本以及销售所必需的预计费用等因素的估计。在很多情况下，上述因素的估计难以避免人为主观因素的影响。

因此，通过对计提存货跌价准备的分析来考察存货的保值性时，应首先对计提的合理性进行判别。一方面，要特别关注企业是否存在利用存货项目进行潜亏挂账的问题。一些企业利用存货项目种类繁杂、金额庞大、重置频繁、计价方法多样、审计难度大等特点，采用各种非法手段，将冷背呆滞商品、积压产品、残品等已经失去保值性的存货及违规开支（如不符合财务制度的费用开支）在存货项目中长期挂账，以隐蔽潜在的亏损局面。另一方面，还要注意考察企业是否通过计提存货跌价准备来进行巨额摊销，为来年的“扭亏为盈”提供机会。

此外，还要关注报表附注有关存货担保、抵押方面的说明。如果企业存在上述情况，这部分存货的保值性就会受到影响。

案例分析

北陆药业存货项目质量分析（4）——保值性分析

北陆药业2022年财务报表附注中与存货减值有关的信息如表3-11所示。

表3-11　存货计提跌价准备情况表

单位：元

项目	期末余额			期初余额		
	账面余额	跌价准备	账面价值	账面余额	跌价准备	账面价值
原材料	132 346 124.07	1 251 030.62	131 095 093.45	109 662 965.91	1 246.26	109 661 719.65
在产品	44 999 355.11		44 999 355.11	30 239 826.67	1 365 240.84	28 874 585.83
库存商品	61 030 676.33	646 250.42	60 384 425.91	70 760 483.98	745 789.91	70 014 694.07
周转材料	5 238 178.14	405 374.00	4 832 804.14	4 776 724.64	1 122.49	4 775 602.15
发出商品	2 465 722.94		2 465 722.94			
半成品	33 068 366.60	624 142.42	32 444 224.18	36 682 836.85		36 682 836.85
合计	279 148 423.19	2 926 797.46	276 221 625.73	252 122 838.05	2 113 399.50	250 009 438.55

上述存货各组成部分的减值信息表明，公司计提的存货跌价准备整体处于较低水平，2022年跌价准备计提比例约为1.0%（其中，库存商品的跌价准备计提比例1.1%，原材料跌价准备计提比例约为1%，周转材料跌价准备计提比例约为7.7%，因所占比重不大，影响甚微），这说明公司存货的整体质量较高。但在原材料和半成品项目上的跌价准备计提比例有所增加，说明公司已经意识到了原材料的价格波动有可能会带来风险，公司可以进一步通过与供应商签订年度供应合同，锁定全年用量的碘价格，来尽力控制价格波动对公司经营产生的不利影响。

5. 其他流动资产项目的质量分析

（1）预付款项。预付款项（prepayments）是企业按照购货合同的规定，预先支付给供货单位的货款而形成的债权。在会计上，预付款项按实际支付的金额入账。企业在计算坏账准备时，在债权中不包括预付款项。

一般情况下，企业的预付款项不会构成流动资产的主体部分，在供货商较为稳定的条件下，预付款项应该按照合同约定转化为存货，因此，正常的预付款项质量较高。如果企业的预付款项较高，则可能与企业所处行业的经营特点和付款方式相关，也可能是由于企业以往的商业信用不高，或者供应商的议价能力（相对于本企业来说）过强，当然与企业所采购商品或原材料的市场紧俏程度有很大关系。但如果是向关联方（比如其子公司、兄弟公司或者母公司等）打预付款，这种令人费解的做法往往潜藏着利益输送的不良动机。

预付款项的质量分析可包括以下几点：1）如果预付款项的规模变化随着企业业务量或者信用程度的变化呈现出一定的规律性和合理性，可以初步判定其质量基本正常；2）如果企业某一期预付款项的规模相对于同行业的正常水平或者前期历史水平出现巨幅异动情况，则要警惕企业是不是在通过此项目向关联方输送资金，该项目日后很可能沦为不良资产。

（2）其他应收款。其他应收款（other receivables）是指企业除应收票据、应收账款和预付款项以外的各种应收、暂付款项。其他应收款包括没设置"备用金"科目的企业拨出的备用金、应收的各种赔款、各种罚款、存出的保证金、应收出租包装物的租金、应向职工个人收取的各种垫付款项、预付款项转入、应收利息和应收股利等。

其中，应收股利（dividend receivable）反映公司因股权投资而应收取的现金股利以及应收取的其他单位的利润；应收利息（interest receivable）则反映公司因债权投资而应收取的利息，公司购入到期还本付息债券应收的利息并不包括在此项内。由于应收股利、应收利息的可回收性强，且能够在短期内回收，因而一般都有较好的质量。

其他应收款既为"其他"，就应该不属于企业主要的债权项目，数额及所占比例不应过大。如果其数额过高，即为不正常现象，容易产生不明原因的占用。为此，要借助报表附注仔细分析其具体构成项目的内容和发生时间，特别是金额较大、时间较长、来自关联方的其他应收款。要警惕企业利用该项目粉饰利润、大股东抽逃或无偿占用资金及转移销售收入偷逃税款等行为。在这些情况下，其他应收款中的主要内容就成了无直接效益的资源占用，无论是从盈利性还是从保值性及周转性来看，其质量均较低。在银广夏事件和郑百文虚构销售记录被发现之后，财务造假者倾向于更安全的造假手段，"爱上了"其他应收款账户。在应收销货款以外形成的其他应收款，查证时因户数多但金额小需要花费较多时间，除非派出专业人士进行详细调查，否则很难抓到确凿证据。早在 2001 年，中国上市公司就开始大规模清理欠款，大部分欠款都是大股东挪用资金的结果，而且以"其他应收款"的名义进入会计账目。虽然大股东挪用上市公司资金早已被视为股市顽症，监管部门三令五申进行清查，但仍没有根治的迹象。在目前的公司治理模式下，大股东想挪用企业资金简直易如反掌，这是中国资本市场最大的毒瘤。因此，一定要特别关注这一"小项目"中潜伏的"大危机"。

在集团资金“集权式”管理模式下（即集团中的母公司统一对外融资后，再根据需要将资金提供给各子公司使用），尤其是母公司自身较少从事实体经营活动的情况下，母公司报表中较大规模的其他应收款实际上很可能代表了母公司向子公司提供的经营资金。一般而言，资金“集权式”管理模式具有资金使用效率高、使用成本低、便于内控等优势。在分析时，比较一下母公司报表与合并报表中“其他应收款”的相关金额，如果合并报表数字远远小于母公司报表数字，则其差额基本上代表了母公司向各子公司提供的资金规模。此时，其他应收款的质量将取决于各子公司的盈利能力和资产质量。但如果合并报表中的其他应收款金额依然较大，远远超过了其占总资产的正常比例，则很有可能意味着超出部分的资金流向了控股股东或兄弟公司等关联方。具体情况可以结合此项目的附注披露信息做进一步的分析和判断。

案例分析

秋林集团其他应收款项目质量分析

秋林集团2022年年报中披露的其他应收款信息如表3-12、表3-13和表3-14所示。

表3-12 其他应收款账龄信息表（公司没有披露上年末信息） 单位：元

账龄	期末账面余额
1年以内	8 736 343.43
1～2年	4 739 503.38
2～3年	3 360 625.39
3～4年	926 761 488.51
4～5年	2 831 765 823.07
5年以上	48 777 823.73
合计	3 824 141 607.51

表3-13 按款项性质分类情况表 单位：元

款项性质	期末账面余额	期初账面余额
保证金	263 860.77	180 000.00
备用金	1 275 760.12	938 847.33
股权分置改革前遗留款	3 240 669 125.73	3 234 812 184.68
处置投资性房地产	69 864 080.89	69 864 080.89
其他	512 068 780.00	507 503 185.74
合计	3 824 141 607.51	3 813 298 298.64

表 3-14　已发生信用减值的其他应收款明细表

单位名称	账面余额（元）	坏账准备余额（元）	预期信用损失率（%）	划分原因
车船税	2 240.00	2 240.00	100	预计无法收回
养路费	9 530.00	9 530.00	100	预计无法收回
厂家活动款	330.00	330.00	100	预计无法收回
李月英案件执行	220 000.00	220 000.00	100	预计无法收回
诉讼费	15 060.00	15 060.00	100	预计无法收回
职工热费欠缴款	18 266.93	18 266.93	100	预计无法收回
应收租金	125 468.40	125 468.40	100	预计无法收回
4F 四楼	22 716.00	22 716.00	100	预计无法收回
阿城涤纶厂	4 303.00	4 303.00	100	预计无法收回
澳柯玛	4 419.41	4 419.41	100	预计无法收回
百货大楼	2 344 700.88	2 344 700.88	100	预计无法收回
北京惠鑫恒通商贸有限公司	6 992.00	6 992.00	100	预计无法收回
陈学芳	5 231.33	5 231.33	100	预计无法收回
广东潮阳友成公司	1 096 435.23	1 096 435.23	100	预计无法收回
广州奥化钟表	4 460.25	4 460.25	100	预计无法收回
哈尔滨东方眼镜公司	207 465.20	207 465.20	100	预计无法收回
哈尔滨秋林百货有限公司	6 084 147.01	6 084 147.01	100	预计无法收回
哈尔滨秋林彩宝经贸有限公司	779 991.70	779 991.70	100	预计无法收回
哈尔滨秋林基金管理有限公司	3 099.09	3 099.09	100	预计无法收回
哈尔滨秋林鞋城	771 040.60	771 040.60	100	预计无法收回
哈尔滨市金桔莱黄金珠宝首饰有限公司	2 200.00	2 200.00	100	预计无法收回
哈尔滨通合金属材料有限公司	675 837.50	675 837.50	100	预计无法收回
哈尔滨向阳专业商厦	1 600 000.00	1 600 000.00	100	预计无法收回
哈尔滨有线电视网络有限公司	330.00	330.00	100	预计无法收回
黑龙江大阳房地产公司	250 000.00	250 000.00	100	预计无法收回
黑龙江东北电力工程有限责任公司	10 898 875.00	10 898 875.00	100	预计无法收回

续表

单位名称	账面余额（元）	坏账准备余额（元）	预期信用损失率（%）	划分原因
黑龙江蒙牛乳品销售有限公司	1 500.00	1 500.00	100	预计无法收回
黑龙江天地摄影公司	132.93	132.93	100	预计无法收回
华侨旅游公司	20 000.00	20 000.00	100	预计无法收回
佳木斯经编厂	4 339.54	4 339.54	100	预计无法收回
捷夫	2 552 500.00	2 552 500.00	100	预计无法收回
捷夫公司	720.10	720.10	100	预计无法收回
金桔莱黄金珠宝首饰（天津）有限公司	486 294 928.73	486 294 928.73	100	预计无法收回
金桔莱黄金珠宝首饰（天津）有限公司哈尔	105 240.35	105 240.35	100	预计无法收回
金马律师事务所	30 000.00	30 000.00	100	预计无法收回
巨鹿经贸公司	445 000.00	445 000.00	100	预计无法收回
李月英	514.20	514.20	100	预计无法收回
利安达会计师事务所有限责任公司黑龙江分	175 000.00	175 000.00	100	预计无法收回
其他应收款	1 535 961.39	1 535 961.39	100	预计无法收回
其他	34 261.92	34 261.92	100	预计无法收回
秋林（深圳）珠宝经营有限公司	260 101 662.46	260 101 662.46	100	预计无法收回
秋林（天津）珠宝销售有限公司	245 607 883.98	245 607 883.98	100	预计无法收回
天和空调	90 595.49	90 595.49	100	预计无法收回
中山胜恒	29 065.40	29 065.40	100	预计无法收回
合计	1 655 221 157.29	1 655 221 157.29		

从上述资料来看，秋林集团的其他应收款有一种“全军覆没”的感觉：无论是个人还是单位，也无论这些欠债单位在什么地方，都有一个共同点：预计无法收回。

当然，冰冻三尺非一日之寒。企业的其他应收款出现了这么大的问题，在以往年度的会计处理中实际上早已埋下了“地雷”。企业早在2019年年报中就已经对该项目集中计提过巨额的减值准备，2022年末的处理只是延续了这个态势。

分析时需要思考三个问题：一是为什么这些不还钱的单位都凑在了一起，高度一致地不还钱？二是该项目中账龄在3年以上的债权占到了99.56%，为什么近年来该项目一直保持着这种大规模、“大面积”的减值状态？企业到底在什么方面出现了问题？三是企业计提的减值是如何计算的？

秋林集团的其他应收款质量发展到现在这个地步，表面上看是会计处理随意、存在操纵的问题，但进一步深究可能有管理混乱、内控缺失的问题，再往深层次挖掘也许存在公司治理失效、制度缺陷等问题，这其中不排除有大股东掏空、侵占或关联方利益输送等行为发生。请读者关注该公司的后续发展。

（3）一年内到期的非流动资产。一年内到期的非流动资产（non-current assets due within one year）主要反映企业非流动资产（主要指债权投资）中一年内到期的部分，由于其有明确的到期日，因而一般来说质量较好。

3.3.3　非流动资产的项目质量分析

非流动资产（non-current assets）是指企业资产中变现时间在一年或超过一年的一个营业周期以上的那部分资产，其预期效用主要是满足企业正常的生产经营需要，保持企业适当的规模和竞争力，获取充分的盈利。

下面主要从盈利性、周转性以及保值性等方面来分析几个主要非流动资产项目的质量。

1. 长期股权投资质量分析

长期股权投资（long-term equity investment）是指投资企业对被投资企业实施控制、重大影响的权益性投资，以及对其合营企业的权益性投资，而不涉及不具有控制、共同控制和重大影响，且在活跃市场中没有报价、公允价值不能可靠计量的权益性投资。长期股权投资通常包括三种权益性投资：对子公司的投资（单独控制或实质性控制）、对合营企业的投资（共同控制）以及对联营企业的投资（重大影响）。

对于企业来说，进行长期股权投资意味着企业相应数额的资金在相当长的时间之内无法自行支配使用，对企业的财务状况影响较大。如果企业自身的营运资金并不充裕，或者缺乏足够的融资和调度资金的能力，那么长期股权投资将可能使企业长期处于资金紧张状态，甚至最终陷入财务困境。另外，由于长期股权投资数额大、期限长、其间不确定因素较多，因此投资风险相对于债权投资而言更大，一旦投资失败，将会给企业带来重大的、长期的损失和负担，甚至是致命的打击。当然，风险和收益是伴生的，当长期股权投资能够带来很高的收益时，就会成为企业收益与现金流量的重要源泉，成为企业的“救命稻草”，是企业新的利润增长点。在分析企业的长期股权投资项目的质量时，应从盈利性和保值性两个维度着手。

（1）盈利性分析。长期股权投资项目的盈利性往往呈现出较大的波动性，具体要依据投资目的和方向、年度内所发生的重大变化、投资所运用的资产种类、投资收益确认方法等诸多因素来分析判断。

1）长期股权投资目的和方向对盈利性的影响。企业进行长期股权投资的目的是多种多样的：有的是为了建立和维持与被投资企业之间稳定的业务关系，理顺上下游供销渠道；有的是为了实现横向联合，提高市场占有率和行业内的竞争力；有的是为了增强企业多元化经营的能力，从而提高企业抗风险的能力或创造新的利润源泉；有的则单纯是为了进行资本运作，获取高额收益。无论采用哪种方式、出于什么目的，对于大部分企业来说，进行长期股权投资的最终目的都是将其作为自身经营活动的有力补充，从而提升企业业绩的总体水平。

在投资企业在某个行业有核心竞争力的条件下，如果对外投资与自身的核心竞争力一致，则除了对被投资企业有财务贡献以外，投资企业会在技术、管理、市场等方面对被投资企业有实质性贡献。在业绩方面，投资企业与被投资企业所在行业极有可能一致，因此，双方的业绩经常呈现出同方向变化；反之，如果对外投资与自身的核心竞争力不一致，则可能是投资企业在努力通过对外投资实现其多元化战略，寻求行业外的新发展契机。此时，投资企业和被投资企业在某些时期的业绩上极有可能出现互补的态势。

2）长期股权投资年度内的重大变化对盈利性的影响。长期股权投资年度内的重大变化有以下几种情况：第一，收回或者转让某些长期股权投资导致长期股权投资减少；第二，增加新的长期股权投资导致长期股权投资增加；第三，因权益法确认投资收益导致长期股权投资增加。

在第一种情况下，收回或者转让某些长期股权投资导致长期股权投资减少，可能是企业试图优化投资结构而进行的投资结构调整，可能是企业为了变现而进行的股权投资的出售活动，还有可能是企业按照某些约定收回投资。在第二种情况下，增加新的长期股权投资导致长期股权投资增加，可能是企业继续其对外扩张的态势而进行的扩张努力，可能是为了实现业绩的增长而进行的投资组合调整，也有可能是为了利用表内表外的非货币资源而进行的资产重组活动。在第三种情况下，因权益法确认投资收益导致长期股权投资增加，一般认为是一种“泡沫”资产的增加，对企业难以产生实质性正面贡献。

3）长期股权投资所运用资产种类对盈利性的影响。就长期股权投资所运用的资产种类而言，企业既可用货币资金对外投资、用表内的非货币资源对外投资，还可用表外的无形资产对外投资。

在企业以货币资金对外投资的条件下，由于货币资金具有投资方向不受限制的特点，企业的对外投资在方向上应该具有选择性大的特点，因而此类投资可以对投资方向的多元化形成直接贡献；在企业以表内的非货币资源对外投资的条件下，企业有可能是在实施资产重组等战略，但其投资方向受原有资产结构和质量的影响较大，在投资结构上可能与企业的原有经营活动联系较为紧密；在企业以表外的无形资产对外投资的条件下，这种投资的安排应该被认为是企业表外资源价值实现的一种方式。

4）长期股权投资收益确认方法对盈利性的影响。长期股权投资收益的确认，因其具有一定的特殊性而对企业长期股权投资的盈利性分析有着重要影响。

投资企业能够对被投资企业实施控制的长期股权投资（即对子公司的长期股权投资），应当采用成本法核算。在成本法下，企业的长期股权投资项目通常仅反映投资的初始作价（历史成本）。追加或收回投资应当调整长期股权投资的成本。只有在投资发生重大持久性不可逆转的贬值时，才对长期股权投资项目作减值处理，并确认投资损失。当收到被投资企业分发的股利（或被投资企业宣布发放现金股利）时，在会计上确认投资收益。这就是说，成本法下的投资收益确认与货币资金的流入有直接关系，即成本法下的投资收益能够带来实实在在的现金流入，而不会引起利润（投资收益）和长期股权投资的“泡沫”（这里的“泡沫”是指不能用于支付或者分配的资产和利润）成分。

投资企业对联营企业和合营企业的长期股权投资，应当采用权益法核算。在权益法下，被投资企业被投资以后有利润时，不论被投资企业是否分配现金股利，投资企业均按照被投资企业的新增净利润的持股份额确认投资收益，同时确认长期股权投资金额的增加。在被投资企业分配现金股利时，相应冲减长期股权投资的金额。一般情况下，被投资企业不可能将其实现的净利润全部作为现金股利分配掉。因此，采用权益法确认投资收益会不可避免地出现投资收益和长期股权投资的“泡沫”成分。“泡沫”的大小取决于被投资企业分派现金股利的程度。

（2）保值性分析。对长期股权投资而言，在被投资企业为有限责任公司的情况下，投资方的股权投资一般不能从被投资企业撤出。投资企业如果期望将手中持有的股权投资收回，就只能转让其股权。而转让投资不仅取决于转出方的意志，还取决于转入方（购买转出方的投资的企业）的意愿与双方的讨价还价。也就是说，企业的长期股权投资要么不能收回，要么以不确定的价格转让。这就使得投资方在股权转让中的损益难以预料。因此，该项目的账面金额与其可收回的金额之间有可能出现一定的差距，这使得长期股权投资的保值性有可能出现一定程度的不确定性。

此外，通过分析长期股权投资减值准备计提的情况，也可了解该项目的保值性。计提了减值准备的长期股权投资项目的保值性堪忧，是否会继续发生减值，需要对被投资企业的持续经营能力和盈利能力做进一步的分析与判断。

长期股权投资减值准备是针对长期股权投资账面价值而言的，在期末时按账面价值与可收回金额孰低的原则来计量，对可收回金额低于账面价值的差额计提长期股权投资减值准备。而可收回金额一般是依据核算日前后的相关信息确定的。相对而言，长期股权投资减值的估算是事后的，客观地讲，不同时间计提的减值准备金额确实具有一定的不确定性，因此，减值准备在什么时间计提、计提多少等均存在主观人为因素，为企业利润操纵提供了很大空间。

值得注意的是，对该项目的会计处理充分体现了谨慎性原则，即便今后被投资企业的市价翻几番，也不得再转回减值准备。其目的就是防止企业调节利润，即防止企业在利润高时计提减值准备，在没有利润时再冲回减值准备以增加利润。

案例分析

北陆药业长期股权投资项目质量分析

公司2022年资产负债表中长期股权投资项目的具体情况可以通过表3-15、表3-16和表3-17展示。

表3-15　长期股权投资变动情况表　　单位：元

项目	期末余额			期初余额		
	账面余额	减值准备	账面价值	账面余额	减值准备	账面价值
对子公司投资	284 168 413.46		284 168 413.46	157 063 413.46		157 063 413.46
对联营、合营企业投资	198 961 733.16		198 961 733.16	217 851 563.09		217 851 563.09
合计	483 130 146.62		483 130 146.62	374 914 976.55		374 914 976.55

表3-16　对子公司投资　　单位：元

被投资单位	期初余额（账面价值）	本期增减变动				期末余额（账面价值）	减值准备期末余额
		追加投资	减少投资	计提减值准备	其他		
海昌药业	157 063 413.46	123 305 000.00				280 368 413.46	
北陆益康		3 800 000.00				3 800 000.00	
合计	157 063 413.46	127 105 000.00				284 168 413.46	

从表3-16可以看出，本年度企业对海昌药业追加了1.23亿元的投资，直接持股比例从29.94%变为51.05%，取得了对海昌药业的绝对控股；此外，企业又以自有资金1 000万元（已投380万元）投资设立了全资子公司北陆益康，目前已正式运营，并纳入合并范围。需要说明的是，公司在年末还以自有资金1万港元投资设立香港全资子公司香港远至药业有限公司，已于2023年1月4日设立，属于资产负债表日后事项。

表3-17 对联营、合营企业投资 单位：元

投资单位	期初余额（账面价值）	本期增减变动							期末余额（账面价值）	减值准备期末余额
		追加投资	减少投资	权益法下确认的投资损益	其他综合收益调整	其他权益变动	宣告发放现金股利或利润	计提减值准备	其他		
一、合营企业											
二、联营企业											
芝友医疗	190 585 732			−5 923 518		−12 752 972				171 909 242	
医未医疗	27 265 831			−5 423 545		5 210 206				27 052 491	
小计	217 851 563			−11 347 063		−7 542 767				198 961 733	
合计	217 851 563			−11 347 063		−7 542 767				198 961 733	

芝友医疗本期回购其他股东持有的股份，导致公司对其持股比例被动增加至4.25%，医未医疗本期取得其他股东合计4 500万元增资款，公司对其持股比例被动稀释至14.99%，但仍享有派驻一名董事的权利。

精准医疗是公司的重点战略部署领域，从几家被投资企业所处行业与本公司业务的关联性来看，都同属该领域，其中芝友医疗和医未医疗均为各自细分领域的佼佼者。医未医疗专门从事医学影像与中枢神经领域诊断与预后，参股该公司不仅有利于公司未来通过医疗大数据、人工智能等技术手段进一步拓展在中枢神经领域药物的研发，同时还有助于公司通过对精准医疗企业持续整合，加大产业布局，产生与公司现有业务的协同效应，进而实现个性化诊断与治疗双平台协同发展的战略目标。海昌药业是公司碘对比剂原料药的主要供应商之一，报告期内增资后，直接持股比例从29.94%变为51.05%，取得了对海昌药业的绝对控股，从而更有助于公司实现产业链整合的重要战略布局，加强对碘对比剂原料药供应的保障。因此，对这几家公司的长期股权投资均具有相当的战略意义。

海昌药业从性质来看在本年度属于控股子公司，北陆益康属于全资子公司，采用成本法核算；芝友医疗和医未医疗属于联营企业，即公司对被投资企业具有重大影响，采用权益法核算，所以公司长期股权投资的账面余额会随着被投资企业的盈亏情况按照投资比例相应发生增减变化。本年度芝友医疗和医未医疗都因发生亏损导致公司长期股权投资余额相应减少，海昌药业因亏损计提商誉减值1 940.45万元。随着医未医疗的增资扩股，公司对其持股比例持续被稀释，但仍享有派驻一名董事的权利，仍可对其施加重大影响。本年度公司对上述两家联营企业投资所带来的投资收益（按照权益法核算）共为−1 135万元，好在亏损规模不大，对公司整体营业利润的影响较小。因此，从目前来看，公司长期股权投资项目的盈利性尚不

够理想，甚至在当年产生了投资损失。希望能够通过进一步的战略整合产生更好的协同效应。

2. 固定资产质量分析

固定资产（fixed assets）是指为生产产品、提供劳务或经营管理而持有的、使用寿命超过一个会计年度的有形资产。其中，使用寿命是指企业使用固定资产的预计期间，或者该固定资产所能生产产品或提供劳务的数量。固定资产是企业获取盈利的主要物质基础，在企业的生产经营过程中发挥着重要的作用，对于实体经济中的传统行业来说尤其如此。

一般来说，企业固定资产的财务效应呈现出以下特点：（1）长期拥有并在生产经营中持续发挥作用；（2）投资数额大，经营风险也相对较大；（3）其规模和结构反映企业生产工艺的特点和技术装备水平；（4）固定资产折旧以及减值准备计提等会计处理对企业的盈利能力和财务状况影响巨大。

固定资产在资产总额中所占比重往往带有较浓厚的行业色彩，在实务中通常据此将行业分为重资产行业和轻资产行业。一个企业拥有的固定资产的规模和先进程度可以在一定程度上揭示企业的生产能力和生产工艺，也可以反映该企业在行业中相对的竞争实力和竞争地位。就某个具体的固定资产项目来说，其利用效率和利用效果的大小，与企业所处的不同历史时期、不同发展阶段以及不同的客观经济环境有着直接联系，因此，从财务角度来说，固定资产质量具有极大的相对性。

在对固定资产的质量进行分析时，也可以从盈利性、周转性和保值性三个维度着手，但同时也要关注有可能对固定资产质量产生影响的其他方面，如固定资产的取得方式、分布与配置、规模与变化等。对这些方面的分析有助于读者了解企业的商业模式，透视企业在固定资产投资方面的战略实施等情况。

（1）固定资产规模的恰当性及其年内的变动情况分析。固定资产的投资规模必须与企业整体的生产经营水平、发展战略以及所处行业特点相适应，同时应与企业的流动资产规模保持一定的比例关系。如果企业盲目购置新设备，盲目扩大生产规模，就有可能造成资源的低效利用甚至浪费；而过小的固定资产规模或过于陈旧的设备又难以保证企业生产的产品满足市场需求，也会影响企业整体的获利水平。因此，企业应根据战略发展的需要，适时地制定生产经营计划，准确地把握对固定资产的需求，科学地进行固定资产的采购与处置决策，把固定资产规模控制在最恰当的水平。

固定资产原值在年内的变化可以在一定程度上折射出企业固定资产整体质量发生变化的情况，也能反映出企业战略实施与调整方面的信息，还可以进一步上升到管理质量层面。各类固定资产在某会计期间的原值变化，不外乎增加和减少（投资转出、清理、转移类别等）两种情况。由于企业生产经营状况的特点不同，企业对各类固定资产的结构有不同的要求。在各个会计期间内，企业固定资产原值的变化应该朝着优化企业内部固定资产结构、改善企业固定资产质量、提高企业固定资产利用效果的方向。因此，通过分析企业年度内固定资产规模、结构的变化与企业生产经营特点之间的吻合程度，以及与企业发展战略的吻合程度，我们可以透视其背后所隐藏的企业管理质量方面的信息。由于在资产负债表中只披露固定资产账面价值一个数字，固定资产原值的变化情况只能进一步借助固定资产附注中所披露的信息来加以分析。

（2）固定资产分布（结构）和配置的合理性分析。制造企业各类固定资产中，生产用固定资产（特别是厂房、生产设备）同企业生产经营直接相关，在全部资产中占较大的比重；而非生产用固定资产主要指办公大楼、职工宿舍、食堂等非生产单位使用的房屋和设备，用于为企业的生产经营活动提供各类辅助性服务。

固定资产分布合理，是指企业生产用和非生产用固定资产应保持一个恰当的比例，即生产用固定资产应全部投入使用，能满负荷运转，并能完全满足生产经营的需要，非生产用固定资产能担负起服务的职责。此外，还需要考察生产用固定资产的分布情况及其合理性，这有助于了解企业的生产工艺特点、商业模式、资源配置战略实施情况等方面的信息。固定资产配置的合理性主要体现在以下几个方面：1）固定资产技术装备的先进程度要与企业的行业选择和行业定位相适应；2）固定资产的生产能力要与企业存货的市场份额所需要的生产能力相匹配；3）固定资产的生产工艺水平要达到能够使产品满足市场需求的相应程度。

对于固定资产分布和配置的合理性，应根据企业报表相关附注的说明，结合企业的生产经营特点、技术水平和发展战略等因素来综合地加以分析。固定资产分布与配置合理与否，会在很大程度上决定其利用效率和效益，即质量的高低。当然，在这些方面，通过简单地将企业的固定资产的相对规模（即固定资产占总资产的比重）和固定资产的内在结构（即固定资产内部各具体项目所占比重）与同行业的平均水平进行比较，便可以比较直观地得出一些结论。

（3）固定资产的盈利性分析。前已述及，固定资产是企业生存发展的物质基础，反映企业的技术装备水平和竞争实力，因此，固定资产的盈利性会在很大程度上决定企业整体的盈利能力。对于传统的工商企业而言，由于固定资产是企业用于生产、加工（或储存）存货的“劳动工具”，而存货又是固定资产为企业创造价值、获取盈利的媒介，因此，固定资产的盈利性与存货的盈利性以及企业整体的盈利性通常是密不可分的。营业收入是产品价值的外部实现，可以在一定程度上反映固定资产的总体质量与市场需求之间的吻合程度；营业成本是产品生产的内部耗用，可以反映固定资产的总体质量所决定的生产费用开支水平；两者之差即企业赚取的毛利，反映了企业的市场竞争力，进而决定企业整体的盈利水平。

在分析企业的固定资产质量对企业整体盈利能力的影响时，我们建议遵循这样的分析思路：固定资产生产出存货，存货销售获取营业收入，营业收入创造核心利润，核心利润最终带来经营活动产生的现金流量净额。这样便可以通过存货的生产规模和销售规模考察固定资产的生产能力（即产能利用情况）；通过营业成本和存货规模的比较（即存货周转率）考察（固定资产所生产出来的）产品的市场开拓能力；通过营业成本和营业收入的比较（即毛利率）考察产品的初始获利能力；通过营业收入与核心利润的比较考察产品的最终获利能力；通过核心利润与经营活动产生的现金流量净额的比较（即核心利润的含金量）考察产品当期对企业的实际贡献，如果不考虑行业结算差异，也可以在一定程度上了解产品的市场开拓能力。

（4）固定资产的周转性分析。固定资产的周转性衡量的是企业一定规模的固定资产推动其营业收入的能力与效率。因此，现有的固定资产周转率可以有效衡量企业固定资产的周转性。需要注意的是，应采用固定资产原值（或公允价值）来衡量固定资产的规模。计算公式为：

$$固定资产周转率=\frac{营业收入}{固定资产(原值)的平均余额}$$

固定资产周转率越高，说明该企业的固定资产的利用效率越高，对企业效益的推动作用就越大。由于固定资产的分布、配置和生产工艺等诸多方面在很大程度上会受行业特征的影响，因此，同行业企业的固定资产周转率往往趋于一致，如果一家企业的固定资产周转率大大偏离同行业平均水平，无论过高还是过低，往往都意味着企业在固定资产管理和运营方面存在异常情况，应引起我们的足够关注，需要进一步查明原因，其中不排除出于某种目的虚增营业收入或虚增固定资产的可能。当然，固定资产周转率过低也可能意味着企业存在某些利用率不高的固定资产，这些固定资产也许已经或即将沦为事实上的不良资产。

（5）固定资产的保值性分析。除去一小部分流动资产外，企业的固定资产将成为长期债务的直接物质保障。固定资产的数量、结构、完整性和先进性都直接制约着企业的长期偿债能力。因此，固定资产的保值程度将直接决定企业长期偿债能力的大小。为便于对企业偿债能力进行分析，可以将固定资产分为具有增值潜力的固定资产和无增值潜力（贬值）的固定资产两类。此时，应综合考虑特定固定资产的技术状况、市场状况和企业对特定固定资产的使用目的等因素。

1）具有增值潜力的固定资产，是指那些市场价值趋于增加的固定资产。这种增值，或是由特定资产的稀缺性（如西方国家的土地）引起，或是由特定资产较强的增值特性（如房屋、建筑物等）引起，或是由于会计处理导致账面上虽无净值但对企业而言仍可进一步利用（如已经提足折旧、企业仍可在一定时间内使用的固定资产）。

2）无增值潜力（贬值）的固定资产，是指对特定企业而言，其价值在未来不可能增加的固定资产。这种不能增值状况的出现，既可能是由于与特定资产相联系的技术进步较快，原有资产因技术落后而相对贬值（如计算机等），也可能是由于特定资产本身价值状况较好，但在特定企业不能得到充分利用（如不需用的固定资产）。

另外，由于当固定资产的可收回金额低于其账面价值时，企业可以按照可收回金额低于其账面价值的差额计提资产减值准备，因此在对企业固定资产的保值性进行分析时，还可以根据企业固定资产减值准备的计提情况，对企业固定资产整体的保值性做出初步判断。在此基础上，再结合会计报表附注中有关项目构成的说明以及各项目的具体特点展开进一步的分析。

（6）企业固定资产会计政策恰当性分析。企业在固定资产的初始入账、折旧以及减值等一系列环节上所选择的会计政策的恰当性，都会直接影响固定资产的质量分析结果。为此，我们有必要在分析固定资产的质量时关注一下固定资产会计政策选择方面的披露内容。

1）分析借款费用资本化处理的恰当性对固定资产原值的影响。

无论是外购还是自建，固定资产原值（即取得成本）都应该遵循历史成本原则，其取得成本包括取得该项固定资产并使其达到预计可使用状态之前所付出的全部必要的、合理的开支。为取得固定资产所发生的利息支出是否应计入固定资产原值（即借款利息费用资本化问题）？这既涉及企业会计准则的规定，也涉及企业在进行会计处理时的选择。由于其判断标准在一定程度上存在主观性，一些企业利用利息费用的资本化来粉饰业绩就成为可能。

按照会计准则的规定，在取得固定资产并使其达到预计可使用状态之前所发生的利息费用可以资本化，即将其计入固定资产原值；而在该项固定资产投入使用后所发生的利息费用不得再资本化，而是计入当期费用。某些上市公司可能以固定资产还处于试生产阶段或安装调试阶段为借口，将理应计入当期费用的利息费用资本化为该项固定资产的成本，从而达到虚增资产和当期利润的目的。类似地，某些上市公司还可能以固定资产尚处于试生产阶段或安装调试阶段为借口，推迟固定资产的完工入账时间，最终达到推迟计提折旧、虚增利润的目的。这些行为都将直接影响固定资产原值的规模，给固定资产质量分析带来一定的影响。

2）分析折旧政策选择的恰当性对固定资产净值的影响。

固定资产作为一项非流动资产，会在多个会计期间参与企业的生产经营活动。在会计处理上，固定资产原值（即实际取得成本）需要在使用寿命期内分期摊销为费用，与其所产生的各期收益进行配比，这一过程就是折旧。固定资产净值是指固定资产原值减去累计折旧以后的净值。每期的折旧金额会受到诸多因素的影响，如预计使用寿命长短、预计净残值大小以及所选择的折旧方法等。企业选择折旧方法应以企业的实际情况和行业惯例为基础，一经确定不得随意变更。但实务中，常有企业利用折旧方法的可选择性和使用寿命的估计存在的主观性，找出各种理由来对其进行变更，以达到操纵利润的目的。这些行为将直接影响固定资产的净值水平，也会给固定资产质量分析带来一定的影响。

3）分析减值政策选择的恰当性对固定资产账面价值的影响。

前已述及，当固定资产的可收回金额低于其账面价值时，企业可以按照可收回金额低于其账面价值的差额计提资产减值准备，但由于固定资产的可收回金额是建立在一定的估计和判断的基础上，因此在何时计提减值、计提多少等问题上存在一定的主观性。在实务中，一些企业往往利用固定资产减值政策选择的弹性，对因技术进步而陈旧过时不能使用的固定资产不提或少提减值准备，从而虚夸固定资产、虚增利润。固定资产净值减去固定资产减值准备即固定资产账面价值，因此这些行为将直接影响固定资产的账面价值，从而给固定资产质量分析带来一定的影响。

案例分析

北陆药业固定资产项目质量分析

北陆药业2022年财务报表附注中有关固定资产原值的变化信息如表3－18所示。

表3－18　固定资产余额变化情况表　　单位：元

项目	房屋及建筑物	机器设备	运输设备	电子设备及其他	合计
账面原值：					
1. 期初余额	532 037 881.57	356 473 356.74	2 811 627.13	40 731 074.68	932 053 940.12
2. 本期增加金额	34 889 573.03	70 065 603.86	0.00	2 368 765.46	107 323 942.35
3. 本期减少金额	9 719 241.68	1 085 786.56	179 892.84	879 215.84	11 864 136.92
4. 期末余额	557 208 212.92	425 453 174.04	2 631 734.29	42 220 624.30	1 027 513 745.55

注：公司固定资产未计提减值准备。

从项目构成来看，对企业增加生产能力、提升技术装备水平有重要意义的房屋及建筑物、机器设备和电子设备等项目均有不同程度的增加，运输设备略有减少，正常情况下应能带来公司未来经营规模的进一步扩大。

在周转率方面，公司的利润表显示，其营业收入从2021年的8.60亿元降低到2022年的7.66亿元，下跌幅度约为11%。本案例提供的数据中，固定资产从年初的9.32亿元增加到年末的10.28亿元，增加幅度超过10%。这意味着公司固定资产周转率有所降低（固定资产周转率的具体变化情况读者可自行计算）。但根据年报中对营业收入变化所做出的解释，营业收入下降主要是由于集采产品价格下降及未中标产品量价齐跌所致，与固定资产本身的利用率及自身的质量没有任何关系，因此，固定资产周转率的下降并不能说明任何问题，还是需要我们针对固定资产项目本身的质量多做一些分析。

从公司期末固定资产没有计提减值准备这一点来看，公司认为自身的固定资产质量较高，保值性较好，不存在减值问题。

总之，公司固定资产的结构、规模变化基本处于良性状态，变化方向与公司的业务扩展和未来发展高度相关，公司产品占领市场的能力正在逐步提高，因此，公司的固定资产质量处于较高水平。

3. 在建工程质量分析

在建工程（construction in process）是企业进行的与固定资产有关的各项工程，包括固定资产新建工程、改扩建工程、大修理工程等。在我国，企业资产负债表中的在建工程项目，反映企业期末各项未完工程的实际支出和尚未使用的工程物资的实际成本，反映企业固定资产新建、改扩建、更新改造、大修理等情况和规模。资产负债表的“在建工程”金额包括交付安装的设备价值，未完建筑安装工程已经耗用的材料、工资和费用支出，预付出包工程的价款，已经建筑安装完毕但尚未交付使用的建筑安装工程成本、尚未使用的工程物资的实际成本等。

在建工程本质上是正在形成中的固定资产，它是企业固定资产的一种特殊表现形式。在建工程占用的资金属于长期资金，但是投入前属于流动资金。如果工程管理出现问题，会使大量的流动资金沉淀，甚至造成企业流动资金周转困难。因此，在分析该项目时，应深入了解工程的工期长短，有无长期挂账、项目搁浅现象，以便及时发现潜在的不良资产区域。

对在建工程项目的质量分析应强调以下两点：

（1）在建工程项目基本上可以反映出企业未来的利润增长点。一般来说，上市公司要在其年报附注中披露在建工程中所包括的项目的名称、预计投资金额、已投入金额以及完工进度等信息。对这些信息进行分析后，结合投资项目的行业特点和市场前景，可以初步判断在建工程的未来盈利潜力，也可以洞察企业在资源配置战略方面所采取的举措和做出的调整。一般来说，如果在建工程能够顺利完工并投入运营，通常都会给企业带来增量收入和增量利润。然而有些上市公司会在募集资金到位后变更用途，如转变为委托理财进行短期投资炒作，因此在分析在建工程时尤其要关注是不是按照募集资金之初设定的用途来安排使用。

（2）一般情况下，已经达到预定可使用状态但还没有办理竣工决算的在建工程，应当估价入账，转为固定资产，并及时按照规定开始计提折旧。但实务中有很多企业的在建工程早已投入使用，却迟迟不办理竣工决算而长期在在建工程项目中挂账。这样做有很多好处：1）可以将借款费用继续资本化，计入工程的建造成本，而不影响当期利润；2）可以推迟对工程项目计提折旧，从而粉饰当期业绩；3）有机会将本该属于当期费用的一些项目“鱼目混珠”计入在建工程的成本，从而虚增当期利润。

在分析中，尤其要关注在建工程的建造时长，如果期限过长，要给出合理、可靠的解释，否则信息使用者就要考虑企业是否故意延迟工程竣工办理决算的时间，以达到某种不可告人的目的。

案例分析

北陆药业在建工程项目质量分析

北陆药业在建工程项目2022年度内重要项目的变化情况如表3-19所示。

表3-19 在建工程项目重要项目变化情况表 单位：元

项目	期初余额	本期增加额	本期转入固定资产金额	期末余额
注射剂扩产新建车间	39 555 915.96	10 233 846.27	47 619 030.29	2 170 731.94
研发中心建设	6 644 428.93	5 768 526.54	12 412 955.47	0
沧州三期原料生产项目	472 095.08	37 298 699.84		37 770 794.92
合计	46 672 439.97	53 301 072.65	60 031 985.76	39 941 526.86

从上述信息可以看出，研发中心建设项目在2022年经过适当追加投资之后如期完工交付使用，已于期末转入了固定资产项目。该项目的投入预示着公司未来的研发能力将进一步增加，随着产品技术含量的加大，公司的市场占有率以及盈利能力将有望进一步得到提升。另外，注射剂扩产新建车间和沧州三期原料生产两个项目在本年经过适度追加投入后已经部分交工并投入运营，通过合理安排生产，可以确保药品生产所需原料的充分供应和医药器械产能的进一步扩大，进而满足市场的更多要求。

4. 无形资产与商誉质量分析

无形资产（intangible assets）是指企业拥有或者控制的没有实物形态的可辨认非货币性资产，包括专利权、非专利技术、商标权、著作权、土地使用权、特许经营权等。由于商誉属于不可辨认资产，因此不属于无形资产，只能算作无形项目。一般地，无形资产具有如下特征：不具有实物形态；属于非货币性长期资产；为企业使用而非出售的资产；在创造经济利益方面存在较大不确定性。正是由于无形资产在创造经济利益方面存在较大的不确定性，因此一般要求在对无形资产进行核算和披露时持更谨慎的态度。在对无形资产进行质量分析时，应结合该项目的上述特征，着重从盈利性和保值性等维度入手。

（1）无形资产会计披露的特点。

1）资产负债表中作为“无形资产”列示的项目基本上都是通过外购方式取得的。无形资产是现代企业资产特别是知识经济条件下企业资产的重要组成部分，从取得途径来看通常有自创和外购两种。自创无形资产是企业自行研制创造的，如自创专利权、商标权、专有技术等。由于企业在自行研制创造的过程中往往要经过长期的探索、积累和试验，自创无形资产能够带来的未来收益存在很大的不确定性，因此，在会计上通常将其间发生的支出全部予以费用化。而在自创取得成功形成无形资产后，一般没有必要将其余开支予以资本化，这样就导致了自创无形资产通常不入账而“游离”在资产负债表之外。因此，在报表上作为“无形资产”列示的项目基本上都是通过外购方式取得的，入账价值包括在取得无形资产过程中所发生的包括买价在内的实际开支。

由于现阶段我国的市场机制还不够健全和完善，我国会计准则遵循了更为谨慎的会计原则，无形资产项目中仅仅包含专利权、非专利技术、商标权、著作权、土地使用权、特许经营权等少数几个相对比较容易确认的项目。相比之下，美国的上市公司在无形资产的确认范围上要广泛得多，许多对企业来说重要的无形资源如客户关系、供应商关系、营销网络、甚至是员工智慧等都有可能被确认为企业的无形资产，不过这需要满足一些特定的条件。随着知识经济时代的到来，无形资产如同一双看不见的手，将给企业的生存与发展带来越来越大的影响，甚至有可能会“成也无形资产、败也无形资产”。因此，只有进一步扩大无形资产的核算和披露范围，才能更有利于对企业价值以及企业发展潜力的评估。而在现阶段，分析中只能通过尽可能多地结合相关非财务因素来对这一不足加以弥补。

2）在资产负债表中所反映的无形资产的价值基本上以其取得成本为基础，在计提减值准备后，账面价值仅反映其最低可收回金额而非实际价值。

无形资产的很多方面（如未来收益期、未来收益金额以及未来价值等）均具有高度的不确定性。因此，对于大多数无法预见未来收益期长短的无形资产来说，均不需要按期对取得成本进行摊销，而是按照谨慎性原则在每年年末进行减值测试。当发现无形资产的可收回金额低于其账面价值时，要计提减值准备，同时在利润表中确认相应的资产减值损失。在资产负债表中所反映的无形资产的价值仅仅是其最低可收回金额而非实际价值。

鉴于此，在对企业的无形资产进行质量分析时，应当考虑账内无形资产项目的不充分性、价值不确定性以及账外无形资产存在的可能性等因素，从盈利性和保值性两个维度进行分析。

（2）无形资产的盈利性分析。作为一项重要的盈利性资产，无形资产常可能成为企业重要的发展潜力点和扩张发展的关键，有时其对公司价值的贡献甚至超过有形资产。因此，企业拥有和控制的无形资产越多，往往意味着其可持续发展能力和竞争力越强。但现行会计准则的有关规定以及无形资产的形成特点，决定了会计报表中所反映的无形资产的价值与其当初的取得成本直接相关，而一些无形资产的内在价值已远远超出了它的账面价值。也就是说，相对于无形资产的内在价值，其账面价值往往是象征性的。无形资产本身所具有的属性决定了其盈利性具有很大的不确定性，因而分析无形资产的盈利性不是一件容易的事情。在分析时，要详细阅读报表附注及其他有助于了解企业无形资产类别、性质等情况的资料。

不同项目的无形资产的属性相差很大，其盈利性也各不相同，不可一概而论。一般来说，专利权、商标权、著作权、土地使用权、特许经营权等无形资产有明确的法律保护的时间，其盈利性相对较容易判断。而像专有技术等不受法律保护的项目，其盈利性就不太好确定，也易产生资产泡沫。

此外，由于无形资产是一项不具有实物形态的特殊资源，自身无法直接为企业创造财富，必须依附于直接的或间接的物质载体才能表现出它的内在价值，因此，无形资产的这种独有的胶合功能与催化激活功能只有在无形资产与固定资产或存货等有形资产进行适当组合时才能正常发挥，为企业盈利做出贡献。企业可利用名牌效应、技术优势、管理优势等无形资产盘活有形资产，通过联合、参股、控股、兼并等形式实现企业扩张，达到资源的最佳配置。可以说，无形资产在与其他资产组合的过程中所释放的增值潜力的大小，直接决定了无形资产的盈利性，进而在很大程度上决定了无形资产的质量。

（3）无形资产的保值性分析。由于无形资产是一种技术含量很高或垄断性很强的特殊资源，并且往往具有独一无二的排他性，它的公允价值存在较大的不确定性和主观性，因此，目前在很多银行选择抵押贷款中的抵押物时，仍然只接受无形资产中的土地使用权这一项。但随着知识经济时代的到来，银行在决定是否授予贷款以及贷款类型时，越来越关注公司对本金以及利息的支付能力，其中重要的考虑因素之一是公司的现金流获取预期，而不再过于强调公司的资产是有形还是无形。同时，考虑到无形资产对公司盈利能力和价值创造的积极作用，以及其在高科技企业和互联网企业资产总额中不断增长的占比，无形资产很可能将为企业提供与有形资产差异不大的债务支撑能力，甚至最终会起到有形资产债务支撑能力的替代作用。

按照现行准则的规定，企业应定期对无形资产的价值进行检查，至少于每年年末检查一次。可以通过分析企业无形资产减值准备的计提情况来判断企业所拥有的各项无形资产的保值性。当然，在分析时还要注意无形资产减值准备计提的合理性。现行准则规定，无形资产减值准备一经计提，在以后期间不得任意转回，这会在一定程度上杜绝企业利用无形资产减值准备的计提来操纵利润的行为发生。

案例分析

北陆药业无形资产项目质量分析

北陆药业2022年年报中的无形资产附注信息如表3-20所示。

表3-20 无形资产明细表　　单位：元

账面原值	土地使用权	专利权	非专利技术	软件	合计
期初余额	55 468 692.93	424 710.00	112 695 338.73	9 274 513.37	177 863 255.03
本期增加金额	0.00	0.00	0.00	954 207.76	954 207.76
本期减少金额	0.00	0.00	0.00	0.00	0.00
期末余额	55 468 692.93	424 710.00	112 695 338.73	10 228 721.13	178 817 462.79

注：公司没有计提无形资产减值准备。

从上述附注信息可以看出，北陆药业2022年列入无形资产项目的包括土地使用权、专利权、非专利技术和软件。而从本期增加的情况来看，只有软件项目余额有一定程度的增加。

这意味着企业在生产经营中所利用的账面无形资产基本处于稳定状态，除土地使用权外，本期末通过公司内部研发形成的无形资产占无形资产余额的比例为91.36%，这说明公司技术方面的储备较为充分，先进性或垄断性较强，以新成立的北陆益康医药研发有限公司、北陆研究院、企业发展部（BD）构成公司多层次研发体系，能够在较长时期内持续发挥效用，有能力为公司生产并销售市场所认可的产品提供技术上的支持。

公司在年度内没有计提无形资产减值准备，说明无形资产的保值性较强，也意味着公司对其无形资产的质量较有信心。

（4）商誉的质量分析。商誉（goodwill）是指能在未来期间为企业经营带来超额利润的潜在经济价值，或一家企业预期的获利能力超过可辨认资产正常获利能力（如行业平均投资回报率）的资本化价值。从取得途径来看，商誉通常有自创和外购两种。自创商誉的形成是一个缓慢的过程，在企业经营过程中，很难确定哪些活动会引发商誉的形成，这样就使得人们很难按照历史成本原则为其计价，因此自创商誉一般不入账；而外购商誉一般是在企业合并[①]时，购买企业根据投资成本超过被合并企业净资产公允价值的差额来确认入账。

商誉具有如下几个特征：1）它是企业各种未入账的不可单独确认的无形资产的

① 涉及企业合并的会计处理首先应区分是同一控制下的企业合并还是非同一控制下的企业合并。对于同一控制下的企业合并，现行准则规定相关资产和负债均以账面价值计量，合并溢价只能调整资本公积和留存收益，并不确认商誉。只有非同一控制下的企业合并才涉及商誉的会计处理。

混合，商誉与企业整体不可分离，反映企业的一种综合优势；2）商誉的价值和任何发生的与其有关的成本没有可靠的或预期的关系；3）难以对各构成商誉的无形因素计价；4）所能带来的未来收益具有极大的不确定性。商誉可以因企业拥有杰出的管理人才、良好的地理位置、科学的管理制度、融洽的公共关系和优秀的资信级别等多方面因素而形成，但随着生产技术的发展，科学的管理制度可能会过时，优秀的管理人才可能随时离开企业另谋高就，良好的地理位置可能由于城市建设规划或经济布局的改变而不再具有优越性，这些变化势必带来商誉未来收益的不确定性。商誉的这些特性使得对商誉的质量分析主观性较大，难以做出相对客观公正的评价。

从本质上说，商誉是一种典型的虚拟资产，它仅仅意味着在过去的并购行为中有溢价并购发生，拥有商誉项目本身并不会直接给并购企业带来未来收益，因此商誉仅反映了理论上协同效应的价值，其保值性高低主要取决于被并购企业未来的盈利能力，而这种未来的盈利能力是否确实能够转变为现金流流入尚具有不确定性。理性的并购应该服务于企业的产业整合和产能升级，合理的商誉也应当反映并购整合后预期可实现的协同效应，但如果被并购企业的协同效应未能如期发挥，盈利能力达不到预期水平，反而会破坏并购企业原有的正常的资产结构，并降低资产报酬率、权益报酬率等一系列盈利指标。因此，商誉对并购企业而言是一把双刃剑——如果合理评估并购后的协同效应，适度的商誉能够给企业带来预期收益；但如果高估了并购协同效应，过高的商誉则可能成为企业未来经营的负担。

近几年由于并购市场的活跃以及资本市场的繁荣，在我国资本市场上所发生的大量并购事件中，上市公司往往对被并购企业的前景展望太过美好，对业务整合效果过于乐观，再加上有对赌协议和业绩承诺作保障，谈判过程中极易高估被并购企业的价值，导致巨额商誉并购甚至天价并购层出不穷，商誉占净资产的比例加速上升。并购虽能为企业带来众多资源，但盲目并购不一定有利于企业的发展，一旦被并购企业与自身业务无法很好契合，巨额商誉将面临减值风险。

商誉减值是指商誉的可收回金额低于其账面价值所形成的价值的减少。商誉减值意味着被并购企业带来的经济利益比并购时所预计的要低。需要说明的是，对于包括商誉在内的资产减值的会计确认和计量，并不是基于传统会计中对实际发生的交易的确认和计量，而是更多地立足于眼前，着眼于未来，只要造成商誉价值减少的迹象已经存在，只要商誉价值的减损能够可靠地计量，只要与决策具有相关性，就应当确认该项商誉价值的减少。企业会计准则规定，商誉至少应当在每年年度终了时进行减值测试，对已发生减值的商誉要计提减值准备。商誉的减值损失一旦确认，在以后各期均不得转回。因此，可以简单地根据商誉计提减值准备的情况对其进行质量分析。但不可否认的是，商誉减值准备的计提往往会带有过多的主观估计因素。从目前上市公司有关商誉披露的情况来看，普遍存在商誉及其减值的相关信息披露不够充分、有用性有待增强等问题。

值得注意的是，虽然拥有商誉可能会降低企业的资产负债率，使企业表面看上去更健康，偿债能力更强，为上市公司再融资提供了必要的便利条件，但由于商誉是一项无法作为债务偿还保障的虚拟资产，因此，这种虚化的偿债能力反而会误导债权人的判断，分析商誉的保值性从这个层面来说又显得没有多大意义了。

案例分析

北陆药业商誉项目质量分析

北陆 2022 年年报中关于商誉项目的变化情况说明如表 3 - 21 所示。

表 3 - 21　商誉变化情况表　　单位：元

被投资企业名称或形成商誉的事项	期初账面余额	本期增加		本期减少		期末账面价值
		企业合并形成	其他	处置	计提减值	
海昌药业	51 226 011.99				19 404 458.02	31 821 553.97
合计	51 226 011.99				19 404 458.02	31 821 553.97

本期末管理层根据过往表现及其对市场发展的预期预计未来 5 年内现金流量，并将计算未来现金流现值所采用的税前折现率确定为 14.35%，公司认为所预计的数据已反映了相对于有关分部的风险。根据减值测试的结果，本期末对商誉计提减值准备 19 404 458.02 元。

但无论如何，分析时我们必须认识到，虽然公司在对商誉进行减值测试时应该实施了必要的测试程序，在预计未来现金流量现值时的预测期增长率、稳定期增长率、利润率、折现率、预测期等诸多关键参数时也应遵循了谨慎性原则，但商誉减值金额的大小最终还是要取决于管理层的主观判断。事实上，计提比例到底是选择 100%还是 60%（或是其他比例），公司往往会考虑很多其他因素，这里一定是有操纵空间的。

3.4　资产的重分类与企业资源配置战略的考察

3.4.1　资产的重分类

3.4 即测即评

在对资产进行分类的基础上可以考察企业资产的结构问题。所谓资产结构，简单地说就是指各项资产相互之间的比例关系，它既可以是按照流动性确定的流动资产与非流动资产之间的比例关系，也可以是按照企业业务板块确定的各类资产之间的比例关系，还可以是按照利润贡献方式确定的经营性资产和投资性资产之间的比例关系。

经营性资产主要包括货币资金、商业债权、存货、固定资产和无形资产等，是指企业在自身经营活动中所动用的各项资产。关于现金（包括银行存款在内）是否属于经营性资产在理论界尚存争议，一种观点认为现金处于闲置状态，不应将其视为经营性资产。但本书认为现金是经营性资产在经营周转过程中一个必不可少的环节和存在形态，且其利息收入通常作为企业财务费用的减项，构成企业自身经营活动所取得成果（即本书所称的核心利润）的一部分，因此为简便起见，将其列入经营性资产项目。而投资性资产也被有些学者称为金融资产，但由于金融资产通常还包括现金和应收款项，它们并不属于本书对这一项目的界定范围，因此本书认为将之称为“投资性资产”更合适。它主要包括直接对外投资所形成的以公允价值计量且其变动计入当期损益的金融资产（或称交易性金融资产）、债权投资、其他债权投资、其他权益工具投资和长期股权投资等项目。由于在现阶段的企业运营过程中，大量被关联方占用的资金通常会通过预付款项以及其他应收款等项目体现出来，从理论上讲，这部分资金并未参与企业自身的经营活动，因而不属于经营性资产范畴，应列入投资性资产。

不同的资产结构所表现出来的经济含义、管理含义具有显著区别，会从不同角度体现出企业资源配置战略的选择与实施状况。

3.4.2 企业资源配置战略的考察

企业的资源配置战略主要是靠资产的有机整合和配置来实现的，无论资源配置战略的具体内容是什么，在资产结构上的表现一定是资产项目之间的不同组合。企业之所以要确立其资源配置战略，并将其与竞争者区分开来，完全是出于竞争的需要。尽管一个行业的经济特征在一定程度上限制了企业参与行业竞争时可供选择的资源配置战略的弹性，但是许多企业仍然可以通过制定符合自身特定要求的、难以复制的资源配置战略来保持竞争优势。

我们可以按照企业经营性资产与投资性资产各自在资产总规模中的比重大小，将企业资源配置战略分为三种类型：以经营性资产为主的经营主导型，以投资性资产为主的投资主导型，经营性资产与投资性资产比较均衡的经营与投资并重型。

1. 经营主导型企业的发展战略分析

资产结构中以经营性资产为主的企业，其资源配置战略十分清晰：以特定的商业模式、行业选择以及产品或劳务的生产与销售为主导，以一定的竞争战略（如低成本战略、差异化战略和聚焦战略等）和职能战略（如研发、采购、营销、财务、人力资源等战略）为基础，以固定资产、存货的内在联系及其与市场的关系管理为核心，为企业的利益相关者持续创造价值。经营主导型企业能够最大限度地保持核心竞争力。

案例分析

卫光生物的资源配置战略分析

以附录中卫光生物2022年年报中的资产负债表为基础，可以对公司的资源配置战略进行分析。

母公司资产负债表数据显示，在25.05亿元全部资产中，包含控制性投资的长期股权投资项目的规模为1.74亿元（母公司报表中长期股权投资1.74亿元一合并报表中长期股权投资0元），包含的母公司向子公司提供的资金规模较小（母公司报表中其他应收款0.12亿元一合并报表中其他应收款0.05亿元）。据此，我们可以从母公司资产结构状况做出初步判断：卫光生物走的是一条以母公司经营为主，子公司经营为辅的发展之路。

在经营性资产占据主导地位的情况下，我们对该公司的发展战略有如下认识：

(1) 专业化战略。从发展战略来看，卫光生物在经营上走专业化的道路，聚焦于生物制品研发、生产及销售。这种战略的具体表现就是，在母公司中建有完备的生产和销售体系——具体反映在固定资产、存货、应收票据和应收账款的不断发展变化上。而可能与多元化战略密切相关的对外控制性投资的规模，较经营性资产的规模相对偏低。

(2) 产品经营的核心竞争力较为突出。正是由于卫光生物将生物制品研发、生产及销售作为自己的核心业务，聚焦生物制品来打造核心竞争力，其在资源安排上必然会优先支持生物制品业务的研发、生产以及营销等，这就使得公司生物制品业务整体上在技术、市场地位以及产品盈利能力等方面均取得显著成效。

当然，卫光生物的这种自主经营发展战略稍显保守，公司今后在多元化（最好是相关多元化）发展道路上应该有较大的发展空间。

2. 投资主导型企业的发展战略分析

资产结构中以投资性资产为主的企业往往是规模较大的企业集团。投资主导型企业的发展战略内涵同样是清晰的：以多元化或一体化的总体战略（或其他总体战略）为主导，以子公司采用适当的竞争战略和职能战略，特别是财务战略中的融资战略（子公司通过吸纳少数股东入资、自身债务融资和对商业信用的利用等融资战略，可以实现在母公司对其投资不变情况下的快速扩张）为基础，以对子公司的经营性资产管理为核心，通过快速扩张为企业的利益相关者持续创造价值。投资主导型企业可以在较短时间内通过直接投资或者并购实现做大做强企业集团的目标，或者在整体上保持企业的竞争力和竞争地位。

案例分析

普洛药业的资源配置战略分析

以附录中普洛药业2022年年报中的资产负债表为基础，可以对该公司的资源配置战略进行分析。

普洛药业2022年度母公司资产负债表显示：在全部资产中，典型的经营性资产如应收票据、应收账款和存货皆为零，典型的非流动资产如固定资产、无形资产占总资产的比重也极小。而具有投资色彩的长期股权投资、其他应收款等项目则规模相对较大。

据此，我们可以做出初步判断：普洛药业的经营主体在子公司，母公司采用的是投资主导的发展战略。

在投资性资产占据主导地位的情况下，我们对该公司的发展战略有如下认识：

（1）多样化发展战略思路清晰。普洛药业的产品多样化态势比较明朗，进一步考察普洛药业2022年年报就会发现，公司身处医药制造行业，主营业务涵盖原料药中间体、合同研发生产服务（CDMO）、制剂业务和进出口贸易业务等。

公司在三大业务领域形成了独特的市场优势：

1）原料药中间体：公司原料药中间体业务经历30余年的发展与积淀，凭借丰富的产品线、领先的质量、EHS管理体系以及突出的技术能力，已建立了独特的市场竞争优势。

2）CDMO：公司在横店、杭州、美国波士顿和德国法兰克福都设有研发中心和办公室，同时实行海外BD团队的本地化运营模式，国内外BD团队紧密合作，为客户提供更优质的服务，助推公司业务的全球化发展。公司充分利用制造端优势，提升车间柔性化生产能力，能够满足客户项目的快速规模化生产并稳定供应。随着公司BD团队对海外市场的持续拓展，国外市场业务也将会得到持续快速发展。此外，公司从“起始原料＋注册中间体”到“起始原料＋注册中间体＋API”的转型升级策略也取得了显著成果。

3）制剂：公司紧紧围绕“做优制剂”战略，以国内国际协同发展进行战略布局，积极推进项目进度，充分利用公司“原料药制剂一体化”优势，大力开展仿制药一致性评价和新品种注册。

在其2022年度关于产品结构的信息中，该公司也展示了这样的业务结构（见表3-22）：

表3-22 产品结构及变动情况表

产品结构及主要产品类别	2022年		2021年		同比增减（%）
	金额（元）	占营业收入比重（%）	金额（元）	占营业收入比重（%）	
原料药中间体	7 736 937 257.72	73.37	6 546 128 881.30	73.20	18.19

续表

产品结构及主要产品类别	2022 年		2021 年		同比增减（%）
	金额（元）	占营业收入比重（%）	金额（元）	占营业收入比重（%）	
创新药研发生产服务	1 577 470 850.85	14.96	1 393 926 871.55	15.60	13.17
制剂	1 079 756 508.23	10.24	867 434 472.03	9.70	24.48

实际上，上述三大类产品中，最具核心地位的是原料药中间体，已经占据公司营业收入的 73.37%。但同时，公司的制剂业务增速较快。由于这三种产品均属于医药类产品，因此，公司的多元化战略涉足领域实际上并不宽泛，尚属于相关多元化类型。

(2) 主要产品类别的核心竞争力比较突出。企业产品营业收入的构成既反映了各项业务对企业的贡献程度，也反映出各项业务在市场中的竞争地位和竞争力。从公司目前的营业收入结构来看，三种产品的收入贡献并不均衡甚至可以说相差悬殊，原料药中间体占其中的 73.37%，因此，公司的核心竞争力主要还是体现在原料药中间体领域，在同类产品的市场上具有一定的竞争地位。当然，公司同时也在努力提升制剂业务的市场竞争力。

3. 经营与投资并重型企业的发展战略分析

经营与投资并重型企业实施的往往是积极稳健的扩张战略：企业既通过保持完备的生产经营系统和研发系统来维持核心竞争力，又通过对外控制性投资的扩张来实现跨越式发展。

经营与投资并重型企业通过对自身经营性资产的保持，可以实现较大的规模效应，占据一定的市场地位，从而最大限度地降低核心资产的经营风险，使固有的核心竞争力发挥到极致。与此同时，其对外控制性投资又可以通过投资产业与产品方向的多元化或投资地域的多样化来提升企业的竞争力或者降低企业的风险。

有了上述分类，通过对任何一家上市公司的资产结构进行分析，我们均可以将其归入三种类型中的一种，从而对公司的扩张战略及其效应进行分析与评价。

这就是说，当我们跳出传统的会计思维，将企业资产的概念与企业的发展战略联系在一起时，资产结构就有了鲜明的战略含义。据此，我们可以进一步认为，资产的规模与结构就是企业资源配置战略的实施结果。

企业通常会在上市公司年报的“管理层讨论与分析”部分，表述自身所选择的资源配置战略，即战略承诺；而考察企业资产中经营性资产与投资性资产的结构关系，以及经营性资产的内部结构等方面，可以在一定程度上透视企业资源配置战略的具体实施情况。通过将企业实际的资源安排与企业战略承诺进行比较，便能判断公司资源配置战略具体的实施情况与所承诺的选择之间的吻合性。

在我国现阶段，上市公司的资产结构与战略承诺之间的吻合性可以从两个层面来分析。其一，资产结构与全体股东的战略相吻合，即在财务上要求企业最大限度降低不良资产占用，提高资产周转率和盈利能力。其二，资产结构与控股股东的战略相吻合，即在控股股东的战略不同于全体股东战略的条件下，控股股东有可能以上市公司为融资平台谋求另外的发展，控股股东战略的实施也许就会表现为上市公司自身的不良资产占用（即掏空上市公司）。对于那些存在其他应收款巨额增加、存货超常增加、固定资产闲置等情况的上市公司，在其财务状况形成的过程中，往往能够看到控股股东战略（即利用上市公司融资能力为控股股东服务）实施的种种迹象。

3.5 负债质量分析

3.5 即测即评

我们已经知道，负债是指企业在某一特定日期承担的、过去的交易或者事项形成的、预期会导致经济利益流出企业的现时义务。按照会计的历史成本原则，负债仅限于那些企业承担的过去或现在已完成的经济业务所引起的、可以用货币计量的未来的经济责任。

在会计上，负债按其偿还期的长短分为流动负债（current liabilities）和非流动负债（non-current liabilities）。流动负债是指将在一年（含一年）或超过一年的一个营业周期内偿还的债务。各项流动负债按实际发生额记账。非流动负债是指偿还期在一年或超过一年的一个营业周期以上的债务。与流动负债相比，非流动负债具有金额较大、偿还期限较长的特点。

3.5.1 流动负债的质量分析

简单地说，流动资产通常是一年内可变现的资产项目，流动负债则通常为一年内应清偿的债务。因此，在任一时点上，两者的数量对比关系对企业的短期经营活动均产生十分重要的影响。此外，流动负债各构成部分的流动性、可控制程度等对企业短期经营亦有很大的影响。企业流动负债的项目质量分析应重点关注以下几个方面。

1. 流动负债的强制性

流动负债的强制性可以简单理解为流动负债的流动性，即需要偿还的压力和时间长短。流动负债各个构成项目的偿付期限并不一致，有的项目强制性较大，在一年内甚至更短的时期内就要偿付（如短期借款一般需要在一年内偿付）；有的项目强制性较小，可以在很长的时间甚至超过一年的一个营业周期以上的时间内清偿，如一些与关联企业往来结算而形成的其他应付款项。在判断一个企业的流动性风险时，应该把这些因素考虑在内。强制性较小的流动负债会在无形中降低企业的流动性风险。如果不对流动负债内部成分按照强制性进行区分与分析，往往会高估企业的流动性风险。

一般来说，真正给企业带来现实偿债压力的是那些强制性的债务，如当期必须支付的应付票据、应付账款、短期借款、应付股利以及契约性负债等。对于预收款项、部分应付账款以及其他应付款等，由于某些因素的影响，不必当期偿付，或者不必用现金偿付，它们实际上并不构成企业短期付款的压力，属于非强制性债务。

此外，有些流动负债项目（如应付职工薪酬和应交税费）的期末余额在企业经营规模和经营业绩不出现太大波动的情况下会保持相对稳定，形成一定的债务沉淀，就好像这笔负债不需要归还一样，因此并未对企业形成实质性的偿债压力，我们也可以将其视为非强制性流动负债。

2. 企业短期贷款规模可能包含的融资质量信息

一般来说，企业从金融机构获得的短期贷款主要与企业的经营活动相关，通常用于补充企业流动资金的不足，在资产负债表中列入短期借款项目。然而在实践中，企业资产负债表期末短期借款的规模可能表现为远远超过实际需求数量（即一方面存有大量的货币资金，另一方面又大规模借款），这可以通过比较短期贷款与货币资金之间的数量关系来考察。

出现上述现象的原因可能包括但不限于以下几点：第一，企业的货币资金中包含一部分由银行承兑汇票引起的保证金（通常按照应付票据的一定百分比确定）。第二，企业由于组织结构的原因存在众多异地分公司（或子公司）。尤其是在“分权管控”模式下，分公司（或子公司）的货币资金由各个分公司（或子公司）自行支配，汇集到一起在母公司报表（或合并报表）上显示的规模并不能代表母公司（或集团）实际可自由支配的货币资金规模。第三，融资环境和融资行为等因素（如银行为规避信贷风险，轻易不愿意发放长期贷款）也会导致企业融入过多的短期借款。

在融资环境和不当融资行为等各方面原因导致企业融入过多短期借款的情况下，由于相对于其他短期资金来源来说短期借款的资本成本更高，偿付压力更大，会引起企业过高的财务费用，增加企业盈利的压力。而“短贷长投”更是企业应尽量避免的，因为稍有不慎企业就有可能因资金链断裂而破产。

3. 经营性负债的规模、结构及其变化所包含的经营质量信息

经营性负债又称商业债务，是指企业通过经营活动所产生的各项债务，如在采购和销售等经营活动中形成的对上游供应商和下游经销商的应付票据、应付账款、合同负债和预收款项等。经营性负债的规模在一定程度上反映了企业对上下游的议价能力，即企业利用商业信用推动其经营活动的能力。要特别关注应付票据与应付账款的规模变化及其与企业存货规模变化之间的关系。这是因为应付票据与应付账款构成了存货的财务来源。由于应付票据和应付账款的财务成本并不相同（在我国商业汇票普遍采用银行承兑方式的条件下，应付票据是有成本的），因此，企业应付票据和应付账款相对规模的变化，不仅有助于透视整个行业所面临的生存环境变化，甚至有可能反映企业的经营管理质量和相对竞争优势。

（1）在企业普遍采用赊购方式的情况下，应付账款的相对规模不断增加。在企业普遍采用赊购方式的情况下，如果应付账款相对于应付票据（我国企业普遍采用银行承兑汇票）来说规模不断增大，从债务企业的角度来看，这种增长在很大程度上代表债务企业在与供应商就结算方式谈判时能力越来越强，企业成功地利用商业信用来支持自己的经营活动，同时又避免了采用商业汇票结算可能引起的财务费用。从债权企业的角度来看，之所以接受这种结算方式而不采用商业汇票结算方式，是因为对债务企业的偿债能力有信心，对到期收回商业债权有信心。

（2）在企业普遍采用赊购方式的情况下，应付票据的相对规模不断增大。在企业普遍采用赊购方式的情况下，如果应付票据相对于应付账款来说规模不断增大，从债务企业的角度来看，这种增长可能意味着债务企业（因支付能力下降等原因）与供应商就结算方式谈判时优势逐渐丧失，不得不采用商业汇票结算方式。同时，采用商业汇票结算不可避免地会引起财务费用的增加、货币资金的周转压力增大。从债权企业的角度来看，之所以只接受商业汇票结算方式，除了商业汇票具有更大的流动性外，还可能是因为对债务企业的偿债能力缺乏信心。不论如何，应付票据的相对规模扩大，至少可以使企业因推迟付款而减少当期的现金流出。

（3）预收款项与合同负债的规模变化及其信息含义。执行新收入准则的企业，在流动负债中增加合同负债项目。合同负债（contract liabilities）是指企业已收或应收客户对价而应向客户转让商品的义务。如果企业尚未将商品转让给客户，但客户已支付了对价或者企业已经拥有一项无条件的收取对价金额的权利，则企业应当在客户付款或付款到期时将向客户转让商品的合同义务列报为一项合同负债。

应注意的是，对合同负债的理解，一定要从收入确认（履约义务）的维度出发，这个项目本身因揭示新收入确认模型中的履约义务与客户付款的关系而生，它与预收款项项目有本质的区别。合同负债以履约义务相关性为前提，当预收款尚未被企业收取时，如果能够认定企业对这笔款项有无条件收取的权利，企业就应该对此确认合同负债。因此，合同负债不但能够核算实际收到的预收款，还能够（且应该）核算未实际到账但已拥有收取权利的预收款。

预收款项与合同负债规模的变化情况一般被业界认为是企业来年经营业绩的晴雨表，具有一定的预测价值，同时也会在一定程度上反映行业的景气程度变化、市场的整体需求变化、企业的相对竞争优势变化以及企业相对于下游客户的议价能力变化。此外，由于预收款项与合同负债作为流动负债并不需要全额的现金偿付，而只需要发运相应金额的货物或者提供相应规模的劳务，两者之间相差一个“毛利”，因此，企业在拥有大规模的预收款项与合同负债时真实的偿债能力往往要远远强于流动比率、速动比率等财务指标所显示出来的偿债能力。

4. 企业税金缴纳情况与税务环境

很多时候，可以根据企业应交税金中的所得税缴纳情况透视企业所处的税务环境。由于在资产负债表中各项目之间存在密切的对应关系，因此基于应交所得税、递延所得税资产（或负债）与利润表中的所得税费用之间的数量变化，可以在一定程度上透视企业的税务环境。比如，企业的盈利状况保持相对稳定，而应交所得税、递延所得税负债表现出不断增加的态势，则表明在纳税方面有税务局允许企业推迟缴纳税款的可能，这对企业来说算是相对有利的税务环境。

3.5.2 非流动负债的质量分析

按照财务理论，企业的非流动负债应该是形成企业的非流动资产和短期资产（流动资产）中长期稳定部分的资金来源，它的质量也会对企业的财务状况质量产生重要影响。企业非流动负债的质量分析应重点关注以下几个方面。

1. 长期借款（以及其他非流动负债项目）的利率水平高低

企业长期借款通常具有金额大、期限长的特点，由它带来的利息规模一般相对较大，对企业的盈利水平会造成较大的影响。一般而言，影响企业长期借款利率水平的因素主要有企业的信用等级、担保方式、贷款用途、企业内部管理规范程度和经营团队具备的管理能力以及投资项目可能带来的风险和效益等。但从近几年上市公司年报中可以看到，能获得长期借款的公司越来越少，主要原因是金融机构出于风险控制的考虑，一般不会轻易提供较长期限的贷款。

2. 长期借款中贷款担保的方式

企业在信用等级较低时可以采用贷款担保的方式以提高贷款申请的成功率。所采用的贷款担保方式不同，限制和约定的内容就有所不同，对企业正常经营活动可能造成的影响也会有所差异。

根据我国担保法的规定，担保方式有保证、抵押、质押、定金和留置五种，而贷款担保方式分保证、抵押、质押三种。一般情况下，贷款担保的限定条件越宽松，对企业正常经营活动可能造成的影响越小，长期借款的质量就越好。

3. 预计负债的合理性

预计负债和或有负债是在会计上比较容易混淆的两个概念。作为在会计期末未实际发生的一项义务，如果发生的可能性比较高（通常≥90%），且金额可以较为可靠地加以估计，一般就可作为预计负债确认入账；而如果发生与不发生的可能性大体相当（通常约等于50%），或者虽然发生的可能性比较高（通常大于等于90%），但金额无法较为可靠地加以估计的话，就可以作为或有负债在报表附注中加以披露。在资产负债表日要对预计负债的账面价值进行检查，如有客观证据表明该账面价值不能真实反映当前最佳估计数，应做相应调整。

由此可以看出，一个或有事项是否被确认为预计负债入账，在很大程度上要由会计人员来主观判断（包括发生的可能性以及发生的合理规模），由于在确认预计负债的同时往往要确认一笔相应的费用，这样就不可避免会出现有的企业利用该项目来进行利润操纵的现象。是否有利用预计负债操纵利润的嫌疑，要根据财务报告中的相关附注资料、企业历史资料以及同行业相关资料通过横向和纵向的比较来加以判断。

3.6 所有者权益质量分析

3.6 即测即评

所有者权益（owner's equity）是指企业资产扣除负债后由所有者享有的剩余权益，一般包括企业所有者的投入资本（实收资本和资本公积的合计数）和留存收益（盈余公积和未分配利润的合计数）两大类。

3.6.1 所有者权益的质量分析

对企业所有者权益的质量进行分析，应该关注以下几个方面。

1. 投入资本所包含的质量信息

从大的方面说，投入资本可以看作企业接受的投资者投入企业的资本，表明投资者对企业的基本产权关系。其中，在实收资本项目中要通过明细科目详细记载各位投资者（股东）的实际投资情况，实收资本的构成比例是企业据以向投资者（股东）进行利润（股利）分配的主要依据。对于公司制企业来说，股东一般按照其出资比例（即股东的投资占公司注册资本的比例）来行使表决权。而资本公积则是企业收到投资者的超出其计入企业实收资本（或股本）的投资，此外还包括企业接受的捐赠以及法定资产重估增值等。

按照股东对公司的影响程度（通常根据其出资比例决定），一般可以将股东分为控股股东、重大影响股东和非重大影响股东（即小股东）三种类型。分析投入资本项目时，要关注股权结构、股权性质以及股东构成情况。由于控股股东和重大影响股东在很大程度上决定企业未来的发展战略和方向，因此，应着重分析他们的背景、资源优势、自身的经营状况、投资目的等，以判断这些股东的立场是否与全体股东的立场一致：是站在全体股东的立场来真正支持企业谋求长期发展，还是站在自身立场来掏空企业以谋求自身发展。这些判断分析的结论对于预测企业的未来发展方向和趋势极具价值。

2. 留存收益所包含的质量信息

留存收益是指在企业历年的税后净利中扣除各种形式的股利分配（包括现金股利和股票股利）之后留存在企业中而逐渐积累起来的部分，由于其所有权仍归股东享有，因此可视为股东对企业的再投资。其中，盈余公积是从净利润中提取的、有特定用途的资金。盈余公积可分为两种：（1）法定公积金，按税后利润的10%提取（非公司制企业也可按超出10%的比例提取），在此项公积金已达注册资本的50%时企业可不再提取；（2）任意公积金，按股东大会等类似权力机构的决议提取。企业盈余公积的主要用途有：弥补亏损、转增资本等。未分配利润则是企业净利润中尚未指定用途的部分，企业对于这部分利润的使用分配具有较大的自主权。

留存收益是一个收益积累的概念，在考虑了企业历年的股利分配政策（包括股利分配的形式以及股利分配的规模）之后，其规模大小（包括绝对规模和相对规模——在所有者权益中所占的比例）受某一年度特殊原因而导致的收益异常波动的影响相对较小，因而留存收益可以大体上反映出一个企业长期以来盈利能力的基本水平。那些资不抵债的企业一定是因长期持续亏损导致留存收益为负数，并且其绝对值超过了投入资本，从而使得所有者权益（或股东权益）整体上出现了负值。

3.6.2 所有者权益变动所包含的质量信息

我国虽然将所有者权益变动表作为一个单独的报表来列示，但其实质上展示的是所有者权益发生变动的具体内容。因此，我们将所有者权益变动表的分析纳入本部分。

对资产负债表中所有者权益项目的分析是从静态的角度，侧重于考察各构成项目余额之间的比例关系，挖掘每个项目的质量信息；对所有者权益变动表的分析则是从动态的角度，侧重于考察所有者权益各构成项目的具体变动情况。具体地说，所有者权益变动所包含的财务状况质量信息主要有以下几个方面。

1. 区分“输血性”变化和“盈利性”变化

这里的“输血性”变化是指企业靠股东入资增加所有者权益，“盈利性”变化则是指企业依靠自身的盈利增加所有者权益。显然，这两个方面均会引起所有者权益的变化，但向报表使用者传达出不同的质量信息：“输血性”变化虽然也会导致企业资产的增加，但因此而增加的资产的盈利性是不确定的，投资方向也难以预料；“盈利性”变化则表明企业的盈利质量较高，可持续发展的前景较好。

2. 关注所有者权益内部项目互相结转的财务效应

所有者权益内部项目互相结转，虽然不改变所有者权益的总规模，但是会对企业的财务形象产生直接影响：增加企业的股本数量（转增资本），或弥补企业的累计亏损（盈余公积弥补亏损）。这种变化虽然对资产结构和质量没有直接影响，但对企业未来的股权价值变化以及利润分配前景可能会产生直接影响。

3. 关注企业股权结构的变化与方向性含义

股权结构变化既可能是由于原股东之间股权结构的调整，也可能是由于增加了新的投资者。这种变化对企业的长期发展具有重要意义：企业股权结构变化可能导致企业的发展战略以及人力资源结构与政策等方面发生显著变化。这样，按照原来的惯性思维对企业进行前景预测有可能失去意义。

4. 关注会计核算因素的影响

会计核算因素的影响是指会计政策变更和差错更正对企业所有者权益的影响。除了数字上的变化以外，对企业的财务状况质量没有实质影响。要警惕年度间频繁出现前期差错更正事项的情况，这很有可能是企业蓄意调整利润所导致的结果。

5. 关注企业的利润分配政策

利润表中的净利润与资产负债表中留存收益（盈余公积和未分配利润的合计数）的净增加（或减少）额之间的差异恰恰是由本期的利润分配（分红）导致的。所有者权益变动表明确揭示了企业的分红规模，通过与同行业的对标企业、其他行业具有相似盈利能力的企业以及本企业以前年度的分红情况进行比较，便可以大致了解企业分红政策的偏好以及持续性。

（1）现金股利所包含的财务状况质量信息。企业现金股利分配政策既可以在一定程度上反映企业利润的质量，也可以在一定程度上反映管理层对企业未来的信心。利润质量不好、利润支付能力较差以及对未来盈利能力信心不足的企业，难以考虑支付大规模的现金股利。但近年来我国上市公司出现了大规模分配现金股利的现象，主要目的是迎合中国证监会有关上市公司再融资的要求。支付大规模现金股利的企业，其利润质量并不一定高。

（2）股票股利所包含的财务状况质量信息。股票股利并不会引起企业资产、负债和所有者权益中任何一项的总额发生变动，只是引起所有者权益内部有关项目金额和所有者权益的内部结构发生变化，即留存收益的金额减少，股本和资本公积的金额相应增加。因而，在这种股利分派形式下，股东实际上是将收益留存在企业作为对企业的再投资。当然，只要企业预期具有较好的发展前景，股票股利通常被市场认为是一种对股东有利的股利分配方式（拥有的公司股份增加，日后可以获取更多收益），也有利于企业财务实力的保持，为日后发展形成更多的储备，因而在一定程度上有利于企业财务状况质量的改善。

值得注意的是，企业高比例派发股票股利，并不意味着企业一定具有较高的盈利能力和良好的财务状况质量，反而会引起企业股本规模的过快增长，如果企业的盈利水平不能以相应速度增长，就会引起企业每股收益大幅下降，进而影响企业的市场形象和市场表现。

3.7 资本结构质量分析

3.7.1 资本结构概念的界定

3.7 即测即评

研究资本结构（capital structure）问题，对于公司制企业来说意义尤为重大。本书对资本结构的理解，突破了传统的资本结构概念（主要指长期负债与股东权益之间的比例关系）的束缚，将资本结构概念拓展至更广泛的融资结构①以及更深入的股权结构和控制权结构等多个层面。融资结构的合理性在很大程度上影响公司运营的效益和风险，而公司股权结构所确定的公司控制权结构制约了公司治理模式，决定了公司的发展方向，公司股权结构及控制权结构的特征对公司的运行与发展具有根本性影响。

因此，在更广泛、更深入的层面对公司的资本结构进行分析与考察，不仅能够反映它在公司经营层面的质量，更可以透视它在公司战略制定层面的质量——公司资本引入战略的选择与实施状况，而这一层面的质量能更好地揭示公司未来发展的方向、路径和特色。

3.7.2 资本结构质量分析

基于我们对资本结构所做的上述界定，资本结构质量分析不应局限于传统的对公司财务风险和偿债能力的考察，单纯强调资本结构对企业价值的影响，而应进一步深入下去，评价企业资本结构与企业当前以及未来发展的适应性。具体来说，企业资本结构质量分析主要应关注以下几个方面。

1. 资本成本与投资效益的匹配性

一般来说，资本成本是指企业取得和使用资本所付出的代价，主要包括筹资过程中的筹资费用和使用过程中的使用费用。从成本效益的角度来分析资本结构质量，首先要关注资本成本与投资效益的匹配性问题，只有当体现企业投资效益的资产报酬率（应当为企业的利息和税前利润与企业平均总资产之比）大于企业的综合（或加权）资本成本时，企业才能在向资金提供者支付报酬以后获取适当的净利润。

① 本书将融资结构定义为企业资产负债表右边全部项目之间的各种比例关系，包括借入资金与自有资金之间的比例关系、短期资金来源与长期资金来源之间的比例关系、无息负债与有息负债之间的比例关系、商业信用资金来源与非商业信用资金来源的比例关系，以及按照不同的融资渠道形成的各类资本之间的比例关系等。

也就是说，从财务效应的角度而言，质量较高的资本结构一般应表现为企业在融资后能够获得增量利润，即在企业具体的资本结构下所发生的综合资本成本不能超过企业利用这些资本所带来的投资效益。

2. 资本的期限结构与资产结构的协调性

从期限构成的角度来看，企业资本（资金来源）中的负债项目按照偿还期限长短分为流动负债与非流动负债两部分，所有者权益项目则属于企业获取的永久性资本。

按照财务管理理论，企业所筹集资金的用途决定所筹集资金的类型：企业增加永久性流动资产或长期资产，应当通过长期资金来源（包括所有者权益和非流动负债）解决；季节性、临时性原因造成的流动资产中的波动部分，则应由短期资金来源解决。

如果企业的资金来源不能与资金的用途相互协调，在用长期资金来源支持短期波动性流动资产的情形下，由于企业长期资金来源的资本成本相对较高，企业的效益将会下降；在用短期资金来源支持长期资产和永久性流动资产的情形下，由于企业的长期资产和永久性流动资产的周转时间相对较长，企业有可能出现“短融长投”现象，承受较大的短期偿债压力。

也就是说，一般情况下，在企业资本的期限结构与资产结构相互协调时，企业的经营和资金周转会比较顺畅，资本结构才有可能表现出较高的质量。

3. 资本结构面对企业未来资金需求的财务弹性

虽然企业可通过提高资本结构中的财务杠杆①比率，获得明显的财务杠杆效应和抵税效应，从而提高企业价值，但在过高的财务杠杆比率下，企业在财务上将面临两个主要压力：一是不能正常偿还到期债务的本金和利息；二是在企业发生亏损时，可能会由于所有者权益的比重相对较小而使企业的债权人受到侵害。受此影响，企业从潜在的债权人那里获得资金的难度将会大大增加。也就是说，当企业未来发展面临资金需求时，债务融资的难度会因企业目前过高的财务杠杆比率而大大增加，企业只能通过权益融资来解决资金问题，这样就相应降低了企业的融资弹性，也就大大增加了融资难度。因此，一般情况下，具有过高的财务杠杆和财务风险的资本结构，会因适应企业未来资金需求的财务弹性较差而表现出相对较差的质量。

4. 资本结构所决定的控制权结构与治理结构的合理性

资本结构是企业融资的结果，它决定了企业的产权归属，也规定了不同投资主

---

① 企业的财务杠杆一般可以表现为三种关系：负债与资产的对比关系（即资产负债率）、负债与所有者权益的对比关系、非流动负债与所有者权益的对比关系。实际上，上述三种关系所表现的实质内容是一致的，即企业资金来源中负债的相对规模。

体的权益以及所承受的风险，它通常会受到企业控制和经营理念的影响。一般情况下，企业解决巨额资金问题通常有两种途径：要么向银行举债融资，要么由投资者追加投资（上市公司可通过增发股票的方式融资）。在融资决策中，资本成本问题往往并不是考虑的关键，财务风险和控制权问题相比较而言更重要。如果企业过度举债融资，会因财务风险超过承受极限而面临“灭顶之灾”；但如果企业过度权益融资，就可能出现企业控制权旁落，由于恶意控股股东（即所谓的“野蛮人”）过度干预企业生产经营而“功败垂成”的情形。

此外，资本结构还决定了投资者对企业的控制程度和干预方式。

投资者对企业控制权的实施有多种方式，不同的融资方式会影响控制权的选择。就股东的控制方式和干预方式来说，它会因股权结构不同而不同。如果股权比较集中，投资者拥有大额股份，他就会进入董事会，通过“用手投票”来控制和干预企业经营；如果股权比较分散，单个股东的股权比例很小，投资者大多通过在资本市场上“用脚投票”来间接实施对企业经营者行为和重大决策的控制及干预。

股权结构是公司治理结构的基础。现代公司治理理论认为，公司治理结构是用来处理不同利益相关者之间的利益关系，以实现经济目标的一整套制度安排。在这种制度安排中，股权结构是基础，它决定了股东大会的权力核心，进而决定了董事会、监事会和经理人员的构成及权力归属，也决定了出资人对管理者监督的有效性。因此，资本结构决定公司治理结构，进而影响企业价值，它的质量会直接关系到企业的生存与发展。

5. 资本结构所决定的利益相关者之间的和谐性

企业的各资源提供者为增加企业价值这一目标而相互合作，构成了利益共同体。各利益相关者为了从企业获得更多的财富，总是在界定产权的过程中朝着有利于自己的方向而努力，这一过程伴随着资源提供者向企业供给资源的增加或减少，伴随着资源提供者对企业控制权的此消彼长。

资本结构从某种程度上揭示了企业可持续发展的保障机制：利益相关者利益的公平与和谐。企业各资源提供者之间利益的公平与和谐有助于企业各资源提供者之间的产权与控制权博弈朝均衡的方向发展，有助于企业资本结构的不断优化，而资本结构的不断优化是企业可持续发展的决定性因素与保障机制。

不和谐的资本结构与公司治理结构经常会引发以下问题：主要股东变动频繁、股东间冲突不断、股东与管理层矛盾重重、公司董事会内部不和谐（尤其是独立董事频繁变更）、董事会议案遭股东大会否决、大股东利用关联交易占用或转移公司资金和利润等。

3.7.3　战略视角下的资本分类方式

在传统的分类方式中，资产负债表右边各项目是按照资金提供者的不同进行的分类：负债反映的是债权人提供的资金，即借入资金；所有者权益则反映的是所有者（投资人）提供的资金，即自有资金。负债按照流动性又分为流动负债和非流动负债。这种分类方式便于通过流动比率、速动比率、资产负债率、权益乘数等一系列财务指标，考察企业对资金提供者相应权益的保障程度。如果我们跳开传统的资产负债表中负债和所有者权益的分类方式，对企业的全部资本（或资金）按照其融资渠道做重新分类并展开进一步的分析与考察，就可以透视企业资本引入战略的选择与实施状况。

1. 经营性负债资本

经营性负债资本也称商业信用资本，是指企业在自身的经营活动中通过商业信用所获得的资本。经营性负债资本体现在资产负债表的负债项目中，主要包括应付票据、应付账款、合同负债和预收款项等。[①] 经营性负债不只是在会计核算层面反映了企业与上下游企业或者用户进行结算时利用商业信用所产生的债务情况，更重要的是在战略和竞争力层面反映出企业在商业信用资本的引入方面所做的安排，即企业利用相对于同类企业更强的议价能力[②]，一方面占用上游供应商的资金（通过应付票据和应付账款的规模得以反映），另一方面占用下游经销商或者消费者的资金（通过预收款项的规模得以反映），以获得大量的经营性负债资本。由于经营性负债资本通常具有综合成本低（综合成本往往低于贷款的平均成本）、综合偿还压力低于账面金额（与预收款项对应的偿还金额仅为商品或劳务的账面成本）以及固化上下游关系等特点，一般情况下，企业倾向于通过最大限度地利用与上下游的关系来获得这种资本。这种获得绝不是被动的、自然形成的，而是一种具有战略性的主动谋求。在实务中，经营性负债资本通常成为具有行业竞争地位和优势的企业的一种有效的融资手段。也就是说，企业对商业信用资本的引入，绝不仅仅是企业上下游关系管理的局部问题，还是企业在资本引入战略下主观上对融资渠道所做的一种选择与安排。

2. 金融性负债资本

金融性负债资本是指企业从金融机构或者资本市场通过债务融资形成的资本，它既可以通过向银行等金融机构举债获得，也可以在资本市场上通过发行债券等方式获得，主要包括长短期借款、交易性金融负债、应付利息、一年内到期的非流动负债、应付债券以及长期应付款等。金融性资本的一个显著特点是偿还本金的压力较大，并需要支付利息。

---

① 实际上，企业的应付职工薪酬和应交税费也属于经营性负债所带来的资本。为聚焦分析，我们忽略对这部分内容的讨论。

② 此处的议价能力是指企业与上下游进行交易结算时，因其具有较高的竞争地位和较强的实力，在商定信用政策和付款条件等方面有更大的话语权。

传统的报表分析往往只关注这些负债的规模、偿还期限和结构，强调这些负债给企业带来的资本成本和风险，而不去考虑金融性负债资本本身所蕴含的战略含义。影响企业是否选择引入金融性负债资本的因素很多。从财务管理视角来看，通常包括企业的融资环境、融资成本、盈利能力、现有财务风险、融资潜力等。相对于股权融资来说，从金融机构或者资本市场引入金融性负债资本，既可以解决企业发展和扩张过程中的资金问题，又可以保证企业的控制权不会被稀释，这种资本尤其受到有家族控制偏好的家族企业的青睐。因此，企业选择引入金融性负债资本，不仅仅是出于资本成本和风险的考虑，更有可能是出于控制权方面的考虑，它实质上是一个企业战略层面的问题。

此外，出于整个集团（不是母公司自身）的融资效率与效益的考虑，在很多企业集团中，往往会由母公司统一进行借款或发行债券，然后再通过各种渠道将筹得的资金“输送”给下面的子公司。这样做尽管会增加母公司利润表中的财务费用金额，但会降低集团的整体融资成本、提高集团的整体融资效率，因此这种资金集权管理模式成为很多企业集团财务战略的首选。

3. 股东投入资本

资产负债表中反映股东入资的项目包括股本（实收资本）和资本公积①，这是企业发展的原动力。股东对企业的入资具有极强的战略色彩。

（1）股权结构、股东范围、资本规模与企业战略。不同的股权结构设计、股东范围的选择以及资本规模的安排均是企业战略的直接反映。尽管随着企业经营环境、竞争地位、融资环境以及宏观政策等因素的变化，企业战略会相应地动态调整，但企业股东的入资情况仍然可以在一定程度上反映出企业的战略意图。反过来，股权结构、股东范围、资本规模又会在很大程度上决定或者制约企业战略。一方面，股权结构的分散程度、股东范围的广泛程度直接影响企业控制权，而企业的控制权又主导或决定着企业的战略选择；另一方面，股东入资所形成的资本规模与企业拥有的资源规模和融资能力密切相关，它也会直接制约企业的战略选择与实施。

（2）股权结构、公司治理、核心管理团队与企业战略。一般来说，公司治理要处理的是股东大会（或股东会）、董事会与企业经理层之间的关系，并确保公司在满足各利益相关者的权益要求的基础上实现持续、健康的发展，而董事会是公司监督与控制体系的顶点。以股权结构为基础，股东行使投票权，产生了公司董事会。董事会是公司战略目标的决定机构，并决定公司核心管理团队的人选，核心管理团队负责实施董事会做出的公司决策。影响股权结构因素的股东利益决定了公司资本的来源渠道，体现的是公司的资本引入战略。而资本引入战略反过来又会影响公司

① 这里仅讨论资本公积中所包含的股东入资引起的部分，其他因素引起的资本公积的变化暂不涉及。

董事会的治理效率。

4. 企业留存资本

企业留存资本是指企业实现的净利润中，股东没有分配而留存在企业的权益部分，在规模上相当于我们通常所指的留存收益部分。这部分企业留存资本在资产负债表上主要表现为“盈余公积”和“未分配利润”，也是企业自身累积的利润。企业留存资本可以视为原股东在企业经营期间对企业所追加的投资，它是企业最稳定的内部融资来源，既不会令企业增大偿还压力，也不会使股东的控制权受到影响。企业留存资本的规模大小，既取决于企业的盈利能力，也取决于企业的股利（或利润）分配政策。

企业留存资本对企业的战略含义在于，在一定的盈利规模下，企业可以通过制定不同的股利分配政策（如现金股利、股票股利或者二者的组合等），来改变企业的融资结构（如资产负债率），并对企业的战略特别是融资战略形成支撑。在企业负债率高、投资支出压力较大、现金资本相对紧张的条件下，企业可以通过选择股票股利或者股票股利与现金股利相结合的分配方式，尽力降低现金股利支出的规模，使企业的股东权益在进行利润分配后仍然维持较高的规模，从而对降低企业的现金流出量、提高企业的债务融资能力起到一定的战略支撑作用；反之，在企业负债率较低或资产负债率虽高但金融性负债规模较低、现金流量充裕、投资现金支出压力不大的条件下，企业可以选择激进的股利分配政策，提高现金股利的分配规模。

上述对资本的重新分类以及进一步的分析表明，当我们将企业的融资结构与企业战略联系起来时，企业负债和股东权益的组合状况就有了更深远的战略含义——企业试图利用什么资本来实现企业的发展目标。显然，处于不同发展阶段、不同竞争地位的企业，出于不同的考虑，可以选择不同的资本引入战略来支撑其未来发展。

需要说明的是，从战略角度对企业的资产负债表进行分析，我们关注的是整体性和框架性的战略信息挖掘。我们不可能也没必要将每个项目均与企业战略联系起来。我们现在的分析忽略了与企业战略分析关联度较低的项目，如负债中的应付职工薪酬、应交税费等。

3.7.4 不同资本引入战略所带来的财务效应

我们可以按照企业经营性负债资本、金融性负债资本、股东投入资本以及企业留存资本等四类资本在负债和股东权益总规模中的比重大小，将企业按照不同的资本引入战略分为几种类型：以经营性负债资本为主的经营驱动型、以金融性负债资本为主的举债融资驱动型、以股东入资为主的股东驱动型、以留存资本为主的利润驱动型以及各类资本并驾齐驱的并重驱动型。

当然，在很多情况下，企业会灵活运用各类资本为自身发展提供充足的资本动力。不同的资本引入战略显示了不同类型的企业资本驱动模式，会为企业带来不同的财务效应。

1. 以经营性负债资本为主的经营驱动型企业

以经营性负债资本为主的经营驱动型企业，往往处于同行业竞争的主导地位，经营性负债通常在负债中的占比较高。这类企业的战略内涵十分清晰：利用自身独有的竞争优势，最大限度地占用上下游企业的资金，以支撑企业自身的经营与扩张。

经营驱动型企业战略的财务效应是：第一，企业经营与扩张所需资金大量来自没有资金成本的上下游企业，从而最大限度地降低企业的资本成本。第二，由于应付账款完全是利用企业自身的商业信用形成的，没有固定的付款时间要求，而预收款项的负债规模包含了毛利因素，有高预收款项的企业的实际负债规模并没有计算出来的资产负债率高，因此利用这些经营性负债所取得的资金会在一定程度上降低企业的偿债压力。第三，在一定程度上固化了企业与上下游企业的业务与财务联系，使它们成为整体上的经济联盟体。

当然，也存在一种例外情况，即当企业的经营活动缺乏市场竞争力、资金周转不灵、难以为继时，在资产负债表上也会表现为经营性负债长期居高不下。此种财务状况的形成，不能认为是企业的资本引入战略成功实施的结果，而是经营出现严重困难所导致的。

2. 以金融性负债资本为主的举债融资驱动型企业

以金融性负债资本为主的举债融资驱动型企业，往往是一些得到国家政策扶持的行业中的企业以及大型央企，其金融性负债在负债总规模中的占比通常较高。这类企业要么处于快速扩张阶段，股东入资和经营性负债难以满足其巨额的资金需求；要么得到政府的扶持，获得大量的政策性贷款。电力、能源、交通等行业的企业通常都会表现出高（有息）负债率的特点。其战略内涵十分清晰：在一定的融资环境下，最大限度地利用企业的融资环境和融资能力，获得充足的资金来支持企业发展，尽可能使企业顺利维持下去而免于破产清算，或者在较短时间内快速壮大。

举债融资驱动型企业战略的财务效应是：第一，向银行等金融机构举债或者通过资本市场进行债务融资，虽然可以有效解决企业发展过程中的资金问题，但会带来较大的偿付压力和财务风险。第二，这种债务融资均存在一定的资本成本，利息负担会成为企业发展的一把双刃剑，一些盈利前景看好的企业会借此驶入发展的快车道，而一些盈利状况堪忧的企业会由此跌入万丈深渊。第三，为降低融资环境动态不确定性的影响，企业极易出现过度融资。

3. 以股东入资为主的股东驱动型企业

以股东入资为主的股东驱动型企业，往往处于企业发展的初级阶段。比如，大量的创新创业企业和互联网企业在初创期都是靠获得风险投资得以存活，即采用所谓的“烧钱”模式。在这个阶段，企业债务融资活动和经营活动还难以带来企业经营与发展所需的资金，在资产负债表上的表现是：股东权益中的“实收资本（或者股本）”和“资本公积”这两个项目占企业负债与股东权益之和的比重较大。在企业发展一段时期以后，这种状况可能会随着企业自身商业信用和盈利能力的提升而有所改变。

当然，如果企业经营一段时期之后，资本引入战略仍然表现为股东驱动型，可能意味着企业的产品经营不能获得理想利润，企业的债务融资能力较低，或者企业在债务融资方面没有作为。

股东驱动型企业战略的财务效应是：第一，股东投入资本成本在很大程度上由企业的盈利状况决定，这种资本引入战略会极大地缓解企业的经营成本（主要是人工成本和资本成本）压力，这一点对于初创期企业持续经营下去尤为关键。第二，在非现金入资的情况下，股东入资资产估价的公允性会影响企业未来的资产报酬率和权益报酬率，也有可能在一定程度上改变股东间的利益关系。第三，股东入资所带来的资源优势和投资偏好，显著影响企业的经营战略以及企业未来的发展方向。

4. 以留存资本为主的利润驱动型企业

以留存资本为主的利润驱动型企业，其盈余公积和未分配利润之和在企业负债与股东权益之和中的占比通常较高（至少盈余公积和未分配利润之和要大于实收资本与资本公积之和）。出现这种情况通常是由于企业在行业中处于优势地位，盈利能力较强，在长期发展过程中累积了相当规模的留存收益。

从本质上讲，用留存资本来支持企业的发展，等同于股东对企业的再投资。因此，利润驱动型企业的发展战略内涵与股东驱动型企业的发展战略内涵是一致的。

利润驱动型企业战略的财务效应是：第一，在这类企业中留存收益成为企业资本的主要来源，可以大大降低企业融资的外部依赖性，在降低企业的财务风险和经营压力方面所带来的效应是显而易见的。第二，这类企业通常盈利能力很强，在行业中具有较明显的竞争优势，在资本市场上也易受追捧。如果长期坚持这种资本引入战略而不积极增加债务融资和股权融资比例，通常意味着企业的经营战略和融资战略过于保守，没有利用自身优势积极筹措资金以寻求更大、更快的发展，企业反而有可能被列为收购对象（成为“野蛮人”捕获的猎物）。

5. 并重驱动型企业

均衡利用各类资本的并重驱动型企业是那些发展到一定阶段，综合利用各种资本进一步发展的企业。实际上，大多数优质企业均属于此类。在企业发展的不同阶段，不同类型资本的贡献度会有明显的差异，因此，均衡利用各类资本的并重驱动型企业的发展战略内涵也会有所不同。

案例分析

卫光生物的资本引入战略分析

以附录中卫光生物2022年年报中的母公司资产负债表为基础，可以考察公司的资本引入战略。

母公司资产负债表显示：全部负债和所有者权益为25.05亿元，负债合计只有6.51亿元，资产负债率为26.00%，其中金融性负债（包括短期借款、长期借款等项目）为5.29亿元，经营性负债（包括应付票据、应付账款、预收款项、递延收益等项目）约为1.22亿元，约占其中的19%，总体规模不大。因此，从资产负债表右边的基本结构来看，公司属于股东推动型。

经进一步分析我们看到，公司的股本和资本公积两个项目之和约8.01亿元，盈余公积和未分配利润之和约10.52亿元。也就是说，卫光生物发展到今天，支撑其发展的资本结构第一是利润积累，第二是股东入资，第三才是具有较大偿付压力和财务风险的金融性负债，这应该与公司所处的成长阶段有一定的关系。需要强调的是：从行业数据来看，医药行业资产负债率总体在30%—50%之间，因此卫光生物的资产负债率尚处于较低的水平。这说明：第一，公司的股东入资和经营活动产生的现金净流量不能完全可以满足公司的业务发展需要，尚需借助外部债务融资；第二，公司未来通过债务融资所能提供的发展空间应该是比较大的。

本章小结

通过本章的学习，我们了解了企业资产负债表的结构和作用；研究了资产项目的质量特征；学习了流动资产的概念以及流动资产项目质量分析方法；学习了主要非流动资产项目质量分析方法；系统掌握了资产结构质量分析方法与企业资源配置战略的考察；明确了流动负债、非流动负债等各负债项目质量分析方法；介绍了所有者权益的质量分析方法；系统阐述了资本结构质量分析方法；讨论了通过对资本进行另一种分类来考察企业的资本引入战略。

关键术语

资产	营业周期	流动资产
非流动资产	负债	流动负债
非流动负债	所有者权益流动比率	速动比率
资产负债率	利息保障倍数	权益乘数
资产质量	货币资金	应收票据

应收账款	存货	长期股权投资
成本法	权益法	固定资产
无形资产	资产结构	资源配置战略
应付票据	应付账款	短期借款
长期借款	应付债券	资本结构
资本结构质量	经营性负债资本	金融性负债资本
股东投入资本	企业留存资本	资本引入战略

思考题

1. 企业资产负债表有何作用？
2. 与资产负债表有关的常规财务分析比率包括哪些？
3. 资产项目质量特征有哪些？
4. 我国企业货币资金的构成是怎样的？如何对货币资金进行质量分析？
5. 如何对企业的债权进行质量分析？
6. 存货的概念和构成是什么？如何对存货进行质量分析？
7. 如何对企业的长期股权投资进行质量分析？
8. 如何对固定资产的质量进行分析？
9. 如何对无形资产的质量进行分析？
10. 如何从资产结构入手考察企业的资源配置战略？
11. 如何认识资本结构对企业的重要性？
12. 怎样看待企业经营性负债的规模变化和结构变化？
13. 如何对所有者权益各项目进行质量分析？
14. 如何理解所有者权益变动所包含的质量信息？
15. 如何对企业的资本结构进行质量分析？
16. 如何在战略视角下通过对企业资本做另一种分类来考察企业的资本引入战略？

案例讨论与分析

请以普洛药业母公司资产负债表为基础，分析在母公司的负债和股东权益的结构中，经营性负债、金融性负债、股东投入资本和企业留存资本等几个要素对公司的贡献力，并做出评价。

第 4 章

利润表分析

素养提升

本章内容帮助学生充分认识基于财务比率的传统企业盈利能力评价方法的局限性，深刻体会从质量维度进行企业盈利能力分析的必要性和重要意义，认真思考利润质量分析的战略含义。认真学习利润质量的分析方法，有助于学生牢固树立企业的质量发展观和持续发展观，培养批判性思维和系统思维能力，提升战略层面的专业视野，强化职业道德意识和法律意识。

1. 价值塑造

树立正确的辩证发展观：强化在学习传统的基于财务比率的企业盈利能力分析方法的同时，思考其不适用性和局限性，帮助学生认识到只有通过改进原有的财务指标，并大胆尝试新的分析维度和分析方法，才能使报表分析理论体系不断得到发展与完善。

树立正确的质量发展观：强化从质量维度进行企业盈利能力分析的必要性和重要意义，充分意识到扭亏为盈绝不能仅仅强调利润金额的“转负为正”，更应强调利润质量的“起死回生”，获取高质量的利润是企业发展壮大的根本保障。

树立科学的持续发展观：强化企业在追求盈利的过程中，要充分注重当下与未来的平衡、速度与高度的协调、数量与质量的统一，这是企业实现可持续发展的关键所在。

树立高尚的核心价值观：强化企业在追求盈利的过程中，充分认识企业各方利益相关者和谐共生的重要意义，竭力为顾客创造价值，与利益相关者分享收益，追求整体和长远利益，实现股东、员工、顾客、供应商、政府以及社会多方共赢。

2. 知识传授

在传统的财务报表分析中，企业的盈利能力分析主要是以资产负债表和利润表为基础，结合表内各项目之间的逻辑关系构建一套财务指标体系，通过将这些指标的计算结果与企业以往年份、对标企业以及同行业平均水平进行比较来对企业的盈利能力加以评价。

本书特别强调，上述财务指标是通过衡量利润的相对规模来评价企业的盈利能力，相对于毛利、利润总额以及净利润等绝对指标来说，在一定程度上增加了不同企业之间的可比性，但它们只关注数量维度的盈利能力分析，并没有考虑质量维度的盈利能力因素。在日常管理实践中，有的企业利润表中利润很高，但是企业真正的盈利能力不一定很强，这通常是因为企业在利润质量方面出现了问题。

本章在明确含金量和持续性是评价企业盈利质量的两个重要方面的基础上，尤其注重利润结构与资源配置战略之间的匹配性分析；强化企业营业收入和成本费用在规模和结构变化上的战略含义，帮助学生从中洞悉企业战略的动态调整。同时强调在分析企业期间费用的规模与结构的变化过程中考察企业的生存状况与管理特征；在厘清企业的销售费用和研发费用的规模与结构的变化过程中，探寻提升企业盈利能力的基本途径。

充分理解核心利润是企业产品或服务的市场竞争力的财务体现，核心利润的质量是企业生产经营活动制胜的关键；深刻认识到利润结构是资源配置战略实施后果的集中体现，利润质量恶化是企业最终走向衰亡的导火线。

3. 能力培养

培养学生的批判性思维能力：帮助学生认真思考和探究基于财务比率的传统企业盈利能力评价方法存在的问题和局限性，体会从质量维度进行企业盈利能力分析的必要性和优越性，尝试通过改进传统财务指标和运用质量分析方法来对分析结论加以补充和完善。

培养学生的辩证思维能力：帮助学生充分理解企业在追求盈利的过程中，盈利质量与盈利规模之间存在的矛盾性，学会辩证地看待当下与未来的平衡、速度与高度的协调、数量与质量的统一，深刻认识到“追求有质量的适度增长”是企业实现可持续发展的关键所在。

培养学生的系统思维能力：帮助学生深刻理解利润结构是企业资源配置战略实施后果的综合体现，试图从“配置资源（资产）—获取利润—创造现金流”的这一路径，寻求提升企业盈利能力的有效方法，解读财务数字背后的战略和管理含义，在企业系统运营中思考财务报表分析的具体问题。

培养学生持之以恒的职业精神和专注力：帮助学生充分认识核心利润是企业产品或服务市场竞争力的财务体现，核心利润的质量是企业经营活动制胜的关键，专注主业、长期坚守是企业实现可持续发展的法宝。基于利润结构的资源配置战略实施后果的考察，可以帮助学生从财务的视角领悟“不忘初心，牢记使命”的深刻内涵。

培养学生的职业道德意识和社会责任意识：通过讲解企业财务业绩造假的空间和手段，帮助学生深刻认识财务造假的社会危害，牢固树立高尚的职业道德意识。同时，强化在企业追求盈利的过程中，企业各方利益相关者和谐共生的重要意义，从而使企业竭力为顾客创造价值，与利益相关者分享收益，自觉自愿地履行社会责任。

学习目标

1. 掌握利润表的基本内容和具体结构；
2. 理解利润表的作用；
3. 掌握与利润表项目有关的常规财务分析比率；
4. 掌握利润表项目质量分析方法；
5. 重点掌握利润质量分析方法；
6. 了解企业利润质量恶化的外在表现。

引例

上市公司靠卖两套学区房保壳　买房12年赚16倍

一家*ST上市公司在连续出现亏损，公司股票已被实行退市风险警示后，第二年的上半年，受宏观经济环境和外部市场因素影响，公司尽管做出了最大努力，可还是仅完成了不到50%的年度预算；实现归属于母公司所有者的净利润更是一个大大的负数。显然，如果没有重组计划或资产出售这类“救命稻草”出现，单靠主业是很难扭转亏损局面的，退市的结局似乎在所难免。然而让人出乎意料的是，这家公司竟然最终靠着出售两套学区房（原来用作职工宿舍，购入成本200多万元，售价2 000多万元）而将上半年的亏损“顺利”抹平，甚至出现了扭亏为盈的喜人景象。接下来的故事便可想而知了：该公司顺利地摘掉了*ST的“帽子”并保壳成功。

这个案例中，这家*ST公司出于“保壳”目的，在主业无望摆脱亏损境地的情况下，靠出售两套学区房实现扭亏为盈。这不得不令我们思考，问题到底出在了哪里？是我们核算利润的原则、方法出了问题，还是我们衡量企业盈利能力的标准出了问题？“扭亏为盈”是只单纯强调利润金额上的“转负为正”（仅涉及数量维度），还是同时也要强调盈利能力的真正的“起死回生”（数量维度和质量维度的综合考量）？

在日常管理实践中，我们经常会看到，企业利润表显示有很高的利润，但是企业真正的盈利能力不一定很强，甚至可能突然间出现经营危机。那么，到底应该如何评价一个企业的盈利能力呢？又如何看待企业利润的质量呢？

学完本章，相信这些问题会得到解决。

4.1 利润表概述

4.1 即测即评

利润表又称损益表，是总括地反映企业在一定期间内经营成果的会计报表。与资产负债表不同，利润表是一种动态的时期报表，主要揭示企业一定时期（月、季、年）的收入实现情况、费用耗费情况以及由此计算出来的企业利润（或亏损）情况。利润表的列报可以反映企业经营业绩的主要来源和构成，既有助于使用者了解企业的利润规模，也有助于使用者把握利润的质量，进而更加科学地判断企业的盈利能力，做出更多正确的决策。

4.1.1 利润表三大要素的概念及特征

1. 收入

收入（revenue）是指企业在日常活动中形成的、会导致所有者权益增加的、与所有者投入资本无关的经济利益的总流入。企业应当在履行了合同中的履约义务，即在客户取得相关商品控制权时确认收入。取得相关商品的控制权，是指能够主导该商品的使用并从中获得几乎全部经济利益。这里所指的日常活动是企业为完成其经营目标所从事的经常性活动以及与之相关的其他活动。企业代第三方收取的款项应当作为负债处理，不应当确认为收入。另外，投资收益和营业外收入并不是企业在日常活动中形成的经济利益，因此也不应当作为收入处理。收入具有如下基本特征：

（1）收入在企业的日常活动中形成，而不是在偶发的交易或事项中产生的，如工商企业销售商品、提供劳务的收入等。在判定一个企业的日常活动应该包含哪些内容时，通常以该企业的经营范围为基础。明确界定日常活动是为了将收入与利得（gain）相区分，因为企业非日常活动所形成的经济利益的流入不能确认为收入，而应当计入利得。

（2）收入既可能表现为企业货币性资产或非货币性资产的增加，如增加银行存款、应收账款等，也可能表现为企业负债的减少（如以商品或劳务抵偿债务，但不包括债务重组），或者二者兼而有之。

（3）收入能导致企业所有者权益的增加。企业收入扣除相关成本费用后的净额，既可能增加所有者权益，也可能减少所有者权益。由于通过发行股票之类的方式所引起的所有者权益的增加并不属于收入，因此，将收入定义为一种与日常活动相关的能导致企业所有者权益增加的经济利益的流入。

（4）收入只包括本企业经济利益的流入，不包括为第三方或客户代收的款项，如增值税、代收利息等。代收的款项不属于本企业的经济利益流入，不能作为本企业的收入，而应作为"其他应付款"等负债项目处理。

2. 费用

费用（expenses）是指企业在日常活动中发生的、会导致所有者权益减少的、与向所有者分配利润无关的经济利益的总流出，主要包括营业成本、税金及附加、管理费用、财务费用、销售费用以及所得税费用等。由于费用是为了取得收入而发生的，因此费用的确认范围与确认时间应当遵循配比原则，与相应收入的确认范围与确认时间相联系。另外，投资损失和营业外支出并不是企业在日常活动中形成的经济利益，因此不应当作为费用处理。

在学习费用的概念时，应着重强调费用与资产的区别与联系。一般情况下，企业为取得一项资产或者完成一项工作总要发生一定数量的支出，如为生产产品所发生的料、工、费等各种耗费，在所生产的产品出售之前，这些支出作为存货的取得成本反映在资产负债表上（作为存货资产），只有在产品已经销售（即带来了当期经济利益）之后，才将其转入费用（计入"营业成本"项目）。因此，一项支出是计为资产的成本还是利润表上的费用，取决于其带来的经济利益是不是在当期。那些能够带来未来经济利益流入的支出，一般情况下应计入资产的成本反映在资产负债表上，而只有带来当期经济利益流入的支出，才作为费用反映在利润表上，与当期收入配比的结果是产生当期利润。费用具有如下基本特征：

（1）费用在企业的日常活动中发生，而不是在偶发的交易或事项中发生，如营业成本、税金及附加、管理费用、财务费用、研发费用、销售费用以及所得税费用等。在判定一个企业的费用应该包含哪些内容时，通常以该企业收入的确认为基础，保证费用与收入无论是在确认范围上还是在确认时间上都相互配比。

（2）费用既可能表现为企业货币性资产或非货币性资产的减少，如减少银行存款、存货等，也可能表现为企业负债的增加（如当期发生但尚未支付的各种费用），或者二者兼而有之。

（3）费用能导致企业所有者权益的减少。向所有者分配利润而引起的企业所有者权益的减少并不属于费用，因此，将费用定义为一种与日常活动相关的经济利益的流出。

(4) 费用只包括本企业经济利益的流出，不包括为第三方或客户垫付的款项，如代付运费、保险费等。代付的款项不属于本企业的经济利益流出，不能作为本企业的费用，而应作为“其他应收款”等资产项目处理。

3. 利润

利润（profit/income）是指企业在一定会计期间的经营成果。利润包括收入减去费用后的净额、投资收益以及直接计入当期利润的利得和损失等。其中，收入减去费用后的净额反映的是企业日常活动的业绩；直接计入当期利润的利得和损失是指应当计入当期损益、最终会引起所有者权益发生增减变动的、与所有者投入资本或者向所有者分配利润无关的利得（如营业外收入）或者损失（如营业外支出），它反映的是非日常活动的业绩。

在利润表上，利润是一个有不同结构和内涵的概念体系。利润按其构成的不同层次可划分为：营业利润、利润总额和净利润。关于不同利润概念的内涵，我们稍后讨论。

利润是衡量企业盈利能力和判断企业质量优劣的一个重要标志，也是评价企业管理层业绩的一项重要指标，更是投资者等财务报告使用者进行决策时的重要参考。利润具有如下基本特征：

(1) 利润既包括企业在日常活动中产生的经营成果，也包括在偶发的交易或事项等非日常活动中产生的经营成果，它是企业当期业绩的全面反映。

(2) 利润既可能表现为企业货币性资产的增加，也可能表现为非货币性资产的增加，如应收账款、应收票据等。因此，企业“有利润不见得有钱”。利润是以权责发生制为基础，将收入和费用相互配比之后所产生的结果。

(3) 利润会导致企业所有者权益的增加，相应地，亏损会导致企业所有者权益的减少。由于通过发行股票之类的方式融资以及向所有者分配利润等所引起的所有者权益的变化并不属于利润，因此，利润是能导致企业所有者权益增加（或减少），但与所有者投入资本和向所有者分配利润无关的经济利益的净流入（或净流出）。

(4) 由于在遵循权责发生制确认收入和费用的过程中，在确认时间和计量金额等问题上不可避免地需要一些人为的估计和判断，因此，利润无论是在实现期间上还是在规模上均带有一定的主观因素和操纵空间，这是会计固有的局限性造成的，与会计准则完善与否无关。

4.1.2 利润表的基本结构

常见的利润表结构主要有单步式和多步式两种。在我国，企业利润表采用的基本上是多步式结构，即通过对当期的收入、费用等项目按照性质加以归类，按照利润形成的主要环节列示一些中间性利润指标，分步计算当期净损益，通过营业利润、利润总额、净利润和综合收益四个层次来分步披露企业的收益，详细地揭示企业收益的形成过程，以便使用者理解企业经营成果的不同来源。企业利润表对于费用列报通常按照功能进行分类，即分为从事经营业务发生的营业成本、管理费用、销售费用和财务费用等，有助于使用者了解费用发生的活动区域。

利润表一般由表头、表身和补充资料三部分构成。利润表的表头主要填制编制单位、报表日期、货币计量单位等。由于利润表说明的是某一时期的经营成果，因而利润表的表头必须注明“某年某月”或“某会计年度”。表身是利润表的主体部分，主要反映收入、费用和利润各项目的具体内容及其相互关系。为了使报表使用者通过比较不同期间利润的实现情况，判断企业经营成果的未来发展趋势，企业需要提供比较利润表，就各项目再分为“本期金额”和“上期金额”两栏分别填列。补充资料列示或反映一些在主体部分未能提供的重要信息或未能充分说明的信息，这部分资料通常在报表附注中列示。我国现行会计准则规定的企业利润表结构，请参阅本书的附录。

利润表中各项目之间的联系可简单地通过下列计算公式给出：

营业利润＝营业收入－营业成本－税金及附加－销售费用－管理费用
　　　　－研发费用－财务费用－资产减值损失－信用减值损失
　　　　＋其他收益＋投资收益＋公允价值变动收益＋资产处置收益

利润总额＝营业利润＋营业外收入－营业外支出

净利润＝利润总额－所得税费用

综合收益总额＝净利润＋其他综合收益的税后净额

我国企业利润表的排列及各项目的含义受企业会计准则的制约。以上市公司为例，利润表的基本结构如表4-1所示。

表4-1　利润表（主体部分）

一、营业收入
减：营业成本
税金及附加
销售费用
管理费用
研发费用
财务费用
其中：利息费用
利息收入
加：其他收益
投资收益
公允价值变动收益

续表

信用减值损失
资产减值损失
资产处置收益
二、营业利润
加：营业外收入
减：营业外支出
三、利润总额
减：所得税费用
四、净利润
五、其他综合收益的税后净额
六、综合收益总额

对于利润表，需要进一步明确以下内容：

（1）当今市场经济环境下企业经营日益多元化，主营业务与其他业务经常动态地交织在一起，很难划分，因此企业的各种经营业务所产生的收入和成本均在营业收入和营业成本中统一列示，而不再对其进行主营业务和其他业务的区分。

（2）利润表"营业收入"中的"营业"概念与"营业利润"中的"营业"概念需要特别说明一下。"营业收入"是指企业在从事销售商品、提供劳务和让渡资产使用权等日常经营业务过程中所形成的经济利益的总流入。而"营业利润"中的"营业"范围更广，既包括对产品或者劳务的经营，也包括资产减值损失等与管理和决策有关的项目对利润的影响，还包括通常不认为是日常经营活动的对外投资活动所产生的投资收益以及公允价值变动收益，以及反映政府补贴的其他收益和资产处置收益等。这样便导致利润表中的"营业利润"与"营业收入"在口径上存在较大的不可比性。

因此，我们有必要进一步分层次认识利润表和企业的经营成果。

1）毛利。这是一个非常重要的概念，它反映企业的初始空间大小，往往与企业所处行业的特点和企业在行业中的竞争优势有关。毛利的计算公式为：

毛利＝营业收入－营业成本

2）核心利润。这是本书作者提出的一个新概念。核心利润用来反映企业自身的经营活动所带来的利润。本书中有关利润表的许多分析内容就是以对核心利润的分析为基础的。核心利润①的计算公式为：

① 需要说明的是，利润表中单独列示"资产减值损失""信用减值损失""公允价值变动收益"等项目，便于信息使用者了解这些因素对企业当期利润的影响，从而对其经营业绩做出更加科学全面的评价。虽然信用减值损失项目和大多数资产减值损失项目都与经营活动相关，但由于这两个项目通常对企业来说是"小项目"，且与一般意义上企业"经营"的内涵并不一致，因此我们通常不将其纳入核心利润范畴。

$$\text{核心利润}=\text{毛利}-\begin{array}{c}\text{税金}\\\text{及附加}\end{array}-\begin{array}{c}\text{期间费用(销售费用、管理费用、}\\\text{研发费用、利息费用)}\end{array}+\begin{array}{c}\text{其他}\\\text{收益}\end{array}$$ ①

3）营业利润。营业利润既包含经营活动所获取的核心利润，也包含对外投资活动所获取的投资收益，还包含利息收入、资产处置收益和难以进行归类的资产减值损失、信用减值损失以及公允价值变动收益。

$$\begin{aligned}\text{营业利润}=&\text{核心利润}+\text{利息收入}-\text{资产减值损失}-\text{信用减值损失}\\&+\text{投资收益}+\text{公允价值变动收益}+\text{资产处置收益}\end{aligned}$$

（3）综合收益总额项目反映净利润和其他综合收益扣除所得税影响后的净额相加的合计金额。其中，其他综合收益是指企业根据会计准则规定未在当期损益中确认的各项利得和损失。现行会计准则在引入公允价值之后，将企业全部已确认但未实现的利得或损失也纳入利润表，从而能够更加全面地反映企业的经营成果。

关于利润表各个项目的内涵，我们在利润表项目质量分析中会做进一步的介绍。

4.1.3 利润表的作用

1. 有助于解释、评价和预测企业的经营成果和盈利能力

经营成果是指一定时期内企业生产经营活动所创造的有效劳动成果的总和，通常在利润表中以净利润和综合收益的形式来反映。它们是绝对值指标，可以反映企业创造财富的绝对规模（通常引起资产增加或者负债减少）。盈利能力则是指企业在一定时期内运用一定经济资源（如人力、物力）获取经营成果的能力，因此它需要通过相对值指标来衡量，如资产报酬率、权益报酬率、成本费用利润率以及人均利润等。然而，这些指标实际上只反映了企业创造财富的相对规模。本书对企业盈利能力的诠释，除了从数量维度强调利润的绝对规模和相对规模之外，还尤其强调利润的质量维度，在分析形成利润的各个项目的质量的基础上，从含金量、持续性以及与企业战略的吻合性等三个方面考察企业整体的利润质量。

分析和比较利润表的相关信息，有助于企业的股东、债权人和管理者解释、评价和预测企业的经营成果和盈利能力，据以针对是否投资或追加投资、投向何处、投资多少等做出决策。

2. 有助于解释、评价和预测企业的偿债能力

偿债能力通常是指企业以资产清偿债务的能力。利润表本身并不直接提供偿债

① 当其他收益规模及占比相对较大时，也可以将其从核心利润中剔除，单独加以考虑，因为构成该项目的主要内容是政府补助，虽然与营业收入相关，但毕竟不能直接体现企业经营活动自身的盈利能力。如果选择这样处理（即不将其包含在核心利润中），分析核心利润获现率时需要将其带来的现金净流量从经营活动产生的现金净流量中加以剔除，以保证口径一致。

能力的信息，企业的偿债能力不仅取决于资产的流动性和资本结构，而且取决于企业的盈利能力。企业在个别年份盈利能力不足，不一定会影响偿债能力，但若一家企业长期丧失盈利能力，资产的流动性必然逐步由好转坏，资本结构也将由优变劣，企业最终有可能陷入资不抵债的困境。因此对于连年亏损的企业来说，其偿债能力通常会受到较大的影响。

分析和比较利润表的相关信息，有助于企业的债权人和管理者间接地解释、评价和预测企业的偿债能力，尤其是长期偿债能力，并揭示偿债能力的变化趋势，更客观地做出各种信贷决策，如维持、扩大或收缩现有信贷规模，应提出何种信贷条件等；管理者也可据以找出提高偿债能力的有效途径，进一步改善企业的财务形象。

3. 有助于评价企业经营战略的实施效果

企业经营首先面临的是一系列战略选择，不同的战略选择与盈利模式选择会形成不同的利润结构，因而企业的利润结构体现了公司的战略实施效果。利润的各组成要素之间的比例关系或在利润总额中所占的比重构成了利润的结构特征。

不同的利润项目对公司的获利能力有着极不相同的意义。高质量的利润结构，意味着公司所依赖的业务与公司的战略高度一致，公司保持较稳定的行业竞争地位和核心竞争力，拥有较扎实的资产支持、较强的现金获取能力以及较光明的市场发展前景，这些都将为公司未来发展奠定良好的基础。

分析和比较利润表的相关信息，有助于企业的股东和债权人了解和评价企业经营战略的实施效果，据以预测企业未来的发展方向和发展趋势；管理层可以发现企业经营战略实施过程中存在的问题，更加及时地采取措施以保证经营目标的顺利实现。

4. 有助于评价和考核经营者的经营业绩

利润表中的各个项目体现了企业在生产、经营和理财等各方面的管理效率与效益，是对企业经营业绩的直接揭示，是经营者受托责任履行情况的真实反映。通过比较前后期利润表上各项收入、费用、成本及收益的增减变动情况，分析其增减变动的原因，还可以将相关的资产项目与所带来的经营规模（营业收入或营业成本）进行比较，便可以较为客观地评价各职能部门、各生产经营单位的运营效率，以及这些部门和人员的运营效率与整个企业经营成果的关系，以便评判各部门管理人员的功过得失，及时做出采购、生产、销售、筹资和人事等方面的调整，使各项活动趋于合理。因此，分析和比较利润表的相关信息，有助于企业所有者考核经营者的经营业绩，评价经营者的受托责任履行情况。

5. 有助于企业做出更科学的经营决策

通过比较和分析利润表中各种构成要素，可掌握各项收入、成本费用与利润之间的升降趋势，还可以通过将相关的资产项目与所带来的经营规模（营业收入或营业成本）进行比较，从而评价各方面管理工作的运行效率，发现各方面管理工作中存在的问题，查找原因，改善经营管理，努力组织收入、控制成本费用开支，提高资金的使用效率和效益。此外，还可以通过收支结构和业务结构分析，评价各分部业绩成长对企业总体效益的贡献程度；通过对利润的形成过程进行分析，找出形成利润的主要来源。这些信息均可以为企业的经营决策提供非常有价值的依据。

然而，利润表的上述重要作用能否得到正常发挥，与利润表中各项目的信息质量直接相关。由于会计程序和方法的可选择性，收入和成本费用各项目在确认、计量过程中不可能不受到人为主观因素的影响，企业可能会选用对其有利的程序和方法，从而导致经营成果的虚增或虚假，例如，在折旧费用、坏账损失和已售商品成本等方面存在多种会计核算方法的选择问题，这在一定程度上会影响会计信息的可比性和可靠性。

4.2　利润表有关的比率分析

4.2.1　偿债能力分析

4.2 即测即评

利润表本身并不直接提供偿债能力的信息，然而企业的偿债能力不仅取决于资产的流动性和资本结构，从长期来看，还取决于企业的盈利能力。企业在个别年份盈利能力不足，不一定会影响偿债能力，但若一家企业长期丧失盈利能力，资产的流动性必然逐步由好转坏，资本结构也将逐渐由优变劣，企业最终有可能陷入资不抵债的困境。对于连年亏损的企业来说，其偿债能力通常会受到较大的影响。因此，考察企业的偿债能力，还可以进一步结合利润表中的相关项目，从评价企业每年支付利息和固定支出的能力的角度进行分析。这是由长期负债的特点所决定的，长期负债除了需要到期偿还本金，每年还要支付利息，如果企业出现不能及时偿还利息的情况，就会影响企业的信誉和举债能力。与利润表有关的偿债能力评价指标通常包括：

1. 利息保障倍数

利息保障倍数（interest coverage）又称已获利息倍数，是企业生产经营所获得的息税前利润与利息费用之比。它是衡量企业长期偿债能力的指标，企业举债经营，至少要有赚取利息的能力。利息保障倍数越大，说明相对于所需支付的利息水平来说企业的利润赚取规模越大，企业支付利息费用的能力就越强。因此，通过分析利息保障倍数指标，可以在一定程度上衡量企业债务资本的安全程度。计算公式为：

$$利息保障倍数=\frac{息税前利润}{利息费用}$$

式中，息税前利润是指扣除利息和税务支出之前的利润，可以用总利润加利息费用求得，用来说明是否有足够的利润支付到期的利息。这个指标一般要求大于1（等于1时说明企业全年的经营成果都要用于清偿债务利息），通常认为，这个指标越大越好。

值得注意的是，一般情况下之所以认为利息保障倍数这个指标可以反映企业的偿债能力，是因为企业偿还利息的能力越强，就越容易举债成功（即在多数情况下，只要企业按期偿还利息，就会和银行保持良好的债权债务关系）。但实际上，企业偿还利息的能力至少在短时间内主要取决于企业的现金支付能力，而与利息保障倍数无关。因此，我们认为，利息保障倍数的作用仅仅在于从股东的角度评价企业当前的借债政策是否有利，它并不能真正反映企业的偿债能力。

2. 固定支出保障倍数

考虑到企业中除了利息费用之外，还有一些固定的支出，即无论企业是否盈利都会发生的支出，如租赁费用、为了保证到期偿还债务而设立的偿债基金要求每年提取的费用、优先股股利等，我们在结合企业盈利情况进行企业的偿债能力分析时，可以在计算利息保障倍数的基础上，进一步计算固定支出保障倍数（fixed charge covered），更广泛、更综合地考察企业对这些固定支出的偿付能力。计算公式为：

$$固定支出保障倍数=\frac{息税前利润}{固定支出费用}$$

在计算这个比率时需要注意的是，如果是税后支付的固定费用，比如优先股股利，要折算成税前的数值进行计算。

4.2.2 营运能力分析

营运能力（operation capability）是指企业基于外部市场环境的约束，通过内部人力资源和生产资料的配置组合而产生的资产营运效率，主要是通过将各种类型的资产与所带来的经营规模（营业收入或营业成本）进行比较来加以考察。营运能力分析可发现企业在资产营运中存在的问题，为企业提高经济效益指明方向，也是评价管理者经营业绩的重要依据。营运能力分析是盈利能力分析和偿债能力分析的基础与补充。

1. 应收账款周转率

应收账款周转率（accounts receivable turnover）的计算公式为：

$$应收账款周转率=\frac{赊销净额}{平均应收账款}$$

式中，平均应收账款是用年初应收账款和年末应收账款之和除以 2 得到的；赊销净额是通过赊销取得的收入。通常企业通过赊销和现销两种方式进行销售，应收账款是在赊销过程中产生的，所以计算应收账款周转率时应该采用赊销净额。但是通常赊销净额只有内部人员才能够得到，外部报表使用者很难得到这个数据，所以实践中常用营业收入代替赊销净额来计算这个比率。在用营业收入代替赊销净额时，将现销视为回收期为零的应收账款。如果企业销售中赊销比例较小，计算得到的周转率就会相对较大。

实践中常用的数据是平均收账期，它是应收账款周转率的另一种表达方式，比应收账款周转率更容易理解。

$$平均收账期=\frac{平均应收账款}{平均日赊销额}$$

或

$$平均收账期=\frac{365}{应收账款周转率}$$

需要指出的是，利用上述公式进行分析时应注意：第一，该公式假设企业的应收票据一般规模不大（因为应收票据也推动了赊销收入），在应收票据规模较大时，应改用商业债权周转率；第二，应收账款应该用减除坏账准备之前的“原值”金额（因为企业真正周转和回收的不是净值，而是原值）；第三，在实施增值税的条件下，销售额的项目还应该乘以（1＋增值税税率），这是因为债权中包括销项增值税。

2. 商业债权周转率

商业债权周转率（trade credit turnover）的计算公式为：

$$商业债权周转率=\frac{赊销净额}{平均应收账款+平均应收票据}$$

如上所述，如果企业的应收票据占商业债权的比重较大（如格力电器），也就是说，推动营业收入的主要是应收票据而非应收账款（当然，有些像格力电器这样的企业的预收款项金额一贯较高），若仍用应收账款周转率指标来衡量公司应收账款的回收速度就会有失偏颇。因此，我们建议将应收票据和应收账款加在一起，通过计算商业债权周转率来反映公司债权的一般回收状况。但这样计算仍然有问题：应收票据和应收账款毕竟是两个债权回收保障程度不同的项目，这样直接相加等于把两个项目等同起来，并不完全恰当。但在当前财务信息披露模式下，我们还没有找到更好的办法。因此，只有运用报表附注，通过单独分析应收账款项目的账龄、债务人的构成等信息，才能够真正了解公司到期回款的规模和质量（具体分析见应收账款项目质量分析部分）。

3. 存货周转率

存货周转率（inventory turnover）的计算公式为：

$$存货周转率=\frac{营业成本}{平均存货}$$

式中，平均存货可以是年平均存货、季平均存货或者月平均存货；营业成本是对应的年营业成本、季营业成本和月营业成本。最常用的是年营业成本除以年平均存货，年平均存货由年初存货金额加上年末存货金额除以2得到。使用这个指标时做了如下假设：存货在一年当中是匀速使用的，不会发生波动。很显然，这种假设对很多企业是不适用的，因为很多企业的存货存在季节性。比如商业企业，在年末是旺季，此时的存货比其他季节的存货要多，这样计算得到的存货周转率就会比实际的存货周转率要小，从而扭曲了该指标。

实践中常用的另一个数据是存货周转天数。它实际上是存货周转率的另一种表达方式，比存货周转率更直观、更容易理解。

$$存货周转天数=\frac{平均存货}{平均日营业成本}$$

或

$$存货周转天数=\frac{365}{存货周转率}$$

在企业的营运资金管理实践中，我们往往会面临这样的两难选择：为加强应收账款管理，加快应收账款周转率，企业通常会出台各种有关商业信用的政策，限制赊销对象的范围，提升赊销对象的信用档次，以减少坏账发生的频率和规模，但这又会在一定程度上影响到市场对产品的消费需求进而降低存货周转率；而出于单纯追求增加存货周转率的考虑，企业有可能通过放宽信用政策的方式来刺激市场需求，但在增加了销售规模、加速了存货周转的同时也增加了坏账发生的可能性进而降低了应收账款周转率。因此，在营运资金管理过程中，应该充分考虑到应收账款周转率和存货周转率之间存在的这种“此消彼长”关系，在两者之间加以权衡，强调企业资金整体运用效率的提升，追求企业营业周期的缩短。企业营业周期的计算公式为：

$$企业营业周期=平均收账期+存货周转天数$$

4. 经营性资产周转率

考虑到企业获取的营业收入是企业在自身经营活动中通过制定生产、营销、信用等各方面策略对各项经营性资产进行通盘布局和综合运用所带来的结果，单独计算各个资产项目的周转率相对过于片面，因此，通过计算经营性资产周转率（operating assets turnover）来考察企业自身经营活动中的资金整体运用效率就显得更为全面和科学。经营性资产周转率的计算公式为：

$$经营性资产周转率=\frac{营业收入}{平均经营性资产}$$

式中，平均经营性资产是经营性资产期初余额和期末余额之和除以 2 得到的。由于只有经营性资产才能带来营业收入，创造核心利润，因此，通过经营性资产周转率的计算，可以考察企业经营性资产的周转效率，剔除投资性资产的干扰，更加客观、直接地反映企业管理层在经营活动中对资产运营效率的管理能力。

5. 固定资产周转率

对于传统制造业企业而言，固定资产通常体现了企业的生产经营规模和技术装备水平，是企业在生产经营过程中生产产品和带来营业收入的主要手段，因此，可以通过考察固定资产周转率（fixed assets turnover）来从另一个角度揭示出企业资金的利用效率。固定资产周转率的计算公式为：

$$固定资产周转率=\frac{营业收入}{平均固定资产原值}$$

式中，平均固定资产原值是期初固定资产原值和期末固定资产原值之和除以 2 得到的，这个指标可以粗略地计量企业固定资产创造收入的能力，反映企业管理层管理企业固定资产运营的能力。

需要说明的是，有些教材直接用资产负债表中的固定资产账面价值来计算此指标。我们认为，体现企业固定资产规模的不是账面价值也不是净值，而是原值。因此，用原值计算出来的周转率可以恰当地反映企业对固定资产的运用状况。否则就会出现这样的情况：企业相邻两年的营业收入完全一样，但由于第二年企业计提了折旧而导致净值减少，结果用净值计算出来的周转率第二年高于第一年，而如果用原值计算，就会得出两年周转率一样的恰当结果。

6. 总资产周转率

尽管企业的营业收入与投资性资产毫无关系，并不能反映企业全部资金运用所产生的全部效果，在常规的比率分析中，人们还是习惯通过计算总资产周转率（total assets turnover）来揭示企业资金整体的利用效率。当然，在杜邦财务分析体系中，该指标还是有一定的利用价值、能说明一定的问题的，但要注意这是基于

“企业属于经营主导型”的这一假设前提。总资产周转率的计算公式为：

$$总资产周转率=\frac{营业收入}{平均资产总额}$$

式中，平均资产总额是期初总资产和期末总资产之和除以2得到的，这个指标可以粗略地计量企业资产创造收入的能力，反映企业管理层管理企业资产运营的能力。但是资产的组成很复杂，这个指标只是一种粗略的描述，还要考虑企业资产的具体构成情况才能做出合理细致的评价。

如前所述，在企业对外投资规模较大时，平均总资产应该剔除并不引起营业收入增加的各项投资性资产，或直接采用经营性资产周转率取代总资产周转率更为适宜。

4.2.3 盈利能力分析

企业报表的使用者最关心的通常是企业赚取利润的能力，如果有足够的利润就可以偿还债务、支付股利和进行投资等。评价企业盈利能力（profitability ratio）的指标有很多，主要有三类：第一类是经营活动赚取利润的能力；第二类是企业的资产对企业利润的贡献；第三类是企业给股东带来的投资回报。

1. 毛利率

毛利率（gross profit ratio）的计算公式很简单，就是营业收入减去营业成本的差额（即毛利）与营业收入的比值，它体现出产品价格相对于产品成本增值的那个部分有多大，反映出企业的初始获利空间。决定企业毛利率高低的因素有很多：与企业所处的行业有关（是否具有行业壁垒以及行业壁垒有多宽多深），与企业所选择的竞争战略有关（是“高举高打”式的差异化战略还是“薄利多销”式的成本领先战略），也与企业在行业中所处的竞争地位有关，当然竞争地位又是由企业的产品质量、品牌传承、管理水平等一系列因素决定的。毛利率的计算公式为：

$$毛利率=\frac{毛利}{营业收入}\times 100\%$$

这个比率用来计量管理者根据产品成本进行产品定价的能力，也就是企业的产品还有多大的降价空间。但是要注意，由于各个企业所处行业和会计处理方式不同，产品成本的组成有很大的差别，因此在用这个指标比较两个企业时要注意分析具体情况。

2. 核心利润率

核心利润率（core profit to sales ratio）是本书作者创立并提倡使用的一个指标。由于利润表中形成营业利润的其他收益、公允价值变动收益、投资收益以及资产处置收益等与营业收入无直接关系，并不是企业开展经营活动所谋求的经营成果，因此，只有将核心利润与营业收入相比较，而非将营业利润更不是将利润总额或净利润与营业收入相比较，才能更加客观地评价管理层在经营活动中的经营绩效和管理能力。核心利润率的计算公式为：

$$核心利润率=\frac{核心利润}{营业收入}\times100\%$$

核心利润率的高低与企业的毛利率有着直接的关系，在很大程度上取决于企业所处的行业和竞争地位，当然也会在很大程度上受企业对管理费用、销售费用、研发费用和财务费用等各项期间费用控制能力的影响。

3. 总营业费用率

企业获取收益总要付出各种代价，因此可以通过计算总营业费用率（total operating expenses to sales ratio）来从另一个角度衡量企业的盈利能力。总营业费用率的计算公式为：

$$总营业费用率=\frac{总营业费用}{营业收入}\times100\%$$

这里的总营业费用通常不包含财务费用（因为财务费用与企业经营环节无关，是企业理财活动所带来的结果），仅包含销售费用、管理费用和研发费用。用上述各项费用单独与营业收入对比，形成不同的费用率指标，可以分析各项目占总收入的比重及发展趋势。可以将这个比率当期与以前期间的水平进行比较，找出企业成本控制的变化情况，进一步了解企业的经营策略；还可以与企业所在行业的平均值或者相似企业的水平进行比较，了解企业所在行业的情况和企业在该行业的地位，对企业财务状况有全面了解是非常必要的。

4. 销售净利率

由于净利润是企业最终获取的盈利结果，因此，人们往往习惯将净利润与营业收入进行比较，通过计算销售净利率（net profit margin）来衡量企业营业收入最终给企业带来盈利的能力。销售净利率的计算公式为：

$$销售净利率=\frac{净利润}{营业收入}\times100\%$$

这个比率比较低，表明企业经营管理者未能创造出足够多的营业收入或者没有成功地控制成本。该比率可以用来衡量企业总的经营管理水平。但要注意，只有在企业的净利润中自身经营活动带来的核心利润占比较大的条件下，计算此比率才有较大意义。如果在企业的净利润中，投资收益、公允价值变动收益等与企业自己的本期营业收入无关的项目占比过大，此比率将失去意义。

5. 经营性资产报酬率

由于企业自身经营活动仅动用经营性资产，创造的是核心利润，因此可以将核心利润与经营性资产规模进行比较，计算经营性资产报酬率（return on operating assets），直接反映出企业管理层利用经营性资产在自身经营活动中创造价值的能力，采用该指标对企业经营活动的获利能力进行考察最为合理。经营性资产报酬率的计算公式为：

$$\text{经营性资产报酬率}=\frac{\text{核心利润}}{\text{平均经营性资产}}\times 100\%$$

式中，平均经营性资产是经营性资产期初余额和期末余额之和除以2得到的。将企业资产总额分为经营性资产和投资性资产两个部分，并分别计算各自的报酬率，有助于进一步了解经营活动和对外投资活动的相对盈利能力，识别企业的相对盈利区域，便于企业管理层及时发现问题，进行战略调整，优化资产结构，提高企业整体的盈利能力。

6. 总资产报酬率

总资产报酬率（return on total assets）是财务报表分析中最为传统也最为经典的财务指标之一，即人们在分析企业业绩时经常会提到的ROA，它反映企业利用全部资源所创造的全部经济效益。总资产报酬率的计算公式为：

$$\text{总资产报酬率}=\frac{\text{息税前利润}}{\text{平均资产总额}}\times 100\%$$

式中，平均资产总额是用资产期初余额和期末余额之和除以2得到的。在排除利息费用和纳税因素影响的情况下，这个比率反映管理层对所有资产实施管理所产生的效益，即管理层利用企业现有资源创造价值的能力。这个比率是对企业整体盈利能力的衡量，将该比率和借款利率等反映企业资本成本的指标进行比较，有助于企业管理层做出更加科学的融资决策，这也是我们判断企业资本结构质量所考虑的一个重要方面。

7. 权益报酬率

权益报酬率（return on common equity）又称为净资产收益率，是财务报表分析中另一个最为传统也最为经典的财务指标，即投资者评价企业业绩时通常提及的ROE，对于股份制公司来说，它反映企业给普通股股东创造投资回报的能力。股东权益报酬率的计算公式为：

$$\text{权益报酬率}=\frac{\text{可供普通股股东分配的净利润}}{\text{平均普通股股东权益}}\times 100\%$$

这个比率计算时应注意以下问题：首先，分子是息税后净利润减去支付给优先股股东的股利后得到的，考虑了企业资本结构的影响。其次，分母是期初数加上期末数除以 2 得到的，考虑了普通股股东权益的变化。这个数据对普通股股东是非常有意义的，股东可以用这个数据和自己要求的收益率相比较，决定是否继续投资该企业。对管理层来说这个数据也有实际意义，用这个数据和企业的总资产报酬率相比较，如果比资产报酬高很多（如格力电器），则说明企业利用财务杠杆为股东创造了更多价值。该指标也是证券市场监管部门衡量上市公司盈利能力、提出监管要求（如 IPO、再融资等）的常用指标。

最初，美国杜邦公司的财务经理提出了一套分析方法，后被业内称为杜邦分析法，将上述权益报酬率（净资产收益率）指标分解为销售净利率、资产周转率和权益乘数这三个指标的乘积，以进一步诠释影响企业盈利能力的因素。为简化起见，假设企业未曾发行优先股，则该指标的具体分解过程如下（说明：下式中的资产和股东权益均采用期初数加上期末数除以 2 后得到的平均余额）：

$$\begin{aligned}\text{权益报酬率} &= \frac{\text{净利润}}{\text{股东权益}} \times 100\% \\ &= \frac{\text{净利润}}{\text{营业收入}} \times \frac{\text{营业收入}}{\text{资产}} \times \frac{\text{资产}}{\text{股东权益}} \times 100\% \\ &= \text{销售净利率} \times \text{资产周转率} \times \text{权益乘数}\end{aligned}$$

杜邦分析法从权益报酬率（净资产收益率）出发，分析产生这个结果的各方面原因，最终可以推广到企业各方面情况的分析。杜邦分析法另一个重要的作用是帮助制定预算，也就是制定盈利目标，然后确定各方面的指标。比如，原来的净资产收益率是 12%，分解为销售净利率×资产周转率×权益乘数，即 3%×2×2，由于经济形势稳定，产业发展状况良好，企业有一定的财务实力，因此要求下年的净资产收益率上升 2 个百分点，变为 14%。由分解的公式知道，可以从三个方面提高净资产收益率，即提高销售净利率、加快资产周转和提高企业的财务杠杆，还可以进一步对这三个方面进行分析，确定需要提高哪些指标。因此，杜邦分析法的主要用途有两个，一个是分析造成过去财务结果的原因，另一个是分析提高将来财务成果的方法。

此外，通过杜邦分析法还可以透视公司竞争战略的选择与实施情况。采用不同竞争战略的公司在财务上有着不同特征。成功实施差异化战略的公司通过技术专利、品牌形象等构筑了很高的竞争壁垒，一般的竞争者根本无法跨越，从而保证了自身的竞争优势，公司的毛利率、销售净利率等指标比较高且稳定，盈利能力很强。而实施成本领先战略的企业一般都无法建立竞争壁垒，行业进入门槛不高，没有特别核心的技术，对竞争者的要求主要集中在效率上，因此企业主要通过提高资产周转率来增强盈利能力。在一些充分竞争行业，新进入者追赶甚至替代老公司的难度相对较低，因此市场竞争日益激烈，最后往往只能陷入价格战，公司的毛利率、销售净利率等比较低且波动很大，公司甚至可能陷入亏损的境地。

案例分析

北陆药业基于利润表的盈利能力比率分析

以北陆药业2022年年报中的合并利润表信息为基础，用于评价公司盈利能力的财务指标计算如表4-2所示。

表4-2 北陆药业盈利能力指标计算表 金额单位：元

项目	2022年	2021年
营业收入	765 881 882	859 906 451
减：营业成本	341 656 304	324 444 019
毛利（营业收入－营业成本）	424 225 578	535 462 432
毛利率（毛利/营业收入×100%）	55.39%	62.27%
税金及附加	11 447 407	10 308 907
销售费用	210 556 574	284 654 953
销售费用率（销售费用/营业收入×100%）	27.49%	33.10%
管理费用	85 689 757	78 946 930
管理费用率（管理费用/营业收入×100%）	11.19%	9.18%
研发费用	99 008 885	47 227 073
研发费用率（研发费用/营业收入×100%）	12.93%	5.49%
财务费用	41 981 396	27 399 740
其中：利息费用	47 643 633	44 186 518
利息费用率（利息费用/营业收入×100%）	5.77%	5.54%
加：其他收益	13 580 415	15 310 266
核心利润（毛利－税金及附加－销售费用－管理费用－研发费用－利息费用＋其他收益）	－16 540 263	85 448 317
核心利润率（核心利润/营业收入×100%）	－2.16%	9.94%
经营活动产生的现金流量净额（取自现金流量表）	127 812 757	108 726 228
核心利润获现率（经营活动产生的现金流量净额/核心利润）	－7.73	1.27
净利润	－4 621 083	110 293 674
销售净利率（净利润/营业收入）	－0.60%	12.83%

关于公司毛利率的变化，我们在前面已经做了分析。

从几个单项费用比率来看，除了在营业收入下滑的同时毛利率降低，反映了由于上下游双向作用公司当年经营面临一定压力，公司的销售费用率和销售费用额也均出现了较快的下降态势，说明公司降低了营销力度，这也许是公司因第七批国家药品集中采购将碘帕醇注射液纳入范围，打破对比剂行业原有的竞争格局和销售模式，主动调整营销策略的结果；也许是出于市场上竞争加剧降低成本的原因。而管理费用额和管理费用率均有所增长，可能由于公司为全面提升公司生产、研发、市场、销售以及供应链管理和公司运营等实力，引入多位资深、年富力强的医药专业人才加入公司管理团队。与此同时，研发费用额有较快增长，研发费用率有所提高，意味着公司进一步加大了研发投入；利息费用额有所下降，意味着公司在提升资金利用效率、减少金融性负债融资方面有所举措。上述引进高端人才和加大研发投入力度的做法，使得我们对公司未来的发展前景还是较有信心的。

从核心利润指标来看，公司核心利润的绝对规模和核心利润率均大幅下降，甚至出现负值，主要因相当部分产品纳入集采后价格大幅下降所致。与此同时，公司又加大了高端人才引进和研发投入力度，可以把这看成是公司着眼于长远利益、注重加速布局、提升产品内在质量（立足精准检测）的举措，是打造公司核心竞争力的必要代价，因此，我们对公司未来的发展前景还是应该充满信心的。当然也并不排除有出于市场竞争压力（如仿制药一致性评价的冲击）而被动应对的可能。

与盈利性指标整体下滑不一致的地方是，公司经营活动产生的现金流量净额反而有所增加，主要是因“支付其他与经营活动有关的现金”（如付现费用和支付承兑汇票保证金等）相比上年大幅减少导致的，并不能就此认为是公司经营活动造血功能增强了。

8. 上市公司特殊比率

在资本市场中，投资者还经常采用如下指标来评价上市公司的业绩以及投资价值。

（1）每股收益。每股收益（earnings per share)，也称每股盈余或每股盈利，反映企业一定时期平均对外发行的股份所享有的净利润。用公式表示为：

$$每股收益=\frac{可供普通股股东分配的净利润}{发行在外的普通股加权平均数}$$

一般来说，在利润质量较好的情况下，每股收益越高，表明股东的投资效益越好，股东获取较高股利的可能性也就越大。这个指标是普通股股东最关心的指标之一，而且其数值直接影响企业支付普通股股利的多少，如果没有足够的收益就不能支付股利，当然，股利的实际支付还要受企业现金状况的影响。

（2）股票收益率。股票收益率（dividend yield）即股利与市价的比率，是指企业普通股每股股利与每股市价的比率。用公式表示为：

$$股票收益率=\frac{普通股每股股利}{普通股每股市价}$$

由上式分子、分母可以看出，股票价格的波动和股利水平的任何变化均会导致股票收益率的变化。股票收益率粗略地计量了在当年投资当年回收的情况下收益的比率。

（3）市盈率。市盈率（price earnings ratio，PE ratio）也就是市价与每股收益的比率，是普通股每股市价与每股收益的比率。用公式表示为：

$$市盈率=\frac{普通股每股市价}{普通股每股收益}$$

市盈率是反映市场对企业的期望的指标。市盈率越高，市场对企业的未来越看好。但是，这个比率不能用于不同行业间企业的比较，因为市盈率与企业的增长率相关，不同行业的增长率不同，不同行业的企业之间比较这个数据是没有意义的。

市盈率的问题之一是会计利润会受各种公认会计政策的影响，也会受到不同行业发展前景预期的影响，这使得企业间的比较产生困难。

（4）股利支付率。股利支付率（dividend payout ratio）是每股股利与每股收益之比。用公式表示为：

$$股利支付率=\frac{每股股利}{每股收益}$$

股利支付率反映普通股股东在全部获利中实际可获取的股利份额。单纯从股东利益的角度看，此比率越高，股东所获取的回报越多。可以通过该指标分析企业的股利政策，因为股票价格会受股利的影响，企业为了稳定股票价格可能采取不同的股利政策。在资本市场上有时会出现这样的情况：支付现金股利的企业其股票价格不会迅速上涨，配股或者送股的企业其股票价格反而上涨很多。这与国家的税收政策、资本市场当时的行情、股民的心态等各方面因素都有关系。

（5）每股净资产。每股净资产（net assets per share）是企业的净资产与普通股股数之比。用公式表示为：

$$每股净资产=\frac{净资产}{普通股股数}$$

每股净资产在理论上提供了企业普通股每股的最低价格。

（6）股利保障倍数。股利保障倍数（times dividend earned）是利润金额与股利成本之比。这是对安全性的一种计量，显示股利和盈利的关系，并反映盈利超过股利的情况。据此，信息使用者可以分析在什么条件下企业的盈利仍能保障目前股利的分配。

$$\text{股利保障倍数}=\frac{\text{属于普通股的税后净利}}{\text{股利支付金额}}$$

股利保障倍数反映了企业的净利润与股利支付数之比。此比率越大，表明企业留存的利润越多。在资产质量较好、企业有好的投资项目的情况下，如果将利润留作投资资金，更有利于企业将来的发展和企业股东的长远利益，企业未来的发展潜力越大。

上述衡量企业盈利能力的财务指标尽管因克服了利润总额、净利润等这些绝对指标在企业间不可比的缺陷，在财务报表分析中得到了非常广泛的应用，但由于仍然没有摆脱仅用数量维度来衡量盈利能力的束缚，并不能完全展示企业真实的盈利能力。因此，本书作者提出并提倡增加质量维度，通过盈利的含金量、持续性以及与企业战略的吻合性等三个方面来考察企业的盈利质量，这样便可以从数量和质量两个维度更加全面、综合地评价企业的盈利能力。有关盈利含金量方面的指标（如核心利润获现率、收入现金比率等）由于涉及现金流量方面的信息，具体计算公式请参见第 5 章。

4.3 利润表的项目质量分析

本节具体介绍利润表中各收入、费用项目的含义以及项目质量的基本分析思路和内容，这有助于我们更好地理解和把握企业整体的利润质量。

4.3 即测即评

4.3.1 营业收入项目质量分析

前已述及，营业收入是指企业在销售商品、提供劳务及他人使用本企业资产等日常活动中形成的经济利益的总流入。高质量的营业收入应该既表现为有充足的现金回款，又表现出持续的增长态势，以彰显企业在行业中的市场占有率和核心竞争力。营业收入作为企业获取利润的主要来源，其质量会在一定程度上决定企业的利润质量。因此，营业收入项目质量分析是利润质量分析的基础。

一般地，在对企业的营业收入进行分析时，应着重从卖什么、卖给谁和靠什么等方面入手。具体地说，对企业的营业收入项目进行质量分析，应考虑以下几个方面。

1. 卖什么——营业收入的品种构成分析

为分散经营风险，企业大多会选择从事多种产品或劳务的经营活动。在从事多品种经营的情况下，掌握企业营业收入的具体构成情况对信息使用者来说十分重要：占总收入比重大的产品或劳务是企业目前业绩的主要增长点，而企业销售产品或者劳务结构的变化往往会传递出企业市场环境的变化、经营战略的调整、竞争优势的变化等信息。信息使用者可以通过对体现企业主要业绩的产品或劳务的未来发展趋势进行分析，来初步判断企业业绩的持续性。需要指出的是，如果企业对某一类产品或者对某一个类型产品过度依赖，就会对某些外界环境变化因素异常敏感，这会加大企业的经营风险。分析中对这样的企业所处的经营环境应尤为关注。

企业能否持续盈利，主要取决于由战略、管理、技术、市场、服务等因素所形成的企业综合竞争优势，即所谓的"护城河"。分析者可通过关注董事会报告（或者管理层讨论），分析企业是否有意开发具有发展潜力、代表未来发展方向的产品，是否可能对企业营业收入的品种构成做出调整，以便找出决定企业现在和未来竞争优势的关键性产品，同时进一步结合行业发展特征和环境变化，判断企业营业收入的未来发展趋势。

在对企业营业收入的品种构成进行分析的过程中，需要强调的是，除了关注其结构与变化，还要注重考察企业现有业务结构与企业战略之间的吻合性。与企业战略关联度低的业务规模即使较大，也不能认为是符合企业发展战略的高质量的业务。

企业出于分散经营风险或寻求新的利润增长点的考虑，可能采取多元化经营战略。关于多元化经营程度与企业绩效之间的关系并无定论，一种观点认为多元化经营可以使企业基于优势行业的竞争力，以成熟市场上的经营活动为依托，充分发挥企业的资源优势、品牌优势、信息优势、技术优势和市场优势，通过纵向或横向一体化拓展经营范围，使企业在获得高额利润的同时形成优势互补、技术关联和风险分散的经营格局；而另一种观点则认为多元化经营有可能影响企业在资金、技术、人才等方面的聚焦，经营范围由于超出经营能力而降低投资报酬率。在分析中可以借助相关附注资料，通过分别对合并报表和母公司报表中营业收入各组成部分所属领域以及相关性进行考察，来分析整个企业集团和上市公司（即母公司）的多元化经营状况以及多元化经营效果。

案例分析

北陆药业营业收入的产品构成分析

2022年财务报表附注信息显示，北陆药业的产品主要聚焦在对比剂、九味镇心颗粒和降糖药三大支柱产品上。营业收入构成信息如表4-3所示。

表4-3 北陆药业营业收入构成表

主要产品类别	2022年		2021年		同比增减（%）
	金额（元）	占营业收入比重（%）	金额（元）	占营业收入比重（%）	
对比剂	511 756 355.81	66.82	635 689 833.62	73.93%	−19.50

续表

主要产品类别	2022 年		2021 年		同比增减(%)
	金额（元）	占营业收入比重（%）	金额（元）	占营业收入比重（%）	
九味镇心颗粒	124 475 177.86	16.25	141 402 680.09	16.44%	−11.97
降糖药	59 459 758.40	7.76	48 878 243.46	5.68%	21.65
原料药及其他	70 190 590.18	9.17	33 935 693.48	3.95%	106.83

从年度间产品类别的比较数据来看，北陆药业 2022 年的产品集中度仍然较高，虽然营业收入中对比剂有所下降，在另外两个主要产品领域均取得了较大幅度的增长，但可以看出对比剂产品的地位仍较为突出，“主导产品单一化”的特色还是较为明显。这当然意味着聚焦主业、科技创新的发展战略得到持续推进，公司的核心竞争力较为稳固。但在未来，公司可以通过销售政策、资源倾斜等举措，进一步提高九味镇心颗粒及降糖类产品在公司经营规划中的地位，逐渐完成“主导产品下的多元化”战略转型，从而使公司的盈利能力和核心竞争力得到进一步的提升。

2. 卖给谁——营业收入的地区构成分析

从消费者的心理与行为表现来看，不同地区的消费者对不同品牌的产品具有不同的偏好。在企业为不同地区提供产品或劳务的情况下，营业收入在不同地区的构成情况对信息使用者也具有重要价值：占总收入比重大的地区是企业过去业绩的主要增长点，分析不同地区的消费偏好和消费习惯的变化趋势，研究企业产品在不同地区的市场潜力，有助于预测企业业绩的持续性和未来发展趋势。

具体地说，在分析中要具体考虑以下几个方面：第一，要分析地区的经济发展后劲与企业业务发展前景的关系，考虑地区的经济总量、经济结构的调整对企业未来市场的影响；第二，要分析地区的政治经济环境，若特定地区政治经济环境的不确定因素比较多，如行政领导人的更迭、特定地区经济政策的调整等，一般会对企业原有的发展惯性产生较大的影响；第三，要分析国际政治经济环境的变化，如过去几年战争导致某些地区动荡，金融危机导致某些地区的发展停滞，低碳经济对企业所在地区和行业产生影响等。

随着经济全球化的发展，越来越多的企业开始实行国际化战略。国际化经营企业可以利用自身在母国市场的优势进行对外投资，帮助企业拓宽海外市场，以此减少市场竞争，获取更多收益，且能够帮助企业规避国内市场不景气带来的经营风险。在分析中可以借助相关附注资料，通过分别对合并报表和母公司报表中营业收入以及各组成部分的内销和外销比例的考察，可以在一定程度上揭示出整个企业集团和上市公司（即母公司）的国际化经营程度以及多元化经营效果。

案例分析

北陆药业营业收入的区域构成分析

北陆药业2022年财务报表附注中披露的营业收入的市场结构信息如表4-4所示。

表4-4 北陆药业营业收入的区域构成分析表

地区分布	2022年		2021年		同比增减(%)
	金额（元）	占营业收入比重（%）	金额（元）	占营业收入比重（%）	
华北	168 109 770.85	21.95	201 380 486.13	23.42	-16.52
华东	186 982 711.43	24.41	225 175 105.72	26.19	-16.96
华南	57 232 642.73	7.47	36 472 957.68	4.24	56.92
华中	109 569 926.61	14.31	137 496 249.99	15.99	-20.31
西南	84 575 246.18	11.04	101 931 746.29	11.85	-17.03
东北	78 886 002.34	10.30	93 795 209.42	10.91	-15.90
西北	17 902 651.26	2.34	24 006 885.81	2.79	-25.43
境外及其他	62 622 930.85	8.18	39 647 809.61	4.61	57.95

从年度间营业收入的区域结构的比较数据来看，北陆药业的营业收入除华南和境外及其他两个区域实现了适度增长外，其他地区的营业收入均不同程度地呈现出下降的态势，其中较为薄弱的是西北地区，占比本来就不大还发生了相对较大幅度的下降；相比之下，华北、华东、西南和东北四个地区的占比较大，而下降幅度并不算大，这对稳定公司业绩起到了相当大的支撑作用。公司未来产品布局的战略应该是巩固已有业务发展重点地区，同时进一步加大薄弱地区的市场营销力度。

3. 卖给谁——营业收入的客户构成分析

一般情况下，若其他条件相同，企业的销售客户越分散、集中率越低，说明企业产品销售（或劳务提供）的市场化程度越高，行业竞争力越强，营业收入的持续性就会越好。同时，企业的销售客户越分散，销售回款因个别客户的坏账所产生的波动会越小，营业收入的回款质量也就越有保障。因此，通过分析营业收入的客户构成情况，有助于判断企业营业收入的质量和业绩的波动性。

进一步说，客户集中度高，尤其是集中在优质“老”客户的情况下，企业收益和回款的稳定性一般情况下都比较高，且有助于降低销售费用和坏账风险。但同时也应注意到，客户集中度越高，客户的谈判议价能力就越强，其越有能力向供应商提出产品降价、延期付款或大额赊购等诸多要求，企业利润被侵蚀的可能性就越大，坏账风险和盈利风险反而有可能变得更高，即大客户的“敲竹杠”风险反而使企业遭受经营损失，甚至诱发财务危机。因此，在分析时要充分关注客户集中度快速提高或过度依赖大客户所带来的潜在风险。

案例分析

北陆药业营业收入的客户构成分析

北陆药业 2022 年财务报表附注中披露的主要客户（前五位客户）信息如表 4－5 所示。

表 4－5　北陆药业营业收入的客户构成分析表

序号	客户名称	销售额（元）	占年度销售总额比例（%）
1	A 客户	37 399 583.05	4.88
2	B 客户	33 464 707.85	4.37
3	C 客户	30 241 561.92	3.95
4	D 客户	25 211 164.61	3.29
5	E 客户	20 889 488.13	2.73
合计	—	147 206 505.56	19.22

信息显示，北陆药业对前五位大客户的销售收入占比已经达到公司全部收入的将近 20%，这是一个影响重大的客户群，但五大客户之间的分布较为均匀。从前面应收账款质量分析中可以看出，公司大客户的信用均较为良好，坏账发生率较低，因此，维护好与老的大客户的关系，仍然是公司未来营销活动的重要内容。同时，公司也要积极开拓新的客户，谋求更大的利润增长空间。

4. 靠什么——关联方交易对营业收入的贡献程度分析

上市公司关联方交易，是指上市公司及其控股子公司与关联方之间的交易。关联交易可以降低市场交易的成本，提高交易的效率，但也会产生一些与市场经济原则不尽相符的变化。在组织结构复杂、日常交易频繁的集团公司，构成关联方的公司之间，往往存在着利用关联方交易粉饰利润、转移资产等行为，会使一些利益相关者的权益受到侵占。其中，关联方购销、提供或接受劳务、抵押或担保以及租赁等行为是企业操纵利润的常用手段，因此，关联方交易作为上市公司潜在的重大风险领域，一直是监管者关注和利益相关者防范的重点。

在分析中，信息使用者必须关注关联方交易形成的营业收入在交易价格、交易实现时间等方面是否存在非市场化因素，考察企业业绩的真实性和市场化能力。一般来说，在相同的市场环境下，参与竞争的各方最终会实现优胜劣汰，只有靠市场获得持续发展的企业才具有核心竞争力。

5. 靠什么——部门或地区行政手段对营业收入的贡献程度分析

政府干预和市场机制的不完善仍然是我国上市公司基本制度环境中最为典型的特征。虽然我国自20世纪80年代以来进行了一系列的产权改革，但由于改革并不彻底，企业（尤其是央企）的控制权仍然掌握在政府特别是地方政府手中。我国上市公司“一股独大”的股权结构和传统的人事管理制度也使得大股东（特别是作为实际控制人的地方政府）完全有能力控制上市公司。因此，在我国现阶段市场经济的发展过程中，部门或地区行政手段对企业营业收入的影响不容忽视。

诚然，一些新兴产业在发展初期十分需要部门或地区行政手段的支持，而在企业步入稳定发展阶段以后，或者在企业所处的行业已经发展成熟的情况下，部门或地区行政手段的影响应当逐步淡化。然而，我国仍有一部分企业（尤其是央企）的业绩始终需要借力部门或地区的行政手段。这样的企业即便在过去表现出较高的盈利水平，也不一定会一直保持盈利优势，一旦政府的扶持政策改变，其营业收入就会因“前途未卜”而出现较大的波动性。

4.3.2 营业成本项目质量分析

营业成本是指与营业收入相关的已经确定了归属期和归属对象的成本。在不同类型的企业里，营业成本有不同的表现形式。在制造业或工业企业里，营业成本表现为已销产品的生产成本；在商品流通企业里，营业成本表现为已销商品的购进成本；而在服务类企业里，营业成本则表现为所提供劳务的服务成本。

在此，需要解释一下营业总成本和营业成本的区别：营业成本包括产品和服务的直接成本，而营业总成本包括经营活动中产品和服务的直接成本以及发生的其他成本费用。比如，贵州茅台销售白酒时，生产白酒的粮食、工人工资、酒瓶及盒子、水电费、固定资产折旧等直接成本就是营业成本，加上销售过程中的广告费、销售人员工资以及企业管理过程中发生的费用等所有营业开支，就是营业总成本。

工业企业产品销售成本是指已售产品的实际生产成本，它是根据已销产品的数量和单位生产成本计算出来的。已销商品的成本即商品采购成本，是商业企业为销售商品在采购时支付的成本。它又分为国内购进商品成本和国外购进商品成本。国内购进商品成本包括国内购进商品的原始进价即实际支付给供货单位的进货价款、购入环节缴纳的税金和国内购进商品并已出口所收取的退税数额（作为当期出口商品成本的减项）；国外购进商品成本中还要包括关税等一系列相关费用。而服务类企业营业成本的构成项目会因所处行业不同而有所不同，基本上都包括与所提供劳务直接相关的人力、物力等方面的开支。

影响营业成本的因素，既有企业不可控的因素（如受市场因素的影响而产生的价格波动），也有企业可以控制的因素（如在一定的市场价格水平条件下，企业可以通过选择供货渠道、采购批量等来控制成本水平），还有企业通过成本会计系统的会计核算对营业成本的人为处理因素。因此，对营业成本的质量评价应综合考虑多种因素。一般地，在分析中至少应关注以下几个方面：（1）营业成本的计算是否真实？会计核算方法（如存货计价方法、固定资产折旧方法等）的选择是否恰当、稳健？当期有无发生变更？其变更是否对营业成本产生较大影响？（2）营业成本是否存在异常波动？导致其异常波动的因素可能有哪些？哪些是可控因素？哪些是不可控因素？哪些是暂时性因素？哪些是对企业长期发展造成影响的因素？影响程度如何？（3）关联方交易及地方或部门行政手段对企业"低营业成本"所做出的贡献如何？其持续性如何？

需要强调的是，对营业成本与期末存货余额之间相对规模的异常波动应格外关注。以制造业企业为例，在不考虑企业当期在生产、储存和销售过程中可能会发生毁损的情况下，当期的营业成本和期末存货的加总应该等于当期可供出售产品成本的总额（即期初余额加上当期入库的存货总额）。在实务中，企业的营业成本往往是在期末经汇总一并结转，而不是在每次销售产品时立即结转，因此在营业成本和期末存货余额之间往往存在此消彼长的关系。在企业的生产、销售规模趋于稳定的情况下，营业成本与期末存货余额之间的相对规模应该大体保持不变。当营业成本与期末存货余额之间的相对规模出现异常波动，尤其是企业的毛利率也随之发生异常波动时，若这种现象无法用正常的理由进行解释，则可能是企业出于某种动机，通过"低转成本"或者"高转成本"等手段人为操纵利润的一种迹象。

案例分析

北陆药业营业成本结构分析

北陆药业 2022 年财务报表附注中披露的营业成本结构信息如表 4-6 所示。

表 4-6　北陆药业营业成本结构分析表

项目	2022 年		2021 年		同比增减（%）
	金额（元）	占营业成本比重（%）	金额（元）	占营业成本比重（%）	
原材料	263 265 393.35	77.86%	265 255 490.07	82.49%	−0.75%
人工费	25 885 604.51	7.66%	19 007 818.73	5.91%	36.18%
折旧	19 529 419.85	5.78%	13 659 831.12	4.25%	42.97%
能源动力	14 466 271.64	4.28%	9 257 345.52	2.88%	56.27%
其他费用	14 963 169.90	4.42%	14 371 644.80	4.47%	4.12%

营业成本附注信息显示，作为制造业企业，其营业成本的构成包括原材料、人工费、折旧、能源动力等。其中，原材料占运营成本的比重较大，各年基本稳定在80%左右，不过本年度有了一定幅度的下降。本年度公司管理层制定了精细化管理改革方案，并开展了“开源节流降本增效”“提质增效流程再造”等活动。其中，供应链改革是此次精细化管理的重中之重，通过制度流程重塑，规范了数据流，加强了生产、采购、仓储、物流以及销售和商务等部门之间的协同；通过持续推进JIT（just in time）采购模式，精准到货，加速库存周转，有效控制了成本。

此外，企业的营业成本主要受两个因素的影响：一是原材料的市场价格波动；二是企业生产经营的规模效应。

4.3.3 期间费用项目质量分析

期间费用是指不受企业产品产量或销量增减变动影响，不能直接或间接归属于某个特定对象的各种费用。这些费用容易确定发生期间和归属期间，但很难判别其归属对象，因而在发生的当期应从损益中扣除。我国将期间费用分为销售费用、管理费用、研发费用和利息费用。

对各项期间费用的质量分析应强调两个方面的内容：（1）分析期间费用的质量，不能只强调各项期间费用发生的规模，更应强调各项费用发生后所带来的效益。大部分期间费用在规模上都是相对固定的，即不能简单通过压缩规模来控制期间费用。有些期间费用如广告费、研发费、人力资源开发费用等，虽然可以通过企业决策来改变其发生规模，但是规模的压缩往往会直接影响企业的发展前景。所以在期间费用控制方面，不要片面强调节约和压缩，而要强调效益，不要追求费用最小化，而要追求成本效益最大化。（2）分析期间费用的质量，应关注各项费用对人的行为和心理所产生的影响。适当的费用宽松可以调动员工的积极性、创造性和忠诚度，这对企业是有益的。否则，得到控制的仅仅是费用的发生规模，其结果可能是企业效益和效率更大幅度的下降。如果在企业的费用预算管理中考虑心理因素，所带来的增量效用可能会远高于增量费用支出。只要企业在发展，控制期间费用发生的绝对规模就不应该成为期间费用预算管理的首要目标，相应地，成本费用率也不应该成为期间费用质量的唯一考核标准。

1. 销售费用项目质量分析

销售费用是指企业在销售商品和材料、提供劳务的过程中发生的费用。一般包括：应由企业负担的运输费、装卸费、包装费、保险费、销售佣金、差旅费、展览费、广告费、租赁费（不包括融资租赁费用）、销售人员的薪酬以及专设销售机构的经常性费用等。

从销售费用的基本构成来看，有的与企业的业务活动规模有关，如运输费、装卸费、整理费、包装费、保险费、销售佣金、差旅费、展览费、委托代销手续费、检验费等；有的与企业从事销售活动人员的待遇有关，如营销人员的薪酬；有的与企业的未来发展、开拓市场、扩大企业品牌的知名度等有关，如广告费、促销费。从企业管理层对上述各项费用的有效控制来看，尽管管理层可以对诸如广告费、营销人员的薪酬等项目采取控制措施来降低其规模，但是，这种做法要么对企业的长期发展不利，要么会影响有关人员的工作积极性。因此，我们认为，在企业业务发展的情况下，企业的销售费用不应盲目降低。

对销售费用的质量分析包括以下几个方面：(1) 计算销售费用与营业收入和核心利润的比率，通过同行业比较和前后期比较，结合行业竞争状况和企业在销售费用控制方面的举措，考察销售费用支出的有效性；(2) 分析销售费用中诸如广告费、促销费、展览费、销售网点业务费等与企业营销策略有关的项目所占比重的变化情况，关注这些项目对企业长期销售能力改善、企业长期发展可能做出的贡献，考察销售费用的长期效应；(3) 在销售费用存在异常波动的情况下，结合行业竞争态势和竞争格局的变化、企业营销策略的变化以及相关会计政策的变化等因素，判断销售费用波动的合理性，关注是否有人为主观操纵的迹象。

案例分析

北陆药业的销售费用结构分析

北陆药业 2022 年财务报表附注中披露的销售费用结构信息如表 4-7 所示。

表 4-7 北陆药业销售费用结构分析表 单位：元

项目	本期发生额	上期发生额
市场推广费	131 265 999.68	196 711 563.04
职工薪酬	61 791 759.78	67 110 440.68
差旅费	8 579 432.30	11 034 089.78
办公费	6 623 190.74	7 347 478.87
折旧摊销费	715 017.79	595 277.00
限制性股票费用	73 005.34	13 252.88
其他	1 508 168.05	1 842 850.47
合计	210 556 573.68	284 654 952.72

本年销售费用较上年下降了 26%，可能是公司为提升营销效率，整合市场资源，提高公司盈利能力，于 2022 年下半年将销售思路从产品维度转变为渠道维度，全面调整了营销管理架构的结果。销售费用附注信息显示，折旧摊销费和限制性股

票费用项目均有较大幅度增长，但占销售费用的比例并不高；而占比较大的市场推广费、职工薪酬、差旅费、办公费等项目较上年均有了相当程度的下降，这些费用大多与销售员工数量以及营销方式有直接关系，在这些项目上的费用削减可以反映公司销售思路以及销售渠道的转变（如由线下转为线上）已经取得了一定的成效。当然，这也许是公司应对集采政策变化调整营销策略的主动选择，也许是公司业绩不佳出于降低成本的被动举措。当然，这些销售思路以及销售渠道的转变是否真正有效以及有效程度如何，还得最终通过公司营业收入的变化情况来加以判断，不过其效果的呈现可能会有一定的滞后性。

2. 管理费用项目质量分析

管理费用是指企业行政管理部门为管理和组织企业生产经营活动而发生的各项费用支出，包括由企业统一负担的管理人员的薪酬、差旅费、办公费、劳动保险费、职工待业保险费、业务招待费、董事会会费、工会经费、职工教育经费、咨询费、诉讼费、商标注册费、技术转让费、排污费、聘请中介机构费、修理费、房产税、土地使用税、车船税、审计费以及其他管理费用等。

管理费用的项目比较庞杂，对其进行质量分析的难度较大。总体而言，有些项目的支出规模与企业规模有关，对其实施有效控制可以促进企业管理效率提高；而对有些项目（如企业研发费、职工教育经费等）的控制或压缩反而会对企业的长远发展产生不利影响，不宜盲目降低其规模。一般情况下，在企业的规模、组织结构、管理风格和管理手段等方面变化不大的情况下，企业的管理费用规模也不会有太大变化。

与销售费用类似，对管理费用质量也可以从支出的有效性、长期效应以及异常波动的合理性等几个方面来考察。

案例分析

北陆药业的管理费用结构分析

北陆药业2022年财务报表附注中披露的管理费用结构信息如表4-8所示。

表4-8 北陆药业管理费用结构分析 单位：元

项目	本期发生额	上期发生额
职工薪酬	41 312 552.53	35 490 227.04
折旧摊销费	25 417 511.72	23 621 129.24
办公费	5 737 243.68	6 521 661.04
招待费	3 904 164.83	2 440 907.30

续表

项目	本期发生额	上期发生额
中介机构费用	2 182 608.30	4 087 018.24
技术服务费	1 392 211.80	1 115 473.54
交通费	1 301 377.00	1 710 806.85
限制性股票费用	840 657.90	502 927.52
其他	3 601 429.30	3 456 778.75
合计	85 689 757.06	78 946 929.52

管理费用附注信息显示，本年度管理费用较上年增加了 674 万元，而其中职工薪酬占比最大且有了 582 万元的增长，这应该是导致管理费用上涨的主要原因。年内公司引入多位资深、年富力强的医药专业人才加入公司管理团队，以全面提升公司生产、研发、市场、销售、BD 以及供应链管理和公司运营等实力。可见公司重视人才、坚持“以人为本”的发展理念，这为企业的可持续发展提供了坚实的人才支持与保障。

3. 研发费用项目质量分析

研发费用是指企业与研究及开发相关、直接作为费用计入利润表的相关资源消耗，包括研发人员人工费用、研发过程中直接投入的各项费用、与研发有关的固定资产折旧费、无形资产摊销费以及新产品设计费等。

我国将研发费用作为一项单独的费用在利润表上列示，是从上市公司 2018 年年度报告开始的。在此之前，研发费用是与管理费用一起并称为管理费用来列示的。

从当期效益的观点来看，研发费用将直接减少企业当期的核心利润、营业利润、利润总额和净利润。但是，从企业持续发展的战略来看，当企业需要研发来维持技术能力以保持竞争力时，研发费用就有了战略含义。因此，研发费用的规模及其有效性在很大程度上与企业未来的竞争力乃至生存状况有关。在分析中必须强调的是，研发费用所带来的收益通常具有一定的滞后效应，从研发投入到企业最终获得研发投资收益这一过程越长，它对企业绩效的滞后效应就可能会越大。

由于企业所处的竞争环境以及企业自身经营特点的复杂性，一般难以根据研发费用的规模来判断企业的未来竞争力。但是，研发费用的恰当性分析可以结合企业的营业收入规模、企业所处行业的技术进步特征、同行业主要竞争对手的研发投入状况以及企业营业收入和毛利率的持续变化等方面来进行。其中，研发费用（还要考虑资本化的部分，即开发支出当年的增加额）与企业营业收入的比率是最为常见的分析指标，人们往往通过将该指标与同行业企业进行比较来简单判断企业未来发展的潜力。

案例分析

北陆药业的研发费用结构分析

对于医药企业来说，药品质量和药效是企业生存的根本，创新是企业发展的源泉，只有在确保原有主打产品的质量和市场地位的基础上，不断进行大规模的研发投入，企业才有可能得以持续地发展壮大。北陆药业2022年财务报表附注中披露的研发费用结构信息如表4-9所示。

表4-9 北陆药业研发费用结构分析表 单位：元

项目	本期发生额	上期发生额
物料消耗	37 196 425.24	4 865 588.25
职工薪酬	28 747 385.04	21 280 017.96
技术服务费	22 638 277.85	14 537 746.78
折旧费	7 195 930.33	4 512 707.99
办公费	2 381 560.05	1 824 511.14
审评费	419 600.00	63 600.00
限制性股票费用	99 228.92	−9 274.76
其他	330 477.91	152 175.75
合计	99 008 885.34	47 227 073.11

研发费用附注信息显示，从规模来看，公司2022年在研发费用上的投入比2021年有了大幅度提升，增幅超过100%，如果再考虑到其他项目本年度的大幅下降，公司本年度在研发方面的重视程度和投入追加程度就更加明显了，本年度研发投入（研发费用+开发支出的增加额）与营业收入的比率达到了14.09%（上一年是8.96%）。公司报告期内新成立北陆益康医药研发有限公司，作为公司仿制药高端制剂和创新药研发平台，与北陆研究院、企业发展部（BD）构成公司多层次研发体系。三个研发模块明确了各自的定位、策略、重点研发领域和三年的工作规划等。同时，公司以解决临床需求为目标，逐步实现公司产品管线多元化。除了继续深耕对比剂领域外，公司在原有降糖产品的基础上进一步丰富了内分泌领域品种，同时新布局了消化系统、心血管系统，在新领域积极立项未来有一定竞争力的产品，多个项目已进入研发阶段。公司积极布局多项产品，全力打造公司“第二增长曲线”。当然，由于药品研发投入大、研发周期长，审核注册获批历时较长，且存在获批产品市场发生重大变化的风险，因此，大幅提升研发投入是否能带来公司未

来业绩的大幅提升还存在较大的不确定性。

值得注意的是，本年内的职工薪酬总额虽有所增长，但增长幅度并不是特别大，考虑到公司研发人数从上年的 132 人增加到本年的 173 人，人均年薪只从 161 212.25 元增加到 166 169.86 元，新员工的加入可能会在一定程度上影响人均年薪（新员工不能按照整年来计算薪酬），但去除这一影响，人均薪酬仍未见明显上涨。我们认为，处于研发关键地位的人力资源，如果公司能够推出更具吸引力的薪酬体系，定会使公司的新产品研发后劲十足。

4. 利息费用项目质量分析

利息费用指计入特定会计期间的企业资金的筹集和运用中发生的各项利息支出。在利润表上，在 2017 年年度报告以前，利息费用与利息收入一起在“财务费用”项目反映。在 2018 年年度报告后，上市公司被要求除了列示财务费用外，还要将利息费用与利息收入分别列示。

一般情况下，企业贷款利息水平的高低主要取决于三个因素：贷款规模、贷款利息率和贷款期限。

（1）贷款规模。企业贷款规模的降低可以导致计入利润表的财务费用下降，增加企业的当期利润。但是，我们更应关注贷款规模下降的恰当性，即是否与企业经营战略调整相适应，是否与企业未来的资金需求相适应，是否有可能因贷款规模的降低而限制企业的未来发展。

（2）贷款利息率和贷款期限。从企业融资的角度来看，贷款利息率的具体水平主要取决于以下几个因素：一定时期资本市场的供求关系、贷款规模、贷款的担保条件以及贷款企业的信誉等。影响贷款利率的既有企业不可控制的因素，也有企业可以控制的因素，在分析中，应主要关注可控性因素的影响，了解企业贷款利率升降所揭示的融资环境、企业信誉等方面的变化，对企业因贷款利率的宏观下调等不可控因素而出现的财务费用降低不应给予过高的评价。

4.3.4　其他收益项目质量分析

上市公司作为地方政府争取资源、实现 GDP 增长等经济绩效目标的重要平台，其经营状况和融资能力对当地经济发展具有重要影响。为此，各地政府都会给予当地上市公司多种形式的扶持，其中，政府补助就是政府对上市公司进行扶持的一种直接方式（除此之外还有资产注入、税收优惠等）。

政府补助主要是对企业成本费用或损失的补偿，或是对企业某些行为的奖励，正常情况下符合两项判断标准：一是政府补助补偿的成本费用属于营业利润之中的项目，如对成本费用的补贴、超税负返还、研发费用补助等；二是该补助与日常销售等经营行为密切相关，如软件企业享受增值税即征即退的税收优惠，该税收优惠与企业销售商品的日常活动密切相关，则属于与日常活动相关的政府补助。上市公司自2017年年度报告开始，将原属于企业营业外收入的政府补助归入“其他收益”项目并“升格”为营业内，作为营业利润的重要支柱进行披露。而与日常活动无关的政府补助，通常由企业常规经营之外的原因所产生，具备偶发性的特征，如政府因企业受不可抗力的影响发生停工损失而给予补助等，这类补助又称为政府补贴，需要记入“营业外收入”项目。

政府补助作为我国实现产业政策的重要抓手之一，在扶持和发展我国较为薄弱且具有战略意义的行业上发挥了重要作用，而政府补助是否真能持续带动行业的发展呢？从光伏和新能源汽车这两大行业的发展经验来看，这一问题的答案并不乐观。事实上，政府补助是一把“双刃剑”：一方面，政府补助直接增大了企业的现金流，提高了企业的偿债能力，同时政府补助从某种意义上来说又显示出了积极信号（比如获得政府补助越多表明公司所投资的项目越具有竞争力或者与政府关系越好、得到的政府支持越多），良好的政企关系往往还能够获得更多的资本投资，因此如果企业对政府补助资金运用得当，确实可以“立竿见影”地提高企业的盈利能力；但另一方面，如果政府补助未能随着行业壮大而适时调整，则可能会带来产能盲目扩张、技术进步缓慢的恶果，导致企业对政府补助收入形成过度依赖而不愿意再走自主创新的发展之路，这样反而会最终降低企业的盈利能力。通过持续关注该项目的规模变化情况，可以进一步考察政府补助与企业盈利能力之间的关系。

总结起来，对其他收益项目的质量分析，应注意以下要点：

（1）企业业务与政府政策的关联度。显然，能够获得政府补助的企业，一般来说从事的是政府支持的业务，这意味着企业的业务和发展方向是受到政府鼓励、支持或者扶植的。这种政策环境有利于企业在特定时期快速发展。

（2）企业对政策的研究能力。企业能够获得政府补贴，部分是因为企业处于政府支持的产业或者从事政府支持的业务。但企业还要对支付的补贴政策进行动态、及时的研究。能够持续不断获得政府补贴的，一般是在政府补贴政策方面研究能力较强的企业。

（3）企业主营业务的市场竞争力。政府之所以向企业发放补贴，一般是希望通过补贴来支持、鼓励或者扶持企业的发展。因此，正常的补贴逻辑应该是享受补贴的企业主营业务的市场竞争力由于各种原因表现得较弱，或者企业遇到暂时的经营性困难。这意味着，享受补贴的企业往往是当期市场竞争力较弱的企业。

当然，既然是政策，一般不会是一家企业独自享受。因此有可能出现这样的情形：竞争力强的企业由于也符合补贴政策，也享受了相关的补贴。

（4）政府政策的阶段性。需要注意的是，由于政府对经济政策的动态调整以及企业发展的动态变化，支付的补贴政策经常变化。因此，完全靠政府持续的补贴生存的企业不会有持续的竞争力。

案例分析

北陆药业的其他收益结构分析

北陆药业 2022 年财务报表附注中披露的其他收益结构信息如表 4-10 所示。

表 4-10 北陆药业其他收益结构分析表 单位：元

产生其他收益的来源	本期发生额	上期发生额
区域综合贡献奖	6 969 000.00	9 911 000.00
递延收益转入	3 811 171.25	3 866 190.00
企业融资奖励补助	1 000 000.00	
扩大生产支持补助	778 000.00	
第一批就业见习补贴	200 442.28	
减免增值税	175 791.38	1 206 524.32
北京节能环保中心企业补贴	150 000.00	
个税手续费返还	149 614.58	208 437.49
优秀科技创新团队补助	100 000.00	
其他小额政府补助	246 395.27	118 114.36
合计	13 580 414.76	15 310 266.17

其他收益附注信息显示，公司 2022 年继续积极争取获得政府补助。虽然项目增加了，但总规模有所降低：区域综合贡献奖仍然占比最大，达到 697 万元，尽管比上一年的 991 万元降低了 294 万元，但依旧彰显了公司产品在区域内的影响力和竞争地位。政府补助项目的增加，一方面说明该公司在更多的方面符合了政府的支持方向和支持要求，另一方面则体现了政府在振兴地方经济、支持地方产业调整和发展方面有了更多的思路和举措。

其他收益正常情况下应成为核心利润的一个组成部分，按照项目的核算内容要求，这种政府补助与日常销售等经营行为密切相关，具有相当的持续性，因此，只要公司的市场地位和政府相关奖励政策不变，该项目将会大概率延续下去，对公司未来业绩可以产生一定的支撑作用。

4.3.5 投资收益项目质量分析

投资收益是指企业对外投资所取得的收益（或发生的损失）。一般而言，投资收益是由企业拥有或控制的投资性资产所带来的收益，主要包括三个部分：(1) 投资性资产的持有收益，即在其持有期间从被投资企业获取的一定形式的利润；

（2）投资性资产的处置收益，即在处置投资性资产时，售价与初始取得成本之间的差额；（3）投资性资产的类别转换收益，即因持股比例的变化而导致投资性资产的类别转换（如持股比例由15%上升至25%时，相应投资性资产要由“其他权益工具投资”调整入“长期股权投资”），因各自核算方法不同而产生的投资收益。

无论企业持有哪种投资性资产，均意味着相应金额的资产在投资期间实实在在地流出了企业，即这部分资产并不在企业的直接控制之下，除了债权性投资能带来固定的利息收益之外，其他投资性资产给企业带来的收益大小主要取决于被投资企业的收益情况和分红政策（具体要取决于投资收益的核算方法——权益法还是成本法），因而均具有一定的波动性和不可预见性，这会在一定程度上影响企业投资收益项目的质量，分析时可以分别从含金量和持续性两个方面来加以考察（具体分析方法见下一节）。尤其需要特别强调的是，如果投资收益中包含的处置收益和类别转换收益规模过大，由于它们都属于“一次性”的投资收益，根本不具有持续性，因而会在相当程度上影响企业的投资收益项目质量。

案例分析

北陆药业的投资收益结构分析

北陆药业2022年财务报表附注中披露的投资收益结构信息如表4-11所示。

表4-11 北陆药业投资收益结构分析表 单位：元

项目	本期发生额	上期发生额
权益法核算的长期股权投资收益	−11 347 063.41	2 339 580.41
金融资产持有期间取得的股利收入	−6 552 720.00	
金融资产持有期间收益返还	304 987.63	12 527.70
理财产品收益	11 618 020.54	11 378 881.17
远期结售汇产品	281 145.56	−603 307.16
合计	−5 695 629.68	13 127 682.12

投资收益附注显示，从规模来看，公司的投资收益较上年大幅下降。其中，由于联营企业（芝友医疗和医未医疗）本年度均发生了一定规模的亏损，导致权益法核算的长期股权投资收益由上年的234万元降至本年的−1 135万元，这对企业当年投资收益带来的影响非常大。此外，金融资产持有期间取得的股利收入本期为负数，系世和基因2022年第一次临时股东大会审议通过了《关于确认公司股东全额退还2020年度超额分配所获红利的议案》，本期公司退回前期分红款6 552 720.00元，由于这具有一次性特征，在对公司投资性资产的盈利能力进行分析时，对该项目应予以特殊处理，进行公司的未来盈利预测时也不应将其考虑在内。理财产品收

益一方面取决于公司理财产品的规模，另一方面取决于当期理财产品的收益率，从规模变化情况来看，公司理财产品收益似乎较为稳定，基本维持在1 100万元左右。

4.3.6 公允价值变动收益项目质量分析

公允价值变动收益是指以公允价值计量且其变动计入当期损益的金融资产、投资性房地产等项目的公允价值变动所形成的计入当期损益的利得（或损失）。按照现行会计准则的要求，以公允价值计量且其变动计入当期损益的金融资产、投资性房地产等项目在资产负债表上应按照公允价值（即市场价格）列示，当这些资产的期末公允价值高于（或低于）其账面价值时，差额需要确认为公允价值变动收益（或损失）。对该项目的质量分析应关注以下两点：

（1）由于引起公允价值变动收益（或损失）的以公允价值计量且其变动计入当期损益的金融资产、投资性房地产等项目期末尚作为企业的资产列示于资产负债表上，并未真正出售交割，因此这种收益（或损失）仅仅是一种持有收益（或损失），即一种未实现的收益（或损失），也就是我们平时所说的浮盈（或浮亏），不会给企业带来真实的现金流量。也许在这些资产真正出售交割时，利润表中的这种浮盈（或浮亏）会因为市场价格的变化而不复存在。因此，这种公允价值变动收益（或损失）的存在会影响企业利润的质量，既影响利润的含金量，也影响利润的持续性。但它可以在一定程度上反映这些资产项目的保值质量。

（2）在市场不活跃或者非正常的情况下，对于投资性房地产来说，绝对客观的公允价值难以获取，因此该项目便不可避免地存在一定的主观因素，这样就会或多或少影响企业利润的真实性。

案例分析

北陆药业的公允价值变动收益分析

北陆药业2022年财务报表附注中披露的公允价值变动收益相关信息如表4-12所示。

表4-12 北陆药业公允价值变动收益分析表 单位：元

产生公允价值变动收益的来源	本期发生额	上期发生额
其他非流动金融资产	28 688 269.68	15 371 694.52
远期结售汇产品	−2 451 146.56	−1 473 492.84
合计	26 237 123.12	13 898 201.68

本期公司的公允价值变动收益翻了近一倍，但需要强调的是持有各类金融资产所产生的公允价值变动损益一般情况下属于非经常性损益，因具有较大的波动性和

不确定性而不具备持续性特征，且为未实现损益，因此我们在预测公司未来的业绩走势时必须将该类项目予以特殊考虑。

4.3.7 资产减值损失与信用减值损失项目质量分析

资产减值损失是指企业计提各种资产减值准备所形成的损失。上市公司自2018年年度报告开始，将原资产减值损失分为资产减值损失和信用减值损失分别披露。金融资产减值准备所形成的预期信用损失计入信用减值损失。

按照现行会计准则的要求，企业应遵循谨慎性原则，于每个会计期末对其资产进行减值测试，对出现减值迹象（即公允价值低于以历史成本为基础的账面价值）的资产要计提减值准备，并相应确认资产减值损失（这是复式记账法的要求）。对资产减值损失与信用减值损失项目进行质量分析时，应关注以下两个方面：

（1）在谨慎性原则下，需要选择账面价值与公允价值中较低的一个作为资产价值的披露标准。也就是说，只要资产按照其账面价值进行披露而不计提任何减值准备，就表明该项资产的质量良好，实现了保值增值。而只有在资产由于某种原因发生贬值时，才需要通过计提减值准备将其账面价值降至公允价值。因此，资产减值损失与信用减值损失反映了企业各相应项目的贬值程度，在一定程度上揭示出这些资产的保值质量以及企业对这些资产的管理质量。涉及的资产主要包括各类债权、存货、固定资产、无形资产以及长期股权投资等。

（2）在对各项资产进行减值测试时，关键环节是要恰当地确定各项资产的公允价值，而公允价值的确定从某种程度上说不可避免主观上的估计和判断，因此，资产减值损失的确认问题实质上属于会计估计问题。既然是估计，就存在人为因素，即存在企业利用主观估计因素蓄意操纵利润的可能。因此，资产减值损失计提恰当与否将直接影响企业利润的真实性与利润质量。

案例分析

北陆药业的资产减值损失分析

北陆药业2022年财务报表附注中披露的资产减值损失的计提情况如表4-13所示。

表4-13 北陆药业资产减值损失分析表 单位：元

项目	本期发生额	上期发生额
存货跌价损失及合同履约成本减值损失	−4 409 765.24	−3 542 117.01
商誉减值损失	−19 404 458.02	0
合计	−23 814 223.26	−3 542 117.01

资产减值损失附注信息显示，北陆药业 2022 年对存货以及合同履约成本计提了 441 万元的减值损失，对商誉计提了 1 940 万元的减值损失，当年的资产减值损失较上年增加了 2 027 万元。由于商誉减值存在一定的主观性，其未来进一步的减值可能性要视被投资企业未来的经营走势而定，具有一定的不确定性，因此，商誉减值损失对企业利润造成的影响需要加以特殊考虑。

4.3.8　资产处置收益项目质量分析

上市公司自 2017 年年度报告开始，将原属于企业营业外收入的资产处置利得归入“资产处置收益”项目并“升格”为营业内，作为营业利润的重要支柱进行披露。

对于企业的资产处置收益需要注意的是：企业可能会由于处置非流动资产而获得利润（处置收益），从而“改善”营业利润的规模。但实际上，这种“改善”与企业的营业收入没有一点关联，而且这种“改善”不具有持续性。

靠资产处置收益改善营业利润的企业，可能其产品的营业状况正在经历困难时期，这时的资产处置收益实际上扮演了“救命稻草”的角色。

4.3.9　营业外收入与营业外支出项目质量分析

营业外收入是指企业获取的与其日常生产经营活动没有直接关系的各种收入，主要包括：非货币性资产交换利得、债务重组收益、盘盈利得、因债权人原因确实无法支付的应付款项、一次性的政府补贴、罚款收入等。营业外支出则是指企业发生的与其日常生产经营活动没有直接关系的各项损失，主要包括：盘亏损失、非常损失、罚款支出、公益性捐赠支出等。

营业外收入并不是由企业常规的经营资金耗费所产生的。因此，在会计核算上，应当严格区分营业外收入与营业收入的界限。

而营业外支出这种企业经营过程中的资金耗费通常不会带来任何经济利益，实际上是一种纯粹的“意外”损失。因此，它和营业外收入之间不会像营业收入和营业成本那样存在配比关系，甚至可以说它们之间一点关系都没有。

营业外收入和营业外支出均不是经营活动引起的，一般不会涉及流转税，但它们也是企业盈亏的一部分，因此应计入利润总额，与营业利润一起缴纳企业所得税，当然需要按照税法先行调整为应纳税所得额。由于营业外收入和营业外支出通常情况下具有偶发性或者一次性的特点，因此，如果它们在企业的利润中占比过大，就会影响企业利润的持续性。

4.3.10 所得税费用项目质量分析

所得税费用是指企业根据会计准则确认的应从利润总额中扣除的一个费用项目，它是用经过调整后的本期利润总额乘以企业所适用的税率计算得到的，利润总额减去所得税费用后的差额即净利润。

在多数情况下，计算所得税费用的基数即便是经过调整的利润总额，也不一定等于应纳税所得额。简单地说，计算所得税费用的基数是基于会计准则对利润总额进行调整后的结果（可以称其为调整后的会计利润），而计算应交所得税的基数是应纳税所得额（可以称其为应税利润），它是基于税法对利润总额进行调整后的结果。当会计准则与税法在确认应税项目和可抵扣项目上存在不一致的规定时，两者就会产生差异，有时这种差异还很大。那么在现行会计准则和税法下，会计利润、应纳税所得额、所得税费用、应交所得税以及递延所得税资产（负债）之间到底存在什么样的关系呢？它们之间的关系可以大致通过下列公式予以揭示：

所得税费用＝调整后的会计利润×所得税税率

应交所得税＝应纳税所得额(即应税利润)×所得税税率

递延所得税资产＝应交所得税－所得税费用

在上式中，若所得税费用大于应交所得税，计算结果为负数，则应确认为递延所得税负债。

从以上分析可以看出，所得税费用由于其计算基数是按照会计准则调整后的会计利润，当会计准则与税法在确认应税项目和可抵扣项目上存在不一致的规定时，它和企业实际需要缴纳的所得税之间或多或少存在一些差异，因此，它既不会与利润表中的利润总额存在固定的税率关系，也不会直接反映出企业当期实际缴纳的所得税规模。可以简单地认为，它与应交所得税之间的差异大小可大体反映出会计准则与税法在确认该企业经营成果问题上的分歧大小。

4.3.11 其他综合收益项目质量分析

其他综合收益是指企业根据会计准则的规定未在当期损益中确认的各项利得和损失。简单地说，其他综合收益是建立在资产负债观的基础之上，反映报告期内企业与所有者以外的其他各方之间的交易或事项所引起的净资产的变动额。它突破了传统会计利润的实现原则，在引入公允价值之后，将企业全部已确认但未实现的利得或损失也纳入利润表，使公允价值作为计量属性的使用成为一种必然的趋势。

其他综合收益虽然在当期属于未实现损益，既不纳入计税范围，也不会带来实际的现金流量，但是有可能在未来影响企业的经营成果，因此对信息使用者来说具有一定的预测价值。

4.4 利润质量分析

企业作为以盈利为目的的经济组织，利用各种经济资源赚取利润的能力（即盈利能力）通常是决定其生存和发展的一项最根本的能力。企业的盈利能力是采购能力、生产能力、营销能力、创新能力、费用管控能力及规避风险能力等一系列能力的最终体现，也是企业各环节经营后果的综合体现。当然企业在经营活动和管理过程中存在的大多数问题也会通过盈利能力反映出来。

4.4 即测即评

在传统的财务报表分析中，企业的盈利能力分析主要是以资产负债表和利润表为基础，结合表内各项目之间的逻辑关系构建一套财务指标体系（见 4.2 节），通过将这些指标的计算结果与企业以往年份、对标企业以及同行业平均水平进行比较来对企业的盈利能力加以评价。然而本书特别强调，上述财务指标尽管是通过衡量利润的相对规模来评价企业的盈利能力，相对于毛利、利润总额以及净利润等绝对指标来说，在一定程度上增加了不同企业之间的可比性，但它们仍然只关注数量维度的盈利能力问题，并没有考虑质量维度的盈利能力因素。在日常管理实践中，有的企业利润表中利润很高，但是企业真正的盈利能力并不一定很强，这通常是企业在利润质量方面出现问题所致。扭亏为盈绝不能仅仅强调利润金额上的“转负为正”，更应强调利润质量上的“起死回生”。

我们认为，考察利润的质量，可以从以下三个方面入手：第一，利润的含金量，即从当期来看，利润应能带来相应的现金流量，并且具有较强的支付能力（缴纳税金、支付股利等）。第二，利润的持续性，即从长期来看，企业实现的利润既要有一定的成长性，又要避免波动性，这样更利于我们对企业的未来发展走势做出判断。第三，利润与企业战略的吻合性。企业不同的战略选择会导致不同的资产结构（指经营性资产与投资性资产的比例关系），直接带来不同的盈利模式，产生不同的利润结构，因而利润结构与资产结构的吻合度可以在一定程度上体现企业战略的实施效果。①

4.4.1 利润的含金量分析

利润的含金量是指企业的主要利润构成项目获得现金流量的能力。利润的含金

① 当然，在一些新的商业模式下，单独从某一领域来看，投入并不一定会带来相应的产出，如腾讯公司的微信业务和网游业务之间就存在这样的关系。在这种情况下，单纯的报表分析可能并不能直接说明问题，而需要综合表外的很多非财务因素来进行分析。有一点可以肯定的是，新的商业模式和业态确实对传统的财务报表分析方法提出了很大的挑战。

量分析实际上是对利润的结果进行分析。从利润给企业带来的结果来看，企业利润各项目均会引起资产负债表项目的相应变化：企业收入的增加，对应资产的增加或负债的减少；费用的增加，对应资产的减少或负债的增加。从利润主要项目所对应的资产负债表项目来看，主要涉及货币资金、应收账款、应收票据、其他应收款（或应收股利、应收利息）、存货（在易货贸易的条件下，企业营业收入的增加对应存货的增加）、长期股权投资、固定资产、无形资产等。但一般认为企业赚取利润最终能够带来充足的可自由支配的现金，应该是最理想的状态，因此，考察企业利润的质量，有必要分析利润的含金量。至于利润引起的各项资产的质量，请参见本书资产项目质量分析部分。

会计上的利润是基于权责发生制核算出来的企业经营成果，收入和费用的确认时间与企业实际收付现金的时间并不一致。但是一般来说，在企业回款和付款等各项经营活动相对正常的情况下，利润与现金流量之间会保持一个大体稳定的比例关系。此外，在核算过程中，无论是收入的确认还是成本费用的确认，都会受到会计政策的主观选择性的影响，存在一定的人为因素，同时也不可避免地给企业提供一定的利润操纵空间，出于判断利润真实性的考虑，也需要在一定程度上关注利润的含金量问题。因此，考察企业利润的含金量就成为衡量利润质量非常重要的一个方面。具体操作是，通过对企业利润各主要项目与相应的现金流量项目进行比较分析，来判断企业利润的含金量。具体地说，我们应该主要开展以下三个利润项目的含金量分析。

1. 核心利润的含金量分析

核心利润是企业开展经营活动所赚取的经营成果，因此通过与经营活动产生的现金流量净额进行比较，就可以了解核心利润产生现金流量净额的能力。但由于利润表中的核心利润在计算时减除了当期的固定资产折旧、其他长期资产价值摊销等非付现费用和属于筹资活动范畴的财务费用，但没有减除企业的所得税费用；而在现金流量表中，经营活动产生的现金流量净额在计算时并未减除上述非付现费用，却减除了企业实际缴纳的所得税，同时，企业支付的利息在现金流量表中是作为筹资活动产生的现金流出项目，与企业的经营活动没有直接关系，因此，一般情况下，如果企业核心利润的含金量较为充足的话，经营活动产生的现金流量净额应该要大于核心利润。我们通过实证研究以及大量的案例分析得出了一个经验数据，即在不考虑行业差异和企业所处发展阶段的情况下，对于存货周转率大于每年2次的传统行业的企业，当其经营活动现金流量净额达到或超过该企业同期核心利润的1.2～1.5倍时，一般认为该企业的核心利润的含金量较为充足。如果差距巨大（这里主要指后者严重不足），则应该分析原因。可能的原因主要有以下几种：

（1）企业收款不正常减少，导致回款不足，从而引起现金流量表中经营活动产生的现金流量净额恶化。比较一下企业利润表中两年的营业收入数字、资产负债表年末与年初商业债权（应收账款与应收票据之和）的规模变化、资产负债表年末与年初商业负债（应付账款与应付票据之和）的规模变化，以及现金流量表中两年的销售回款情况，我们就可对企业的销售回款是否基本正常做出初步判断。

（2）企业付款不正常增加，导致现金流量表中经营活动产生的现金流量净额下降。如由于企业商业信用下降、行业竞争加剧等原因，导致现金流量表中经营活动产生的现金流量净额下降等重大变化。当然，现实中也存在一些不正常的采购行为，如有些制造业企业在原材料成本相对较低的时期购入超过当期消耗量的原材料进行储备；有些房地产企业在预测今后房价继续上涨的情况下大量囤地；等等。这些行为虽然会导致当期付款的不正常增加，但会因此带来企业未来现金流出量的减少，从而提升企业未来利润的含金量。

（3）企业存在不恰当的资金运作行为。如某些企业“支付其他与经营活动有关的现金”巨大，“其他”活动成了主流活动。

（4）企业在经营活动的收款和付款方面主要与关联方发生业务往来。在这种情况下，企业与关联方之间的业务往来，不论是在核心利润的各个要素（如营业收入、营业成本、销售费用、管理费用等）的确认上，还是在各项经营活动的现金流量的流出规模与时间的控制上，均具有较强的可操纵性。在这种情况下，难以按照一般的报表之间的逻辑关系进行分析。

（5）企业报表编制有错误。如果找不到正常的理由来解释企业的这种巨大差异，那么还有一种可能是由于各种原因企业将现金流量表编错，信息使用者难以根据一般的逻辑关系对此加以分析。

需要说明的是，在利用核心利润获现率来评价核心利润的含金量时，需要注意年度间经营规模（主要体现为营业收入）的大幅变化对分析结果造成的影响。如果企业大量采用赊销，且回款速度较慢，当年销售商品、提供劳务收到的现金可能是以前年度实现的核心利润在当期回款所带来的，此时与当年的核心利润规模进行比较，就可能使分析结论在一定程度上失去意义了。在这种情况下，如果企业的销售信用政策和回款速度较为稳定的话，可以考虑将当年销售商品、提供劳务收到的现金与上一年的核心利润规模进行比较。当然这种比较是比较粗略的，因为企业的实际回款速度不可能呈现出这种较为明显的规律。

案例分析

北陆药业核心利润的含金量分析

根据北陆药业2022年年报中利润表和现金流量表的相关数据，核心利润的含金量计算公式及结果如表4-14所示。

表 4-14　北陆药业核心利润含金量分析表

项目	2022 年	2021 年
核心利润（元）	−16 540 263	85 448 317
经营活动产生的现金流量净额（元）	127 812 757	108 726 228
核心利润获现率（经营活动产生的现金流量净额/核心利润）	−7.73	1.27

从核心利润指标来看，公司核心利润的绝对规模和核心利润率均大幅下降，甚至出现负值，主要系相当部分产品纳入集采后价格大幅下降所致。与此同时，公司又加大了高端人才引进和研发投入力度，可以把这看成是公司着眼于长远利益、注重加速布局、提升产品内在质量（立足精准检测）的举措，是打造公司核心竞争力的必要代价，因此，我们对公司未来的发展前景还是应该充满信心的。当然也并不排除有出于市场竞争压力（如仿制药一致性评价的冲击）而被动应对的可能。

与盈利性指标整体下滑不一致的是，公司经营活动产生的现金流量净额反而有所增加，主要是由于“支付其他与经营活动有关的现金”（如付现费用和支付承兑汇票保证金等）相比上年大幅减少导致的，并不能就此认为是公司经营活动造血功能增强了。

2. 投资收益的含金量分析

一般而言，投资收益是由企业拥有或控制的投资性资产所带来的收益，主要包括四个部分：(1) 投资性资产的持有收益，即在其持有期间从被投资企业获取的一定形式的利润；(2) 投资性资产的处置收益，即在处置投资性资产时，售价与初始取得成本之间的差额；(3) 投资性资产的类别转换收益，即因持股比例的变化而导致投资性资产的类别转换（如持股比例由15%上升至25%时，相应投资性资产要由“其他权益工具投资”调整入“长期股权投资”），因各自核算方法不同而产生的投资收益；(4) 债务重组收益，即债务企业在债务重组过程中以金融资产抵债或者债转股等情形下获得的债权方折让所带来的收益，以及债权企业在债务重组过程中发生的折让损益。由于获取投资收益的业务背景存在很大的差异，因此，对投资收益进行含金量分析，需要区分不同情况单独进行。

(1) 在持有期间获取的投资收益。由于投资企业对合营企业和联营企业的长期股权投资采用权益法，将被投资企业所实现的净利润（或者发生的净亏损）的相应份额确认为投资收益，因此这种投资收益的含金量取决于被投资企业的分红政策，可以肯定的是，只要被投资企业不将净利润全部用于分红，投资企业所确认的投资收益就会存在不同程度的“水分”，有可能造成投资企业有利润而没有现金流。而投资企业对其子公司的长期股权投资采用的是成本法，将子公司所宣告分派的现金股利按照其持股比例确认为投资收益，因此投资企业（即母公司）的这种投资收益的含金量基本上是有保障的。其他投资性资产在持有期间所带来的投资收益，无论是股利还是利息，一般情况下都会带来相应的现金流入。

由于在被投资企业宣告发放股利和实际发放股利之间总有一段时间差，因此现金流量表中“取得投资收益收到的现金”项目中有可能包含上一年度宣告而在本年度发放的现金股利，在分析投资收益的含金量时，应对此予以关注。

（2）处置收益的含金量分析。由于在利润表上通常将投资性资产的售价与账面价值之间的差额确认为投资收益，在现金流量表上“收回投资收到的现金”则主要取决于各项投资性资产的售价高低，因而，处置收益的含金量具有很大的不确定性，难以一概而论。

（3）因类别转换而获取的投资收益。这种投资收益由于仅仅是因不同类别的核算方法不同而引起的，单纯是在变更时所做的一种账务处理，因此不会产生任何现金流。

（4）债务重组收益的含金量分析。简单地说，按照新的债务重组会计准则的要求，在债务重组过程中，债务企业在以金融资产抵债或者债转股等情形下获得的债权方折让所带来的收益，以及债权企业所发生的折让损益，在满足一定条件的情况下都有可能计入投资收益。但应该强调的是，这种债务重组给企业带来的投资收益仅仅是一种账务处理结果，不会产生任何的现金流，一般也不具有持续性，所以也是一种完全没有质量的投资收益。然而，债务企业的“欠账不还”在债权企业的“怜悯同情下”，通过债务重组居然可以堂而皇之地对外宣称获取到了“投资收益”，这是一件令人“匪夷所思”的事情，难道这种投资收益能够代表企业的盈利能力吗？恐怕是“赖账能力”吧，如果不考虑这种投资收益的质量而仅从规模上衡量企业的业绩，是否完全有可能得出“面目全非”的分析结论？这方面的分析意义是值得读者深思的。

案例分析

北陆药业的投资收益含金量分析

根据北陆药业2022年财务报表附注中披露的投资收益结构信息以及现金流量表中的相应信息，该公司投资收益的含金量分析所需数据如表4-15所示。

表4-15 北陆药业投资收益含金量分析表 单位：元

项目	本期发生额	上期发生额
权益法核算的长期股权投资收益	−11 347 063.41	2 339 580.41
金融资产持有期间取得的股利收入	−6 552 720.00	
金融资产持有期间收益返还	304 987.63	12 527.70

续表

项目	本期发生额	上期发生额
理财产品收益	11 618 020.54	11 378 881.17
远期结售汇产品	281 145.56	−603 307.16
合计	−5 695 629.68	13 127 682.12
取得投资收益收到的现金	12 378 248.24	11 824 135.85

我们在本章前面曾经提及，芝友医疗和医未医疗属于联营企业，即公司对被投资企业具有重大影响，采用权益法核算，本年按照权益法核算的长期股权投资收益为−1 135万元。在分析其“含金量”时，通过查阅现金流量表可知，取得投资收益收到的现金为1 238万元，表面上看含金量似乎非常不错（当然，由于没有该项目的附注说明，我们无法判断其中权益法确认的投资收益所收到的现金的具体金额）。但在分析时我们应意识到，现金股利发放通常存在一定的滞后性，这个金额当中不排除包含了一部分前期宣告而在本期发放的现金股利。

此外，金融资产持有期间取得的股利收入以及收益返还一般情况下应该会引起相应的现金流入和流出；至于理财产品收益则主要是其利息所得，一般会对应相应规模的现金流入，因此含金量较高。

3. 其他收益的含金量分析

从目前上市公司的实际情况来看，政府补贴收入往往会导致企业直接获得现金。因此，一般来说，其他收益获得现金的能力较强，质量较高。

案例分析

长安汽车的其他收益含金量分析

我们以重庆长安汽车股份有限公司（下称长安汽车）2022年年报中与其他收益有关的项目信息为基础，对其他收益的含金量进行分析，如表4-16所示。

表4-16 长安汽车其他收益含金量分析表 单位：元

项目	2022年	2021年
其他收益	529 819 888	330 174 796
营业利润	7 633 737 707	3 730 523 462
其他应收款（期末数）	1 261 157 951	632 122 942

其他应收款按性质分类如表4-17所示。

表 4 - 17 长安汽车其他应收款明细表

单位：元

项目	2022 年	2021 年
新能源补贴	667 729 528	409 468 873
投资款	399 486 433	26 670 000
备用金	63 703 195	23 921 846
保证金	16 618 939	84 465 513
其他	113 619 857	87 596 710
合计	1 261 157 951	632 122 942

其他应收款金额前五名相关信息如表 4 - 18 所示。

表 4 - 18 长安汽车其他应收款金额前五名明细表

单位名称	金额（元）	性质	账龄
第一名	338 394 119	新能源补贴	1 年以内
第二名	297 876 247	股权投资款	1 年以内
第三名	206 328 464	新能源补贴	1 年以内
第四名	123 006 945	新能源补贴	1 年以内
第五名	101 610 185	股权投资款	1 年以内
合计	1 067 215 960		

从上述信息可以看出，2021 年和 2022 年公司两年间获取的政府补助分别为 3.3 亿元和 5.3 亿元，但从其他应收款项目的明细表中可以看到，两年间应收的新能源补贴分别高达 4.1 亿元和 6.7 亿元。其他应收款金额前五名明细表显示，其他应收款欠款前五名中有三名与新能源补贴有关，占到 62.51%。账龄信息显示，新能源补贴款的账龄均为 1 年以内。这说明，以往的大额新能源补贴应该已经收回，并未出现长期挂账的情况，但这三项新能源补贴何时能收到入账尚未可知。由此可见，一般情况下，政府补贴会给企业带来相应规模的现金增加，但很可能会拖延一段时间。

4.4.2 利润的持续性分析

利润的持续性是指企业盈利能力在过去与未来一段时期内持续发展的状况。一般情况下，我们说企业具有较强的盈利能力，应该强调它在行业中保持相对稳固的竞争地位和核心竞争力，具有较光明的市场发展前景，而不是仅仅关注当期盈利的规模，更何况企业会受到某些偶发的政策、市场因素或者内部某些因素的影响。企业实现的利润水平是否具有持续性是判断企业投资价值的核心要素。不具备持续盈利能力的企业，其前景处于高度不确定状态，持续经营的会计基本假设可能“摇摇欲坠”。此外，如果企业在某一期间所实现的利润规模是采用人为手段粉饰（甚至造假）的结果，那么这样的利润因缺乏持续性迟早会露出马脚。因此，利润的持续性分析应成为衡量企业利润质量的另一重要方面。利润的持续性可以从成长性和波动性两个方面分别考察。

1. 利润的成长性分析

成长性是企业发展的灵魂，是决定企业价值的一个重要维度，因此它是评价企业财务状况质量和预测企业发展前景的重要方面。增长速度过慢，可能使企业资源得不到有效利用，进而丧失增长能力甚至被其他企业兼并，从而引发企业的生存危机；而增长过快会引发企业各种资源紧张、风险快速积累，甚至陷入财务危机和破产，进而降低企业价值。因此，企业在经营过程中保持适当的成长性，将为其健康发展提供必要保障。由于在利润的构成中，核心利润最能体现企业在行业中的竞争地位和核心竞争力，因此，可通过核心利润及核心利润率的增长幅度来考察企业在核心业务上的盈利能力变化趋势。而核心利润的高低关键取决于产品销售等业务带来的营业收入的增长幅度，因此，通常情况下，营业收入的增减变化可以在一定程度上反映企业的成长性和未来的发展趋势。此外，企业毛利及毛利率的走势也是考察企业核心竞争力变化的一个非常重要的方面。

（1）营业收入增长率。营业收入增长率往往是衡量企业经营状况和市场占有能力、预测企业经营业务拓展趋势的重要标志。不断增加的营业收入是企业生存的基础和发展的条件。通常，具有高成长性的企业都是主营业务突出、经营比较单一。营业收入增长率越高，表明企业产品的市场需求越大，业务扩张能力越强。营业收入增长率的计算公式为：

$$营业收入增长率=\frac{本期营业收入-上期营业收入}{上期营业收入}\times100\%$$

营业收入增长率可以作为衡量公司的产品生命周期的一个重要参考指标，用以判断公司发展所处的阶段。经验数据告诉我们，在不考虑行业差异的情况下，如果营业收入增长率超过10%，一般说明企业产品处于成长期，将继续保持较好的增长势头，企业尚未面临产品更新的风险，属于成长型企业；如果一家企业的营业收入增长率连续几年保持30%以上，那么可以认为这家企业具备高成长性，往往会成为市场上受追捧的投资对象；如果营业收入增长率在5%～10%之间，一般说明企业产品已进入稳定期，不久将进入衰退期，要着手新产品的开发；而如果该比率低于5%，基本上说明企业产品已进入衰退期，保持市场份额已经很困难，业务利润开始滑坡，如果没有开发出新产品，企业将日趋衰落。

（2）毛利与毛利率的走势。行业毛利率的平均水平会在一定程度上反映所处行业的基本特征，如行业的竞争状况、行业的成熟程度等；行业内企业毛利率的相对水平会在一定程度上反映企业产品在市场上的相对竞争实力，而产品的竞争实力又是企业核心竞争力的重要决定因素。因此，分析企业毛利率的水平及其走势非常必要。

如果企业拥有较高的毛利率，可能有以下几种原因：第一，企业所从事的产品经营活动具有垄断地位，在这种情况下，我们应该关注企业所拥有的垄断地位会保持多久；第二，企业所从事的产品经营活动由于各种原因具有较强的核心竞争力，在这种情况下，我们应该关注企业长期保持其核心竞争力的能力；第三，企业所从事的产品经营活动由于行业周期性波动而暂时走高，在这种情况下，我们应该关注企业所从事行业的周期性变化规律；第四，企业由于盲目生产产品导致产大于销、存货积压，从而引起毛利率的提高①，在这种情况下，我们应该关注企业的产品生产决策是不是基于市场的未来需求，或者是纯粹的决策失误；第五，企业会计处理不当，故意选择调高毛利率的手段，在这种情况下，我们应该考虑它对企业未来业绩的影响，同时要关注注册会计师出具的审计报告的意见类型与措辞。

如果企业与行业平均水平相比拥有较低的毛利率，则可能有以下几种原因：第一，企业产品的生命周期已经进入衰退期，在这种情况下，通常会伴随着全行业毛利率的普遍下滑，我们应该关注企业在产品转型、产品开发等方面的举措，分析企业有无盈利模式转变的战略性思考（可根据年报中的“管理层讨论与分析”部分进行分析）；第二，企业产品在品牌、质量、成本和价格等方面没有竞争力，在这种情况下，我们应该关注企业的核心竞争力到底体现在哪些方面，未来发展前景如何；第三，企业会计处理不当，故意选择调低毛利率的手段，在这种情况下，我们同样应该关注注册会计师出具的审计报告的意见类型与措辞，并考虑它对企业未来业绩的影响。无论是哪种情况造成的毛利率下滑，都意味着当期企业单位产品的盈利能力在下降。

（3）核心利润与核心利润率的增长率。前已述及，对于以自身经营为主的企业，核心利润应该成为企业一定时期财务业绩的主体。因此，通过计算和比较企业近几年来核心利润的增长率，既可以考察企业基本业绩的历史变化趋势，还可以据此大体判断企业未来业绩的走势。

应当特别关注企业的核心利润年度间的非经营性变化。非经营性变化是指通过会计调整来人为安排核心利润的过高或过低情况。实际上，我们在前面分析毛利率变化、销售费用变化和管理费用变化时考虑的会计调整因素，必然会综合反映到核

① 由于产量增加，在当期会因单位产品分摊的折旧等固定成本减少导致单位产品成本降低，单位营业成本也会随之有所降低。因此，在产品售价不变的情况下，毛利率会因单位营业成本的降低而有所增加。

心利润的变化上。

核心利润与营业收入之比就是核心利润率。很明显，核心利润率是企业经营活动基本盈利能力的表现。通过计算企业核心利润率的增长率，可以进一步把握企业自身经营活动的盈利能力的变化情况。同时，将企业的核心利润率与其目标核心利润率、特定企业的核心利润率以及同行业平均核心利润率进行比较，可以更清晰地认识企业的核心竞争力和竞争地位。

2. 利润的波动性分析

利润的波动性是指企业利润无法相对保持稳定而出现业绩变化的区间范围，可以通过企业各期利润的相对变化幅度来加以衡量。利润的波动性不仅能表示经营成果大小、公司治理水平，还可以显示信息风险①，是在对企业发展前景进行预测时需要考虑的一个重要指标。我们认为，如果企业的利润构成中存在某些无法持续发生的"非经常性损益"项目，就会在一定程度上影响企业利润的波动性。在此基础上，还要分析企业所面临的内外部环境、自身的竞争优势以及战略调整情况等各方面因素对利润波动性可能产生的影响。

非经常性损益是指公司发生的与经营业务无直接关系，以及虽与经营业务相关，但由于其性质、金额或发生频率而影响了真实、公允地反映公司正常盈利能力的各项收入、支出。其一次性或低持续性会弱化财务报告的盈余信息含量，降低市场资源配置的效率，影响报表分析者对公司经营业绩和盈利能力做出正常判断。在我国，非经常性损益是一个资本市场的监管概念，会计准则和相关会计法规并未提出严格的非经常性损益概念和专门的披露要求。关于哪些项目应该属于非经常性损益项目，难以穷举，只能依据会计准则进行实质性判断。在资本市场中，上市公司利用非经常性损益项目进行盈余管理、操纵利润的事件屡见不鲜，为此，中国证监会自1999年开始，四次对非经常性损益进行界定和规范，强制要求上市公司在财务报告中披露非经常性损益有关的信息。根据财政部和中国证监会的现行规定，与非经常性损益项目相关的信息，上市公司应该在利润表下面以补充资料的形式予以披露，而在披露上市公司的净资产收益率和每股收益两个财务指标时，也应该同时披露扣除非经常性损益后的两个指标的相关结果。

在判断某项损益是否为非经常性损益时，除了考虑该项损益与生产经营活动的联系外，更重要的是考虑该项损益的性质、金额或发生频率的大小。具体来说，在经营活动、投资活动以及筹资活动中，都有可能产生一些非经常性损益。

（1）经营活动可能涉及的非经常性损益项目。企业在商品经营活动中，对于显失公允的关联购销交易产生的损益、资产的处置或置换损益、有关资产的盘盈或盘

① 信息风险是指在利用信息的过程中，由于信息的不对称和严重的信息污染现象导致的信息不准确性、滞后性和其他一些不良后果的一种相对冒险现象。

亏，以及相关的补贴收入、税收优惠等应作为非经常性损益处理。这些项目通常在利润表中体现为“营业外收入（或支出）”、“资产处置收益”或“其他收益”等项目。需要说明的是，其他收益中包含的各种税收优惠及税收返还、财政补助等其他各种补贴收入，若符合相关规定，且能在未来较长期限内获得，则应该将这些收益作为企业经常性损益的组成内容。信息使用者可以结合其他收益、营业外收入（或支出）项目的附注说明来加以判断。

另外，对企业资产计提减值准备而发生资产减值损失是企业在持续经营过程中经常发生的事项，因此不应该将资产减值损失看作非经常性损益。但在我国部分上市公司中，在企业扭亏为盈或保持盈利势头的关键年份，往往出现资产减值损失这类“小项目”成为业绩主要支撑项的情形。这时信息使用者就应该对这种“小项目的大贡献”的可持续性进行考察。

（2）投资活动可能涉及的非经常性损益项目。企业发生的投资活动通常包括股权投资和债权投资两种基本类型，由此获取的投资收益能否作为企业的经常性损益应该根据其形成的具体来源进行分析。

1）企业基于战略发展的考虑进行各种长期投资，其主要目的并不在于短期内转让以获取价差收益。因此，通过对外的长期股权、债权投资在持有期间所获取的正常投资收益应该作为经常性损益。但是，长期投资的处置收益和类别转换收益均源于“一次性”的偶发业务，由此产生的损益应该全部作为非经常性损益处理，否则无法合理地评价企业的盈利能力。

2）企业进行各种短期投资（包括委托理财产品）的目的主要在于获取短期内的价差收益。如果企业利用暂时闲置的资金（而非借入的资金）直接进行（而非委托其他单位进行）短期投资，则可以将此类投资产生的收益作为企业的经常性损益处理。因此，在实务中，利润表中的“公允价值变动收益”通常不列入非经常性损益，但由于它属于未实现损益，如果在企业利润构成中占比过大，则要额外关注该项目对企业利润持续性的影响。

（3）筹资活动可能涉及的非经常性损益项目。筹资活动可能涉及的非经常性损益项目大多数都会反映在企业的财务费用中，但信息使用者能否获取相关信息，要视上市公司对财务费用附注披露的详略程度而定。

（4）其他应作为非经常性损益的项目。其他应作为非经常性损益的项目如捐赠支出、债务重组收益（或损失）、罚款收入（或支出）、非常损失等（不含前面提及的项目），基本上都列示于营业外收入或支出项目中。此外，由于公司会计政策在制定以后一般应该保持相对稳定，因此会计政策变更不应是经常发生的事项，由于变更会计政策对以前年度进行追溯调整而引起的以前年度损益的变化应该作为当年的非经常性损益处理。这方面信息可以在股东权益变动表中找到。

分析中可以直接根据上市公司年报中所列示的“非经常性损益项目及金额”来

对上市公司利润的波动性加以判断。

为简便起见，在分析中也可以直接通过考察企业的利润结构来对利润的波动性加以判断。一般情况下，在利润的各组成部分中，资产处置收益和营业外收入（还要考虑营业外支出）因其“一次性”的特征而波动性最强；其他收益的波动性主要取决于有关政策的连续性；投资收益（包括公允价值变动收益）的波动性主要取决于投资对象的盈利能力以及其他相关要素（如外部市场环境）的持续性，其中的处置收益、类别转换收益和债务重组收益因其“一次性”特征而根本不具有持续性；核心利润的波动性则主要取决于企业自身所处行业特征（包括竞争格局和发展前景等）、行业中的竞争地位以及发展战略调整等方面的因素。

案例分析

北陆药业利润的持续性分析

以北陆药业2022年年报中的相关数据以及附注信息为基础，可以对其利润的持续性进行如下分析：

1. 利润的成长性分析

公司2020—2022年三年的利润表相关数据显示，营业收入先增后减，营业利润、利润总额和净利润也逐年减少（具体增长率读者可自行计算）。说明在国家的集采政策下，公司应努力提升产品内在质量（立足精准检测），进一步提高市场竞争力，围绕多元产品管线加速布局，以及推进供应链改革、推进精细化管理、JIT采购模式，通过各种途径和手段来达到提质增效的目的。

在营业利润中，其他收益存在先增后减的态势，虽然在营业利润中占比较小，但表明公司在努力提升自身经营活动的盈利能力的同时，积极谋求政府的政策支持，并取得了的政府补贴收入。这也说明公司在产品定位、性能和产品研发等方面与国家的发展战略相一致，是国家所扶持的产业发展方向。但这种“先增后减”的态势说明，无论如何，对政府补助都不应给予过高的期望，不能将它视为企业业绩的“支柱”，它仅仅起到“锦上添花”的作用。

同样，在营业利润中，投资净收益也处于先增后减的态势，虽然在营业利润中占比较小，但表明公司在努力提升自身经营活动的盈利能力的同时，不断寻找产业整合机会，丰富产品种类，培育新的利润增长点，然因上下游及政策等因素，效果不甚理想。

需要注意的是，在2022年的营业利润中，“公允价值变动收益”翻了近一倍，达0.26亿元，这种收益属于未实现收益，也不能带来现金流量，尽管能够说明公司所持有的相关投资基本处于正常经营的状态，并能产生一定程度的增值，但未来的成长性还是存在相当程度的不确定性。

从公司利润表过去三年的相关数据可以看出，公司利润的成长性面临一定程度的压力，当然企业正努力调整策略以实现业绩的增长。

2. 利润的波动性分析

公司2022年年报中披露的非经常性损益信息如表4-19所示。

表4-19　北陆药业非经常性损益项目明细表　　金额单位：元

项目	2022年	2021年	2020年
非流动资产处置损益	−263 102.86	−631 726.00	−3 566 790.89
计入当期损益的政府补助（与企业业务密切相关，按照国家统一标准定额或定量享受的政府补助除外）	13 291 008.80	14 728 463.09	15 062 986.96
委托他人投资或管理资产的损益	11 923 008.17	11 378 881.17	125 696.18
除同公司正常经营业务相关的有效套期保值业务外，持有交易性金融资产、衍生金融资产、交易性金融负债、衍生金融负债产生的公允价值变动损益，以及处置交易性金融资产、衍生金融资产、交易性金融负债、衍生金融负债和其他债权投资取得的投资收益	26 518 268.68	13 294 894.52	19 406 838.36
单独进行减值测试的应收款项、合同资产减值准备转回		200 798.11	
除上述各项之外的其他营业外收入和支出	−1 116 750.56	−4 060 941.60	−4 952 181.11
其他符合非经常性损益定义的损益项目	−6 327 059.53	635 097.02	−1 136 071.27
减：所得税影响额	6 681 208.39	5 331 819.95	3 872 151.29
少数股东权益影响额（税后）	−490 391.05	−1 255 910.65	−1 906 849.66
合计	37 834 555.36	31 469 557.01	22 975 176.60
非经常性损益占净利润的比重	−818.74%	28.53%	14.92%
净利润	−4 621 083.02	110 293 674.01	153 995 860.23
扣除非经常性损益影响后的净利润	−42 455 638.38	78 824 117.00	131 020 683.63

从表中可以看出，公司在三年间均有不同程度的非经常性损益发生，由于非经常性损益项目基本上都是“一次性”的，即便其中一些项目可能每年都有发生，其发生金额也存在一定的不确定性，因而会在一定程度上影响利润的持续性。由于2020年和2021年非经常性损益项目占净利润的比重不大，因此，对利润持续性的影响不大。而在2022年，非经常性损益项目达到0.38亿元（税后），也就是说，去除非经常性损益的影响，公司当年比较“真实”的业绩（净利润）应为−0.42亿元，这与2021年的0.79亿元和2020年的1.31亿元更具有可比性。

4.4.3 利润的战略吻合性分析

企业不同的资源配置战略选择会导致不同的资产结构（指经营性资产与投资性资产的比例关系），直接带来不同的盈利模式，不同的盈利模式又产生不同的利润结构，因而企业的利润结构与资产结构之间的吻合性可以在一定程度上体现企业资源配置战略的实施效果。也就是说，可以通过企业的利润结构与资产结构之间的对应关系来判断利润的战略吻合性。由于整个集团以及上市公司本身都会涉及战略选择问题，因此，在对企业利润的战略吻合性进行分析时，可以针对合并报表和母公司报表分别进行考察。

在分析企业的利润结构与资产结构之间的对应关系时，如果资产中的货币资金规模相对较大，可以将其单独予以列示，因其带来的利息收入，严格地说，既不属于核心利润，也不属于投资收益；如果其规模相对较小，为简便起见，可以直接将其归入经营性资产，相应的利息收入也需要归入核心利润。另外，为便于比较，我们通常的做法是忽视"资产减值损失""信用减值损失""公允价值变动收益"这三个常规"小项目"。在金额较大时，可将前两者归入核心利润部分（当然资产减值损失中与投资性资产有关的部分应归入广义投资收益），将后者归入广义投资收益的范围，这样就可以简单地将营业利润分为核心利润和投资收益两个部分。可见，我们对经营性资产和投资性资产的界定并不是固定不变的，应该结合企业资产的实际情况，根据实质重于形式原则和重要性原则灵活地把握，分类主要是为了更加客观、科学地考察企业战略选择及其实施后果。

1. 利润结构与资产结构的匹配性分析

可以分别采用合并报表数据和母公司报表数据，计算经营性资产与投资性资产的比例关系以及核心利润与投资收益的比例关系。如果不考虑不同的商业模式、行业间的盈利性差异以及企业处在不同的发展阶段而产生的盈利差异等各种因素，可以简单地通过如下比较大体上对整个集团以及上市公司自身利润的战略吻合性加以评价：从长期来看，如果两者大致相当，则说明企业战略的实施效果较好，利润的战略吻合性较高；如果两者相差较大，在一些主客观因素无法给出合理解释的情况下①，一般认为企业战略的实施效果不够好，利润的战略吻合性较低。

2. 企业各类资产的盈利能力分析

在传统的财务指标中，通常只将资产总额与利润总额（或者息税前利润总额）

---

① 其中的一个特殊情况就是企业投资性资产中控制性投资（即对子公司投资）规模较大，由于对子公司的投资收益采用成本法核算，这时的投资收益规模只取决于子公司的分红政策而非子公司的盈利能力，因此投资收益并不能真正反映投资性资产的投资回报。在这种情况下，通常将母公司资产分为经营性资产、控制性投资和其他投资三个部分，再进行相应的战略吻合性分析。具体分析稍后讲解。

进行比较，计算总资产报酬率。但由于企业会选择实施不同的战略，导致不同的资产结构（指经营性资产与投资性资产的比例关系），产生不同的利润结构，因此，通常情况下，各类资产的相对盈利能力是不同的，有必要对企业的各类资产分别进行盈利能力分析（这里主要从数量维度考虑），以帮助分析者找出企业资产中相对较强的盈利区域，这样更有利于企业管理者及时调整经营战略，也有利于投资者更清晰地判断企业未来的发展走势。

（1）经营性资产的盈利能力分析。可以通过计算经营性资产报酬率来进行分析与评价。

$$经营性资产报酬率=\frac{核心利润}{平均经营性资产}\times 100\%$$

除了一般性地比较企业年度间、企业间的经营性资产报酬率以外，还应注意：经营性资产种类繁多，不同经营性资产的利润贡献方式可能存在较大差异。例如，在企业从事一般经营活动的同时兼营投资性房地产业务的情况下，投资性房地产业务的租金收入（属于营业收入）与普通产品销售（营业）收入对利润的贡献方式显然不同。因此，应特别关注经营性资产的结构性差异对企业利润贡献造成的不同影响。

（2）投资性资产的盈利能力分析。可以通过计算投资性资产报酬率来进行分析与评价。

$$投资性资产报酬率=\frac{投资收益}{平均投资性资产}\times 100\%$$

除了一般性地比较企业年度间、企业间的投资性资产盈利能力以外，还应注意：以公允价值计量且其变动计入当期损益的金融资产和非流动资产中有诸多形态的投资性资产，不同形态的投资性资产产生的投资收益在确认和计量方法上存在较大差异，如金融资产处置收益、长期股权投资转让收益、成本法和权益法确认的投资收益以及利息收益等。因此，应特别关注不同投资性资产在利润确认方面存在的差异。在以公允价值计量且其变动计入当期损益的金融资产当期所带来的公允价值变动收益金额较大时，可以将其归入投资收益范围。

（3）资产管理和利润操纵倾向。通过比较投资收益与投资性资产、核心利润与经营性资产之间的相对盈利能力差异，也可以对企业的资产管理质量、利润操纵等方面做出判断。

3. 对利润战略吻合性的进一步分析

实际上，我们还可以对上市公司自身的资产做更细致的划分，将投资性资产进一步分为控制性投资资产和其他投资资产，这样，资产就分为经营性资产、控制性投资资产和其他投资资产三个部分。其中，经营性资产和控制性投资资产是分析的重点。

经营性资产在企业的经营活动中会直接获取核心利润，而控制性投资资产实际上就是子公司的经营性资产，因此，控制性投资所带来的经营成果体现为子公司的核心利润。

综上所述，本书的利润质量分析体系是基于“资产创造利润，利润带来现金流量”这一逻辑关系构建起来的。利润结构与资产结构、现金流量结构之间的对应关系可以简单地通过图 4 - 1 加以总括展示。

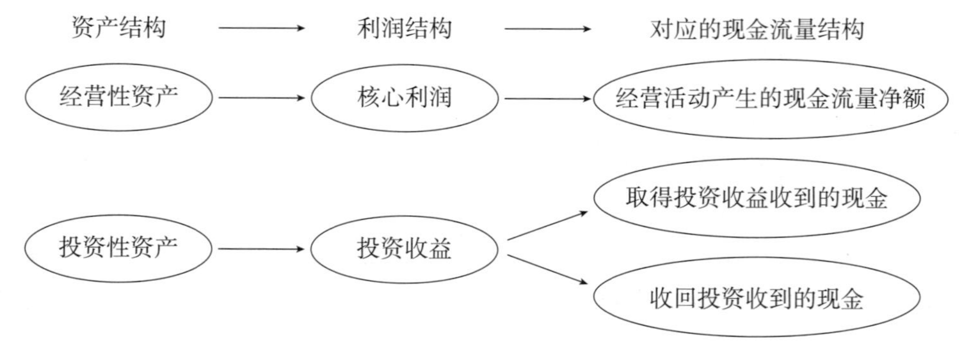

图 4 - 1　利润结构与资产结构、现金流量结构之间的对应关系图

概括起来，无论是上市公司自身的经营性资产，还是通过对外投资形成的子公司的经营性资产，在三张报表中都有一条非常清晰的分析脉络：经营性资产—核心利润—经营活动产生的现金流量净额。通过这条脉络，我们就能够比较清晰地判断企业经营性资产的整体质量和利润质量。

需要特殊强调的是，在实践中存在一种特殊类型的企业——以控制性投资为主体的企业，对这样的企业进行质量分析，必须采用另一个分析脉络。由于以控制性投资为主体的企业自身基本不开展经营活动，主要从事对外投资活动以及后续的投资管理工作，因此这类企业报表中的资产项目主要有三个：货币资金、其他应收款以及长期股权投资，而固定资产等常规的经营性资产项目金额相对较少。在子公司不分红的情况下，母公司的利润表中就无法显示投资收益（由成本法的核算特点决定）。在这种情况下，企业利润表中的营业收入规模可能会很小，而管理费用、销售费用、财务费用等期间费用却要照常发生，结果导致母公司利润表中所显示的企业业绩非常差——净利润是一个惨不忍睹的负数。

这时，要想正确判断企业的资产质量和利润质量，就必须采用另一个脉络展开分析：母公司（即上市公司自身）控制性投资资产—子公司的核心利润—子公司经营活动产生的现金流量净额。其中，子公司的核心利润是在合并报表中体现的，为合并核心利润与母公司核心利润之差，当然其前提是母子公司之间所发生的内部关联交易较少。因此，在将企业的投资性资产划分为控制性投资资产和其他投资资产的情况下，企业利润结构与资产结构、现金流量结构之间的对应关系可以进一步通过表4－20加以全面展示。

表4－20①　利润结构与资产结构、现金流量结构之间的对应关系

资产结构	利润结构	对应的现金流量结构
经营性资产	核心利润	经营活动产生的现金流量净额
控制性投资资产②	子公司的核心利润（合并核心利润与母公司核心利润之差）	子公司的经营活动产生的现金流量净额（合并现金流量表的经营活动产生的现金流量净额与母公司现金流量表的经营活动产生的现金流量净额之差）
其他投资资产③	权益法确认的投资收益、债权投资收益、投资处置收益、公允价值变动收益等	主要通过"取得投资收益收到的现金"和"收回投资收到的现金"等项目进行分析

需要再次强调的是，以控制性投资为主体的上市公司，其自身的利润表（即母公司利润表）中的净利润不取决于子公司的效益，而是取决于子公司的分红政策。因此，在集团管理中，要想让母公司的报表业绩好看一些的话，子公司就应该保持持续稳定的现金分红政策。

案例分析

北陆药业利润的战略吻合性分析

以北陆药业2022年年报中母公司资产负债表、利润表以及现金流量表相关数据为基础，可以对其利润的战略吻合性加以分析，如表4－21所示。

表4－21　北陆药业利润的战略吻合性分析表　　单位：亿元

资产结构		利润结构		对应的现金流量结构	
项目	金额	项目	金额	项目	金额
经营性资产	8.55	核心利润	－0.08	经营活动产生的现金流量净额	1.74
投资性资产	8.45	投资收益＋公允价值变动收益	0.35（－0.06＋0.29）	取得投资收益收到的现金	0.12

① 为使分析脉络清晰，忽略了利润表中诸如营业外收入、营业外支出、资产减值损失、所得税费用等非主要项目。

② 企业控制性投资通常可以通过下列项目加以识别：母公司长期股权投资与合并报表长期股权投资之差；母公司其他应收款与合并报表其他应收款之差；母公司预付款项与合并报表预付款项之差。当然，只有当上述差额为正时才有意义。

③ 其他投资通常包括：以公允价值计量且其变动计入当期损益的金融资产、债权投资、其他债权投资、其他权益工具投资、合并报表中的长期股权投资等。

续表

资产结构		利润结构		对应的现金流量结构	
项目	金额	项目	金额	项目	金额
货币资金	7.31	利息收入	0.09		
资产总额	24.31	营业利润	0.31	合计	1.86

从表中可以看出，北陆药业目前选择的是“经营主导+适度投资”的资源配置战略，在利润结构中，公司由于行业政策改革（如集采政策出台与实施）等原因导致本年核心利润大幅下滑，当年业绩是以投资收益和公允价值变动收益为主，资产结构与利润结构的吻合度不高，经营性资产报酬率约为−1%，说明公司经营主导的战略效果不甚理想。核心利润获现率也因核心利润降为负值而失去意义（当然由于支付其他与经营活动有关的现金大幅减少导致经营活动现金流量净额看上去似乎还不错）。由于联营企业都不同程度发生了亏损，导致投资性资产带来的投资收益也不够理想，支撑当年业绩的主要支柱是来自公允价值变动收益，但由于其属于未实现损益，既无法给当期带来现金流入也存在一定的不确定性。企业在未来仍面临较大的发展压力，既要在新的集采政策下寻找新的利润增长点，又要通过进一步整合增强与联营企业的协同效应。

4.5 利润质量恶化的外在表现

4.5 即测即评

企业利润的质量恶化往往是一个较为缓慢的过程，甚至具有一定的隐蔽性和欺骗性。但通常情况下，利润质量的恶化总会反映在企业经营的某些方面，因此信息使用者可以根据某些外在表现及时发现企业利润质量恶化的蛛丝马迹。常见的情况如下。

1. 企业扩张过快

虽然我们在评价企业利润质量时强调成长性问题，指出成长性是企业发展的灵魂，是衡量企业财务状况和预测企业发展前景的重要方面，但无数上市公司失败的案例告诉我们，毫无节制的野蛮生长有可能使企业多年的努力毁于一旦，“过快成长等于加速灭亡”便成为一句管理魔咒。企业在多元化经营的过程中必然面临一个问题：企业对于正在拓展的其他领域，无论是在技术上、管理上还是在营销上，都要有一个逐步适应、探索的过程。企业在发展过程中不可避免地会受到来自资金、资源、管理水平等各方面的制约，这就注定了企业并不是无所不能而是技有所长，如果企业在一定时期内扩张过快，涉及的领域过多、过宽，那么，企业把触角延伸到自己不擅长的领域的概率就会加大，这时所获利润的质量就有恶化的可能。

2. 企业过度举债

企业过度举债，除了发展、扩张性原因以外，还有可能是由于企业通过正常经营活动、投资活动难以获得正常的现金流量支持，即利润的含金量下降。在企业由于回款不力等原因面临利润质量恶化的情况下，通常难以满足经营活动正常的现金需求，企业只能依靠扩大贷款规模来解决资金短缺的难题。但扩大贷款规模会因企业未来承担更多的利息支出而使企业的业绩雪上加霜，因此，我们一般认为，过度举债往往会导致企业一步步地走向财务困境，这也是企业利润质量恶化的外在表现。

3. 注册会计师（会计师事务所）频繁变更，审计报告出现异常

对于注册会计师（会计师事务所，下同）而言，企业是他们的客户，注册会计师一般不愿轻易失去客户。只有在审计过程中，当注册会计师①与企业管理者就报表编制出现重大意见分歧、难以继续合作时，注册会计师才有可能出于审计风险的考虑而主动放弃客户。因此，对于频繁变更注册会计师的企业，会计信息使用者应当考虑企业因业绩下降而不得已造假的可能。这种情况下公布的企业业绩即便维持了原有水平，企业利润质量也极有可能出现恶化。此外，如果企业年报的公布日期比正常的要晚，甚至审计人员发生了变化，通常也是企业利润质量恶化的一种迹象。

4. 企业变更会计政策和会计估计

根据一致性原则，企业一旦确定了会计政策和会计估计基础，一般不得随意变更。但如果企业赖以决策的基础发生了变化，或者获得了新的信息、积累了更多的经验、内外部环境发生了变化等，企业可以对会计政策进行变更或者对会计估计进行修订，但要给出充足的理由。

然而在实务中，有很多企业在并不符合会计准则要求的情况下变更会计政策和会计估计，如变更固定资产的折旧方法、延长固定资产的折旧年限、压低应收账款等资产项目的减值准备计提比例等，其变更的目的不排除借此改善企业财务业绩。因此，尤其是在企业面临不良经营状况时，企业有变更会计政策和会计估计的举动，且恰好有利于企业账面利润的改善，那么这种变更便成为企业利润质量恶化的一种信号。

---

① 注册会计师（会计师事务所）出具的审计意见通常包括标准无保留意见、保留意见、否定意见和无法表示意见四种类型。一般情况下，注册会计师出具标准无保留意见的审计报告，表明企业会计信息的质量较高。而如果出现其他三种报告中的任何一种，或者审计报告异常的长，带有大量说明段，且含有异常的措辞，提及重要的不确定性事项，通常表明企业的业绩中存在某些虚假成分。

5. 应收账款规模不正常增加，应收账款平均收账期不正常变长

应收账款是因企业赊销而引起的债权。在企业赊销政策一定的条件下，企业的应收账款规模通常与企业的营业收入保持一定的相关性，企业的应收账款平均收账期也应保持相对稳定。值得注意的是，企业的应收账款规模在一定程度上与企业在赊销过程中所采用的信用政策有关（尤其是那些产品在市场上可替换性强、市场竞争激烈的企业）：放宽信用政策（放松对客户信誉的审查、放宽收账期），将会刺激销售，扩大应收账款的规模，延长应收账款平均收账期。

因此，企业应收账款的不正常增加、应收账款平均收账期的不正常变长，有可能是企业为了增加营业收入而放宽信用政策的结果。过宽的信用政策可以刺激企业营业收入立即增长，但是，企业会面临未来发生大量坏账的风险，利润的含金量会受到影响。

6. 应付账款规模不正常增加，应付账款平均付账期不正常延长

应付账款是因企业赊购商品或其他存货而引起的债务。在企业供应商的赊销政策一定的条件下，企业的应付账款规模应该与企业的采购规模保持一定的对应关系。在企业产销较为平稳的条件下，企业的应付账款规模还应该与企业的营业收入保持一定的对应关系，企业的应付账款平均付账期也应保持相对稳定。如果企业的购货和销售状况没有发生很大变化，企业的供应商也没有主动放宽赊销的信用政策，但企业的应付账款规模却不正常增加，应付账款平均付账期也不正常延长，就有可能成为企业支付能力恶化、资产质量恶化、利润质量恶化的一种外在表现。

7. 企业存货周转过于缓慢

存货周转过于缓慢，表明企业在产品质量、价格、存货控制或营销策略等方面出现了一些问题。存货周转越慢，企业存货占用的资金也就越多。过多的存货除了占用资金、引起企业过去和未来的利息支出增加以外，还会使企业承担存货过时的风险，并产生过多的存货损失以及存货保管成本，这些因素都会在一定程度上降低利润的持续性。

8. 企业无形资产或者开发支出等资产项目规模不正常增加

从无形资产会计处理的一般惯例来看，企业自创无形资产所发生的研究和开发支出一般应计入当期损益，而在资产负债表上作为无形资产列示的主要是企业从外部取得的无形资产。如果企业出现无形资产或者开发支出的不正常增加，有可能是因为收入不足以弥补应当归于当期的花费或开支，企业为了减少研究和开发支出对利润表的冲击而利用这些虚拟资产将费用资本化，从而形成企业“虚盈实亏”的现象。因此，我们有理由认为，企业无形资产或者开发支出等资产项目规模不正常增加是企业盈利能力下降、利润质量恶化的一种掩盖方式。

9. 企业的业绩过度依赖非经常性损益项目

正常情况下，无论企业采用何种战略，营业利润都应该成为企业业绩的主要支撑。但是在实务中，有些企业在利润增长潜力挖尽的情况下，为了维持一定的利润水平，有可能通过非经常性损益项目来弥补核心利润和投资收益的不足。企业通过获取固定资产的处置收益来增加利润就是一种很常见的手段，虽然这一做法在当期有助于企业维持表面繁荣的局面，但如果所出售的项目是企业生产经营中所需要的固定资产，就会使企业的未来经营规模和长期发展战略受到直接冲击，未来的盈利能力和利润质量也必定会受到负面影响。

10. 企业利润表中的销售费用、管理费用等项目规模出现反常走势

企业利润表中的销售费用、管理费用等期间费用基本上可以分成固定和变动两个部分。其中，固定部分主要包括折旧费、人头费等不随企业业务量的变化而变化的费用；变动部分则是指那些随企业业务量的变化而变化的费用。这样，企业各个会计期间的总费用还是会呈现出随企业业务量的变化而变化的特征。当业务量增加时，费用总额一般会相应增加；而当业务量下降时，企业为了改变这种局面，往往会发生更多的诸如广告费、促销费、新产品开发研制费等支出。可见，在企业正常的发展过程中，大规模地降低期间费用的发生水平是有难度的。当然，企业采取有效的成本费用控制措施会使费用有一定的下降，但如果这种下降缺乏持续性，仅在某一期间出现异常下降，就往往是企业为缓解业绩恶化而采用人为操纵的手段所带来的结果。

11. 企业反常压缩酌量性支出

酌量性支出是指企业管理层可以通过自身决策来改变其发生规模的支出，如研究和开发支出、广告费支出、职工培训支出等。我们在前面的分析中已经指出，此类支出可能并不在当期带来全部效益，但对企业的未来发展非常有利，因此，其发生水平通常与企业当期的经营规模和业绩变化不呈直接的线性关系，而与企业的经营战略和管理风格有更密切的联系，一般在一定时期内表现出相对稳定的开支状态。如果这类支出的规模相对于营业收入的规模来说大幅降低，就应考虑有反常压缩的可能。也就是说，企业可能为了避免当期利润规模大幅下降，蓄意缩小酌量性支出规模或推迟其发生的时间。这种迹象往往预示着企业的利润质量可能会进一步恶化。

12. 企业有足够的可分配利润，但长期不进行现金分红

企业股东投资的主要目的有：获取现金股利；控制被投资企业以实现企业的战略目标；耐心持有以实现投资的增值；等等。其中，获取现金股利是股东投资最基本的投资目的。而企业支付现金股利一般需具备两个条件：第一，企业应有足够的可供分配利润（即未分配利润）；第二，企业要有足够的货币支付能力。显然，如果企业有足够的可供分配利润但不进行现金股利分配，无论企业如何解释，我们首先应当怀疑企业没有现金支付能力，或者怀疑管理层对企业未来的发展前景信心不足。在企业没有明确的未来发展规划的情况下，这完全可以认为是企业利润质量下降的一种外在表现。

本章小结

通过本章的学习，我们讨论了利润表的作用；重点介绍了企业利润表三大要素的概念、利润的各个层次和计算公式；介绍了与利润表有关的常规财务分析比率；系统阐述了利润表项目质量分析方法；重点强调了利润质量的分析方法；列举了利润质量恶化的种种外在表现。

关键术语

营业收入	营业成本	毛利
核心利润	营业利润	利润总额
净利润	销售费用	管理费用
研发费用	财务费用	利息费用
资产减值损失	公允价值变动收益	投资收益
利息保障倍数	毛利率	核心利润率
经营性资产报酬率	资产报酬率	权益报酬率（净资产收益率）
销售净利率	资产周转率	应收账款周转率
存货周转率	经营性资产周转率	固定资产周转率
利润质量		

思考题

1. 企业利润表的基本内容和具体结构如何？
2. 如何理解利润表的作用？
3. 与利润表有关的常规财务分析比率有哪些？
4. 如何评价利润表各项目的质量？
5. 怎样看待公允价值变动收益和资产减值准备对企业利润的贡献？
6. 如何评价企业利润质量？
7. 企业利润质量下降通常有哪些特征？

案例讨论与分析

案例一

请以秋林集团 2020—2022 年年报为基础，对该企业的利润质量进行评价。

项目	2022 年 合并报表	2021 年 合并报表	2020 年 合并报表
一、营业总收入			
其中：营业收入	111 180 102.23	139 180 632.15	144 166 836.32
二、营业总成本			
其中：营业成本	45 939 083.63	69 137 300.34	71 937 890.91
税金及附加	3 212 225.11	5 160 436.45	5 341 453.66
销售费用	18 124 273.24	23 023 221.40	23 298 887.96
管理费用	42 331 988.43	74 270 276.64	45 948 725.71
研发费用			
财务费用	65 872 678.30	163 174 783.32	209 047 535.55
其中：利息费用			
利息收入			
加：其他收益			100 848.39
投资收益			
汇兑收益			
公允价值变动收益			
信用减值损失	−21 843 545.50	152 199 004.15	−255 715 478.30
资产减值损失	−216 847.14		−87 819 439.54
资产处置收益	34 195.25		
三、营业利润	−86 326 343.87	−43 386 381.85	−554 841 726.92
加：营业外收入	1 135 733.40	3 125 099.00	834 783.23
减：营业外支出	4 661 932.99	90 032.31	22 569 336.97
四、利润总额	−89 852 543.46	−40 351 315.16	−576 576 280.66
减：所得税费用	−637 828.03	228 307.08	5 958 636.28
五、净利润	−89 214 715.43	−40 579 622.24	−582 534 916.94

案例二

请以附录中的普洛药业合并利润表与合并现金流量表为基础，完成以下计算与分析：

1. 对与合并利润表自身有关的财务比率进行计算并评价；
2. 计算核心利润获现率，分析影响核心利润获现率高低的主要原因。

案例三

请分别以附录中的北陆药业、卫光生物和普洛药业三家医药行业上市公司的合并资产负债表和合并利润表为基础，运用杜邦财务分析体系分析：

1. 各家公司的盈利能力并加以比较；
2. 各家公司所选择的经营战略之间的差异；
3. 各家公司提升盈利能力的有效途径与措施。

案例四

请以普洛药业 2022 年年报信息为基础，对该公司的盈利能力进行全面分析与评价。

第5章

现金流量表分析

素养提升

本章内容帮助学生充分认识现金流量质量分析在企业财务状况质量分析中的重要意义，深刻体会企业不同发展阶段对现金流量质量特征的影响，强化现金流量质量分析应该体现企业各项活动（包括经营活动、投资活动和筹资活动）之间动态协调与平衡的基本理念。认真学习现金流量质量分析方法，学生可牢固树立企业的质量发展观和辩证发展观，用战略思维进一步拓展分析视野和分析格局，培养系统思维能力和辩证思维能力。

1. 价值塑造

树立正确的质量发展观： 强化在企业追求盈利、实现增长的过程中，"现金为王"对企业健康发展的重要意义，注重有含金量的盈利和有质量的增长，这样才有可能实现企业的可持续发展。

树立科学的辩证发展观： 强化企业不同发展阶段对现金流量质量特征的影响；深刻理解经营活动产生的现金流量对企业生存的决定性意义，投资活动产生的现金流量对企业发展的战略意义，筹资活动的现金流量对经营活动和投资活动的支撑意义；帮助学生基于经营活动、投资活动和筹资活动之间既彼此制约又相互支持的辩证关系来分析企业的现金流量质量。

2. 知识传授

现金流量表中的"现金及现金等价物"与资产负债表中的"货币资金"项目本质一致，但范围不同。部分货币资金有可能因使用受到限制而影响其"自由度"，所以它们的质量会有所不同。

现金流量的正负号不代表一般意义上的“好”与“坏”，它代表现金的流向，更代表现金的一种流动状态。

初创期和成长期的企业并不特别强调其“造血功能”是否强劲，只强调能否“活着”；而成熟期的企业如果“造血功能”还不行，那极有可能是真的不行。财务状况良好的企业一定是经营活动产生的现金流量净额与核心利润匹配较好的企业，而经营活动产生的现金流量净额是否充足，既取决于核心利润的规模，也取决于企业的资本性支出水平。

投资活动现金流出量的规模和结构与企业战略实施及企业资产结构高度关联；筹资活动现金流入量的规模和结构既与企业的融资环境有关，也与企业的筹资理念和管理能力有关。

3. 能力培养

培养学生的系统思维能力：帮助学生建立资产负债表、利润表和现金流量表的一体化思维体系，深刻认识到利润表和现金流量表是对资产负债表个别项目变化过程与变化原因的展开说明，利润是资产运用带来的“产出”，现金流量是利润获取带来的“结果”，提升学生在整个系统中思考和解决财务报表分析问题的能力。

培养学生的辩证思维能力：帮助学生充分领悟增长与盈利、盈利与现金流量之间的辩证关系，深刻理解现金流量在企业不同发展阶段的特征，正确认识各项活动现金流量之间既彼此制约又相互支持的辩证关系，培养学生动态、辩证分析现金流量质量的能力。

培养学生的战略思维能力：帮助学生充分认识现金流量背后的战略含义，深刻理解投资活动现金流量的规模和结构与企业战略动态调整之间的关系，筹资活动现金流量的规模和结构与企业融资环境和筹资管理能力之间的关系，培养学生在战略视角下进行现金流量质量分析的能力。

学习目标

1. 掌握现金、现金等价物、现金流量等一系列概念；
2. 掌握现金流量表中关于现金流量的分类；
3. 理解现金流量表的作用；
4. 了解与现金流量表有关的常规财务分析比率；
5. 重点掌握现金流量质量分析方法；
6. 了解影响企业现金流量变化的主要原因。

引例

现金流异常 证交所下发问询函

某上市公司某年度对外公布的年报中显示，年度实现营业收入和“归属于上市公司股东的净利润”均较上年有了显著增长，业绩在行业内遥遥领先。然而，对于这样一份看起来业绩非常良好的年报，证交所却下发了年报问询函。其中的一个重要原因就是公司经营现金流量出现异常，证交所对现金流量大幅变动的合理性进行了问询。

从年报来看，各季度营业收入较为稳定，然而奇怪的是，该公司各季度的净利润、扣非后净利润却出现了较大幅度的波动，与此同时，经营活动产生的现金流量净额更是出现了剧烈波动，其中第三季度经营活动产生的现金流量甚至为负。

经营活动产生的现金流量对于企业来说意义何在？经营活动产生的现金流量具有稳定性对于企业来说意义何在？证交所就此提出问询的理由何在？如何理解公司经营现金流量出现异常背后隐藏的质量信息？本章将讨论现金流量表以及现金流量质量方面的有关问题。

5.1 现金流量表概述

现金流量表是反映企业在一定会计期间现金和现金等价物流入和流出相关信息的报表，可以概括反映企业会计期间内发生的经营活动、投资活动和筹资活动等各项经济活动对现金及现金等价物所产生的影响，这些信息在很大程度上弥补了资产负债表和利润表所提供信息的不足。

5.1 即测即评

5.1.1 现金流量表相关概念的含义

1. 现金

这里的现金（cash）是指企业的库存现金以及可以随时用于支付的银行存款，它是资产负债表的“货币资金”项目中真正可以随时支取的部分，由于被指定了特殊用途而不能随意支取的部分不应包括在内，如其他货币资金中的银行承兑汇票开票保证金、借款质押保证金、金融机构存放中央银行款项中的法定存款准备金，以及由于受当地外汇管制或其他立法的限制而无法正常使用的外币等。

2. 现金等价物

现金等价物（cash equivalents）是指企业持有的期限短、流动性强、易于转换为已知金额的现金、价值变动风险很小的投资。期限短一般是指从购买日起三个月内到期，如可在证券市场上流通的三个月内到期的债券投资（如国库券）等。现金等价物虽然不是现金，但因其随时可以变现，支付能力与现金相似，可视同现金。权益性投资变现的金额通常不确定，因而不属于现金等价物。

3. 现金流量

现金流量（cash flow）是一段时期内企业现金和现金等价物流入和流出的数量，如企业销售商品、提供劳务、出售固定资产、向银行借款等取得现金，形成企业的现金流入；购买原材料、接受劳务、购建固定资产、对外投资、偿还债务等支付现金等，形成企业的现金流出。现金流量信息能够表明企业经营状况是否良好、资金是否紧张以及企业偿付能力大小等，从而为投资者、债权人、企业管理者提供非常有用的信息。

应该注意的是，企业货币资金不同形态之间的转换不会产生现金的流入和流出，比如，企业从银行提取现金是企业现金存放形式的转换，并未流出企业，不构成现金流量；同样，现金与现金等价物之间的转换也不属于现金流量，如企业用现金购买将于三个月内到期的国库券等。

5.1.2 现金流量表的基本结构

根据企业业务活动的性质和现金流量的来源，现金流量表在结构上将企业一定期间产生的现金流量分为三类：经营活动产生的现金流量、投资活动产生的现金流量和筹资活动产生的现金流量。

现金流量表一般由表头、表身和补充资料三部分构成。现金流量表的表头主要填制编制单位、报表日期、货币计量单位等，由于现金流量表说明的是某一时期的现金流量，因而现金流量表的表头必须注明“某年某月”或“某会计年度”。表身是现金流量表的主体部分，主要反映三大活动分别产生的现金流入和现金流出情况。为了使报表使用者通过比较不同期间现金流量的实现情况，判断企业现金流量的未来发展趋势，企业需要提供比较现金流量表，因此现金流量表还就各项目分为“本期金额”和“上期金额”两栏分别填列。补充资料披露了一些在主体部分未能提供的重要信息或未能充分说明的信息，这部分资料通常列示在报表附注中，主要包括将净利润调节为经营活动现金流量、不涉及现金收支的重大投资和筹资活动、现金及现金等价物净变动情况等方面的信息。我国现行会计准则规定的企业现金流量表的结构，请参阅本书附录。

企业由于所处的行业特点不同，对各类活动的认定存在一定差异，在对现金流量表进行分析时，应根据企业所处行业的不同特点和实际情况来考察企业现金流量的类别。本书以我国一般企业现金流量表的基本结构为基础进行分析。表5-1列出了现金流量表的主要项目。

表 5-1　现金流量表（主要项目）

一、经营活动产生的现金流量：
销售商品、提供劳务收到的现金
收到的税费返还
收到其他与经营活动有关的现金
经营活动现金流入小计
购买商品、接受劳务支付的现金
支付给职工以及为职工支付的现金
支付的各项税费
支付其他与经营活动有关的现金
经营活动现金流出小计
经营活动产生的现金流量净额
二、投资活动产生的现金流量：
收回投资收到的现金
取得投资收益收到的现金
处置固定资产、无形资产和其他长期资产收回的现金净额
收到其他与投资活动有关的现金
投资活动现金流入小计
购建固定资产、无形资产和其他长期资产支付的现金
投资支付的现金
支付其他与投资活动有关的现金
投资活动现金流出小计
投资活动产生的现金流量净额
三、筹资活动产生的现金流量：
吸收投资收到的现金
取得借款收到的现金
收到其他与筹资活动有关的现金
筹资活动现金流入小计
偿还债务支付的现金
分配股利、利润或偿付利息支付的现金
支付其他与筹资活动有关的现金
筹资活动现金流出小计
筹资活动产生的现金流量净额

下面对现金流量表中包含的主要项目做进一步说明。

1. 经营活动产生的现金流量

经营活动是指企业投资活动和筹资活动以外的所有交易和事项。各类企业由于行业特点不同，对经营活动的认定存在一定差异。就工商企业来说，经营活动主要包括：销售商品、提供劳务、经营性租赁、购买商品、接受劳务、广告宣传、推销产品、缴纳税款等。在我国，企业经营活动产生的现金流量应当采用直接法填列。直接法是指通过现金收入和现金支出的主要类别列示经营活动的现金流量。

（1）经营活动流入的现金。主要包括：1）销售商品、提供劳务收到的现金：反映企业因销售商品、提供劳务实际收到的现金（含销售收入和应向购买者收取的增值税销项税额），包括本期销售商品、提供劳务收到的现金，以及前期销售和前期提供劳务本期收到的现金及本期预收的账款，减去本期退回本期销售的商品和前期销售本期退回的商品支付的现金，企业销售材料和代购代销业务收到的现金也包括在本项目中。2）收到的税费返还：反映企业收到的税务部门返还的各种税费。3）收到其他与经营活动有关的现金：反映企业除了上述各项目外，收到的其他与经营活动有关的现金流入，如经营租赁收到的租金、罚款收入、流动资产损失中有个人赔偿的现金收入等。

（2）经营活动流出的现金。主要包括：1）购买商品、接受劳务支付的现金：反映企业购买材料和商品、接受劳务实际支付的现金，包括本期购入材料和商品、接受劳务支付的现金（包括增值税进项税额），以及本期支付前期购入材料和商品、接受劳务的未付款项和本期预付款项，本期因购货退回而收到的现金则从本项目中减去。2）支付给职工以及为职工支付的现金：反映企业实际支付给职工的工资、奖金、各种津贴和补贴，以及为职工支付的“五险一金”和其他福利费用等。3）支付的各项税费：反映企业按规定支付的各种税费，包括本期发生并支付的税费，以及本期支付以前各期发生的税费和预缴的税金，如支付的所得税、增值税、消费税、印花税、房产税、土地增值税、车船税、教育费附加等，不包括计入固定资产价值、实际支付的耕地占用税等。4）支付其他与经营活动有关的现金：反映企业除了上述各项目外，支付的其他与经营活动有关的现金流出，如企业罚款支出、差旅费、业务招待费、保险费等。

2. 投资活动产生的现金流量

投资活动是指企业非流动资产的购建和处置以及不包括在现金等价物范围内的投资性资产的取得和处置活动。

（1）投资活动流入的现金。主要包括：1）收回投资收到的现金：反映企业出售、转让或到期收回除现金等价物以外的对其他企业的权益工具、债务工具和合营中的权益（本金）而收到的现金。2）取得投资收益收到的现金：反映企业除现金等价物以外的对其他企业的权益工具、债务工具和合营中的权益投资分回的现金股利和利息等（不包括股票股利）。3）处置固定资产、无形资产和其他长期资产收回的现金净额：反映企业处置固定资产、无形资产和其他长期资产所取得的现金，减去为处置这些资产而支付的有关费用后的净额，由于自然灾害所造成的固定资产等长期资产损失而收到的保险赔偿收入也在本项目反映。4）收到其他与投资活动有关的现金：反映企业除了上述各项目外，收到的其他与投资活动有关的现金流入。

（2）投资活动流出的现金。主要包括：1）购建固定资产、无形资产和其他长期资产支付的现金：反映企业购买、建造固定资产，取得无形资产和其他长期资产所支付的现金（含增值税款）以及用现金支付的应由在建工程和无形资产负担的职工薪酬（不包括为购建固定资产而发生的借款利息资本化的部分，借款利息在筹资活动产生的现金流量中反映）。2）投资支付的现金：反映企业取得除现金等价物以外的对其他企业的权益工具、债务工具和合营中的权益所支付的现金以及支付的佣金、手续费等附加费用。3）支付其他与投资活动有关的现金：反映企业除了上述各项目外，支付的其他与投资活动有关的现金流出。

3. 筹资活动产生的现金流量

筹资活动是指导致企业权益资本及债务资本的规模和构成发生变化的活动。这里所说的权益资本包括实收资本（股本）、资本溢价（股本溢价），与权益资本有关的现金流入和流出项目包括吸收投资、发行股票、分配利润等；这里的债务资本是指企业对外举债所借入的款项，与债务资本有关的现金流入和流出项目包括发行债券、向金融企业借入款项以及偿还债务等。

（1）筹资活动流入的现金。主要包括：1）吸收投资收到的现金：反映企业收到的投资者投入的现金，包括以发行股票、债券等方式筹集资金实际收到的款项，减去直接支付给金融企业的佣金、手续费、宣传费、咨询费、印刷费等发行费用后的净额（以发行股票、债券等方式筹集资金而由企业直接支付的审计、咨询等费用，在“支付其他与筹资活动有关的现金”项目反映）。2）取得借款收到的现金：反映企业举借各种短期、长期借款所收到的现金。3）收到其他与筹资活动有关的现金：反映企业除了上述各项目外，收到的其他与筹资活动有关的现金流入。

（2）筹资活动流出的现金。主要包括：1）偿还债务支付的现金：反映企业以现金偿还债务的本金，包括偿还金融企业的借款本金、债券本金等。2）分配股利、利润或偿付利息支付的现金：反映企业实际支付的现金股利，支付给其他投资单位的利润，以及支付的借款利息、债券利息等。3）支付其他与筹资活动有关的现金：反映企业除了上述各项目外，支付的其他与筹资活动有关的现金流出，如捐赠现金支出等。

4. 现金流量表补充资料的内容

除现金流量表正表反映的信息外，企业还应在附注中采用间接法披露将净利润调节为经营活动现金流量的信息，同时还包括不涉及现金收支的重大投资和筹资活动、现金及现金等价物净变动情况等方面的信息。

（1）将净利润调节为经营活动现金流量。现金流量表采用直接法反映经营活动产生的现金流量，除此之外，企业还应采用间接法反映经营活动产生的现金流量。间接法是指以本期净利润为起点，通过一系列调整，计算并列报经营活动产生的现金流量的方法。其中，需要调整的项目主要包括：1）实际没有支付现金的费用；2）实际没有收到现金的收入；3）不属于经营活动的损益；4）经营性应收应付项目的增减变动。通过这些调整项目的列示，可以进一步了解企业净利润与经营活动现金流量之间产生差异的具体原因，有助于深入考察利润的质量。

（2）不涉及现金收支的重大投资和筹资活动。不涉及现金收支的重大投资和筹资活动，反映企业一定期间内影响资产或负债但不形成当期现金收支的所有投资和筹资活动的信息。这些投资和筹资活动虽然不涉及当期的现金收支，但对以后各期的现金流量可能会产生重大影响。这类活动还涉及债转股、一年内到期的可转换债券等。

5.1.3 现金流量表的作用

从编制原理来看，现金流量表实质上是按照收付实现制原则编制的，它将权责发生制下的盈利信息调整为收付实现制下的现金流量信息，便于信息使用者了解企业利润的含金量，为评价企业的支付能力和偿债能力，预测企业未来现金流量提供非常重要的依据。具体地说，现金流量表的作用主要体现在以下几个方面。

（1）有助于解释、评价和预测企业的现金流量和现金获取能力。现金流量表将现金流量划分为经营活动、投资活动和筹资活动所产生的现金流量，并按照现金流入和现金流出项目分别反映。因此，现金流量表能够清晰地反映企业现金流入和流出的原因（即现金从哪里来，又用到哪里去），说明企业一定期间内现金余额发生变化的具体原因，这些信息是资产负债表和利润表所不能提供的。同时，由于现金流量表中的“经营活动产生的现金流量”代表企业在经营活动中运用其经济资源创造现金流量的能力，“投资活动产生的现金流量”代表企业通过内外部投资导致现金流量变化的能力，“筹资活动产生的现金流量”代表企业从外部筹资获得现金流量的能力，因此通过现金流量表及其补充资料的信息，可以分析企业获取现金的能力，为预测企业未来现金流量提供有价值的信息。

（2）有助于分析企业利润的含金量，评价企业的支付能力和偿债能力。投资者投入资金、债权人提供企业短期或长期使用的资金，主要目的都是盈利。通常，信息使用者比较关注企业的盈利情况，并且以获得利润的多少作为衡量标准。但是，企业一定期间内获得的利润并不代表企业真正具有支付或偿债能力。在某些情况下，尽管利润表上反映的经营业绩很可观，但企业有可能处于财务困境，由于现金短缺而无法偿还到期债务。还有些企业虽然利润表上反映的经营成果并不可观，但由于现金存量较为充足而有足够的偿付能力。产生这种情况有许多原因，会计核算采用的权责发生制、配比原则等所含的估计因素是主要原因之一。而现金流量表完全以现金的收支为基础，消除了会计核算中会计估计等因素对盈利能力、偿债能力和支付能力所造成的影响。通过分析现金流量表，能够具体了解企业现金流入、流出的构成，更加全面地从质量维度分析企业利润的含金量，更加客观地评价企业的支付能力和偿债能力，有助于投资者和债权人更加科学地做出投资和信贷决策，提高经济资源的配置效率。

（3）有助于了解和判断企业的现金流量质量以及战略支撑能力。实施企业的战略往往会引起不同程度的现金流出，这就要求企业通过经营活动和筹资活动源源不断地带来现金净流入量。通常，我们可以从经营活动现金流入量的充足性、经营活动现金流出量的合理性以及经营活动现金流量净额的稳定性及其对企业战略的支持力度来考察企业经营活动现金流量的质量；从现金流出量与企业战略的吻合性以及现金流入量的盈利性来考察企业投资活动现金流量的质量；从筹资活动现金流量与经营活动和投资活动现金流量的适应性、筹资结构的合理性及其对企业战略的支持力度来考察筹资活动现金流量的质量。对企业现金流量质量的考察，可以在一定程度上透视企业战略实施的现金支撑能力，有助于信息使用者分析企业未来战略顺利实施的可能性，进而更科学地预测企业未来的发展趋势。

（4）有助于管理者做出更为科学的经营决策。资产负债表能够提供企业一定日期的财务状况，但它提供的是静态的财务信息，并不能反映财务状况变动的原因，也不能表明这些资产、负债给企业带来多少现金，又用去多少现金。利润表虽然反映企业一定期间的经营成果，提供动态的财务信息，但只能反映利润的构成，不能反映投资和筹资活动的全部事项。现金流量表却能够提供一定时期现金流入和流出的动态财务信息，表明企业在报告期内通过经营活动、投资活动和筹资活动获得多少现金，企业获得的这些现金又是如何运用的。补充资料（附注）中还提供了不涉及现金的投资和筹资活动方面的重要信息，有助于管理者更加全面地了解和分析企业的各项投资和筹资活动对企业经营成果和财务状况产生的影响，做出更为科学的投融资决策。

5.2 现金流量表有关的比率分析

现金是企业的“血液”，是企业的立命之本、发展之源。企业即便有坚实的资产作为债务的物质保障，有丰厚的盈利作为债务的偿还基础，如果出现现金短缺，企业仍然有可能无法如期偿还债务；企业即便在账面能生成巨额利润，如果在回款环节出现问题而影响了自身的现金创造能力，仍然有可能陷入财务困境甚至出现生存危机。因此，分析者无论对企业进行偿债能力分析还

5.2 即测即评

是盈利能力分析，都必须在一定程度上考虑到现金因素，尤其是企业从经营活动、投资活动和筹资活动等各个领域获取现金的能力。

5.2.1 偿债能力分析

1. 现金比率

我们在前面介绍过，利用资产负债表，可以通过流动比率、速动比率等指标进行企业的短期偿债能力分析。由于现金①是变现能力最强的资产，保持着高度的流动性，因此，用期末现金余额与流动负债余额进行比较，计算出现金比率（cash ratio），可以更为保守地评价企业的短期偿债能力。用公式表示为：

$$现金比率=\frac{现金}{流动负债}$$

但由于流动负债包括企业在一年内到期的各项债务，均有一个明确的到期期限，并不需要企业即刻偿还，况且即便到期，企业也可以通过现存资产的变现，或者动用债务到期前获取的现金去偿还，并不需要企业提前持有足够多的现金“等待”偿债，因此，过于强调现金比率这一评价指标无疑会造成过多的现金闲置，影响资金的利用效率。

2. 经营活动净现金比率

经营活动净现金比率（net operating cash flow to current liabilities）是指经营活动产生的现金流量净额与平均流动负债的比率。用公式表示为：

$$经营活动净现金比率=\frac{经营活动产生的现金流量净额}{平均流动负债}$$

经营活动净现金比率反映了企业依据自身创造现金的能力所能够承担流动负债规模的大小。一般而言，该比率越高，企业承担流动负债的能力就越强；该比率越低，企业承担流动负债的能力就越弱。但由于一方面即便是企业的流动负债，也一般都会有一个具体的偿还期限，并非立刻带来偿还压力；另一方面偿还到期债务所需现金不一定必须要由自身的经营活动来生成（比如可以动用现金存量或者借新债还旧债），因此用这一指标衡量企业的短期偿债能力也不是十分恰当，同样显得过于保守了。

3. 到期债务本息偿付比率

到期债务本息偿付比率（net operating cash flow to expired debts and interests）是指企业的经营活动产生的现金流量净额对本期到期债务和利息支出的现金满足程

① 这里的现金是指企业能够自由支取，可作为支付手段的资产，包括现金流量表中所涉及的现金和现金等价物，可从现金流量表中的“期末现金及现金等价物余额”项目获取数据。

度。用公式表示为：

$$到期债务本息偿付比率=\frac{经营活动产生的现金流量净额}{本期到期债务+利息支出}$$

到期债务本息偿付比率越大，表明企业偿付到期债务的能力越强；到期债务本息偿付比率小于1，则表明企业经营活动产生的现金不足以偿付到期债务本息，企业必须依靠投资活动与筹资活动的现金流入才能足额偿还债务。

与上一指标存在相似问题，即便企业经营活动创造的现金流量净额不足，也可能有其他渠道取得偿还到期债务本息所需要的现金，因此这一指标也是相对保守地衡量企业的偿债能力。

5.2.2 盈利能力分析

分析企业的盈利能力，除了采用第3章中介绍的一些常规的财务指标之外，还需要结合现金流量表中的相关项目，从质量维度分析企业利润的含金量。

1. 核心利润获现率

衡量企业自身经营活动的盈利能力，不仅应从数量维度考察企业盈利的绝对规模（核心利润）和相对规模（核心利润率），还应从质量维度考察企业盈利的含金量和持续性。其中，核心利润的含金量可以通过核心利润获现率来考察。核心利润获现率（net operating cash flow to core profit ratio）的计算公式为：

$$核心利润获现率=\frac{经营活动产生的现金流量净额}{核心利润}\times 100\%$$

在实务中，一般认为持续具有较高核心利润获现率的企业盈利质量更优。由于经营活动产生的现金流量净额与核心利润的计算口径并非完全一致，因此，在计算时往往需要进行一些调整。为简化起见，也可以采用经验数据进行简单评价，在不考虑行业差异和企业所处发展阶段的情况下，该指标至少要保证大于1。

2. 收入现金比率

收入现金比率（cash inflow from operations to sales）是指一定时期经营活动现金净流入与营业收入的比率。用公式表示为：

$$收入现金比率=\frac{经营活动现金流入净额}{营业收入}$$

该比率反映了企业在每一元营业收入中所实现的现金收入净额；从另一个角度分析，该比率体现了企业应收款项回收的效率。一般来说，该比率越大，表明企业的收入质量越高，企业应收款项回收的效率越高。

3. 现金购销比率

现金购销比率（cash paid to suppliers/cash from sales）是指企业在经营活动中购买商品、接受劳务支付的现金与销售商品、提供劳务收到的现金的比率。用公式表示为：

$$现金购销比率=\frac{购买商品、接受劳务支付的现金}{销售商品、提供劳务收到的现金}$$

可以看出，该比率的分子和分母分别对应企业经营活动中的投入与产出。在企业正常经营的情况下，这一比率应该对应利润表中的营业成本率（成本费用总额/营业收入总额）。这一比率过大或过小，都应该引起读者的注意。当然，企业所处发展阶段不同，信用政策不同，市场环境不同，此比率所揭示的内容也不同。

4. 经营性资产现金回收比率

经营性资产现金回收比率（net operating cash flow to operating assets）是指经营活动产生的现金流量净额与平均经营性资产的比率。用公式表示为：

$$经营性资产现金回收比率=\frac{经营活动产生的现金流量净额}{平均经营性资产}$$

由于经营活动产生的现金流量净额反映企业经营活动的“造血功能”，即企业自身创造现金的能力，而经营活动所动用的资源是企业的经营性资产，因此，经营性资产现金回收比率可以反映企业一定时期经营性资产在自身经营活动中所创造现金的能力。与同行业平均数值相比，该数值越大，表明企业经营性资产整体获现质量越好；该数值越小，表明企业经营性资产整体获现质量越差。

5. 每股经营现金流量

每股经营现金流量（net operating cash flow per share）是指经营活动产生的现金流量净额与发行在外的普通股加权平均数的比率。用公式表示为：

$$每股经营现金流量=\frac{经营活动产生的现金流量净额}{发行在外的普通股加权平均数}$$

每股经营现金流量反映企业为每股普通股获取经营现金流量的能力，该指标越来越成为股东所关心的指标之一。与同行业平均数值相比，该数值越大，表明企业自身经营活动为股东获取现金的能力越强；该数值越小，表明企业自身经营活动为股东所获取的现金能力越差。

5.2.3 再投资比率

再投资比率（net operating cash flow to capital expenditure）是指企业一定时期经营活动产生的现金流量净额与资本性支出（主要是固定资产投资）的比率。用公式表示为：

$$再投资比率=\frac{经营活动产生的现金流量净额}{资本性支出}$$

再投资比率反映了企业当期经营活动产生的现金流量净额是否足以支付资本性支出所需现金。比率过低，表明企业的经营活动不能满足企业资本性支出的现金需求，需要依靠筹资活动产生的现金流入来补充资金的不足。

5.3 现金流量质量分析

5.3 即测即评

在对企业的现金流量表进行分析时，不能仅仅关注现金流量的变化结果，也不能只基于各类活动产生的现金流量净额利用一些财务比率简单加以分析，更不能仅仅依据现金流量净额的正负符号直接得出结论，而是应该针对各类活动的现金流量变化过程分别展开分析，尤其应关注这种变化对企业发展所起的作用。由于经营活动、投资活动和筹资活动在企业的资金周转过程中发挥不同的作用，体现不同的质量特征，因此，各项活动现金流量质量分析的侧重点也应有所不同。此外，不同的分析主体出于不同的分析目的，所关心的问题和分析的侧重点也会有所差异。

5.3.1　经营活动现金流量的质量分析

经营活动产生的现金流量是指在某一会计期间由企业自身的生产经营活动所带来的现金流入量和现金流出量，它往往受到宏观经济环境、行业特征以及企业的结算方式、信用政策和竞争实力等因素的影响。企业通过经营活动产生现金流量净额的能力常被视为企业自身的造血功能，一般情况下企业都会主动谋求尽可能多的经营活动现金流量净额。在其他因素相对稳定、购销业务较少出现巨幅波动的情况下，企业经营活动现金流量在不同年度间应保持一定的稳定性，否则可能存在人为操纵的情况。

1. 充足性分析

经营活动现金流量的充足性是指企业是否具有足够的经营活动现金流量来满足正常的运转和规模扩张的需要。现金流量状况是影响企业生存发展的关键因素，经营活动是企业经济活动的主体，也是企业获取持续资金来源的基本途径。通常只有在企业的某些特殊发展阶段（如初创期或转型期）或者某些特殊的经济环境下（如金融危机时期），才允许企业产生负的经营活动现金流量净额。在其他时期，如果企业的经营活动现金流量仍十分有限，那么一般会认为企业自身的造血功能不强，经营活动现金流量的质量自然也就不会太高。由此可见，充足性是经营活动现金流量的一大质量特征。当然，在企业经营周期超过一年的某些行业（如房地产行业），企业各个会计年度的现金流量的分布可能会出现与核心利润的分布有较大差异的情况。

从绝对量方面来说，企业经营活动现金流量的充足性主要表现为企业经营活动现金流量能够支持企业正常运营。显然，企业若想仅靠内部积累维持目前的生产经营能力，其经营活动现金流入量至少能够抵补本期经营活动的现金流出量，包括购买商品、接受劳务支付的现金，为职工支付的现金，支付的各项税费以及支付的其他经营活动现金等。对于大多数行业的企业来说，由于计算核心利润时均要扣除固定资产折旧、无形资产摊销、资产减值损失等多项非付现费用，因此，一般情况下，在企业经营状况正常时，经营活动现金流量净额都要大于核心利润。只有这样，经营活动现金流量才属正常且具有充足性，现有规模下的简单再生产才可能持续。

2. 合理性分析

经营活动现金流量的合理性是指企业经营活动现金流入是否顺畅，经营活动现金流出是否恰当，结构是否合理，经营活动现金流入量与流出量之间是否规模匹配、协调。

（1）经营活动现金流入的顺畅性分析。经营活动现金流入的主要项目是“销售商品、提供劳务收到的现金”，该项目的规模主要取决于企业营业收入的规模、所采取的信用政策和企业实际的回款状况等因素。可以通过利润表中的“营业收入”以及资产负债表中的商业债权（“应收账款”和“应收票据”）、“预收款项”等项目的期初、期末余额的变化情况来分析和判断企业经营活动现金流入是否顺畅。当然，要考虑企业所处行业的结算特点、企业与经销商和客户之间的议价能力以及市场竞争状况等因素对其造成的不同影响。

（2）经营活动现金流出的恰当性分析。经营活动现金流出的主要项目一般是“购买商品、接受劳务支付的现金”，该项目的规模主要取决于企业营业成本的规模、采购规模、相应的采购政策和企业的实际付款状况等因素。可以通过利润表中的“营业成本”以及资产负债表中的商业债务（“应付账款”和“应付票据”）、“存货”、“预付款项”等项目的期初、期末余额的变化情况来分析和判断企业经营活动现金流出是否合理，有无过度支付行为。当然，也要考虑企业所处行业的结算特点、企业与供应商之间的议价能力以及市场竞争状况等因素对其造成的不同影响。

3. 稳定性分析

经营活动现金流量的稳定性是指企业各会计期间的经营活动现金流量规模是否

存在剧烈波动状况，内部构成是否基本符合所处行业的特征，以及是否存在异常变化情况。稳定是一家企业的持续经营并得以发展的前提，经营活动现金流量主要来自企业自身开展的经营活动，主营业务突出、收入稳定是公司运营良好的重要标志，持续平稳的现金流量则是企业正常运营和规避风险的重要保证。

如果一家企业的经营活动现金流入结构比较合理（即企业销售商品、提供劳务收到的现金明显高于其他经营活动流入的现金），且稳定程度较高，一般情况下，这样的企业较容易进行现金预算管理，可以避免出现现金闲置或现金紧张状况，从而保持现金的顺畅周转状态，提高资金使用效率，这样的经营活动现金流量的质量较好。反之，如果一家企业经营活动现金流量的规模和结构经常出现明显波动，则说明企业主营业务的获现能力可能存在很大的不确定性，经营风险较大，这会增加企业现金预算管理的难度，增大企业现金短缺或闲置的可能性，这样的经营活动现金流量的质量就较差。如果某一时期企业的经营活动现金流量出现异常，很可能另有隐情，必须引起足够的重视。如果维持运行和支撑发展的大部分资金由非核心业务活动提供，企业缺少稳定可靠的核心业务的经营现金流量来源，经营活动现金流量的质量就更差，这说明企业的核心竞争力较差或者主营业务的获现能力较差，财务基础较薄弱。企业若想维持正常经营，只能借助筹资活动来应对现金短缺的风险。

5.3.2　投资活动现金流量的质量分析

与经营活动现金流量的特点不同，大部分投资的出售变现或者收益获取通常具有一定的滞后性，即本期投资引发的现金流出也许在当期并不能带来相应的回报。因此，各期投资活动现金流入量和投资活动现金流出量之间并不存在直接的对应关系，考察两者的匹配性和协调性一般是没有意义的。对投资活动现金流量进行质量分析，应主要关注投资活动现金流量的战略吻合性。

从投资活动的目的来分析，企业的投资活动主要有三个目的：第一，为企业正常生产经营活动奠定基础，如购建固定资产、无形资产和其他长期资产等；第二，为企业对外扩张和其他发展性目的进行权益性投资和债权性投资；第三，利用企业暂时不用的闲置货币资金进行短期投资，以求获得较高的投资收益。其中，前两类活动将为企业未来的发展奠定基础，应该体现企业长期发展战略的要求。因此，企业投资活动的现金流量应与企业发展战略相吻合。这种现金流量的战略性是企业投资活动所具备的基本质量特征。

1. 对内扩张或调整的战略吻合性分析

正如企业对经营性资产的结构安排体现了企业经营活动发展的战略要求，通过投资活动现金流出量中“购建固定资产、无形资产和其他长期资产支付的现金”与现金流入量中“处置固定资产、无形资产和其他长期资产收回的现金净额”之间的规模比较，也可以体现企业经营活动发展的战略要求。

若两者均具有较大规模，即“大进大出”，通常表明企业正处在长期经营性资产的大规模置换与优化阶段，这也许是企业战略转型的要求，也许是资产更新换代的要求，往往意味着企业技术装备水平的改善，产品适应市场能力的提高，企业核心竞争力有可能会因此有所增强。当然这种转型或调整的实施效果如何，还要通过以后期间的核心利润和经营活动现金流量的表现来检验。

若前者远大于后者，通常表明企业在原有生产经营规模的基础上，试图通过对内扩张战略来进一步提升市场占有率和夯实主业的竞争力。在原有资产结构中经营性资产占主要地位的情况下，这种对内扩张态势在一定程度上表明了企业坚持经营主导型战略的信心和决心。

若前者明显小于后者，通常表明企业收缩主业经营战线和规模的战略意图，当然也有可能是企业在资金紧张或者市场前景暗淡情况下的一种被动选择。这种收缩行为的经济后果需要结合市场环境（如产品生命周期、竞争态势）、宏观经济环境以及对外投资的战略安排等因素做出具体分析。

2. 对外扩张或调整的战略吻合性分析

对外长期股权投资尤其是控制性投资这种对外扩张形式的持续拉动效应显现为，企业能以较少的资源撬动较多的其他企业的资产。因此，投资活动现金流出量的规模和结构分布可以揭示企业的战略信息。而通过投资活动现金流出量中“投资支付的现金”与现金流入量中“收回投资收到的现金”之间的规模比较，可以反映企业对外投资发展战略的实施和调整情况。

若两者均具有较大规模，且彼此规模相当（即“大进大出”），通常表明企业正处在对外投资的结构性调整（至少是投资品种调整）阶段，应密切关注这种投资战略调整对企业未来盈利能力和未来现金流量的影响。

若前者远大于后者，通常表明当期企业的对外投资呈现总体扩张的态势，应关注企业新的投资方向是否会对企业行业竞争力的提升或者经营风险的进一步分散做出积极贡献，当然这最终会体现在给企业未来盈利能力和未来现金流量带来的影响上。

若前者明显小于后者，通常表明当期企业的对外投资呈现总体收缩的态势，一方面应关注所收回投资的盈利性，另一方面应关注这种收缩的真正意图，是在主动处置不良资产（主要指效益不好或发展前景暗淡的投资对象）还是企业在资金紧张等情况下的一种被动选择。当然，还要分析这种投资战线的收缩对企业未来盈利能力和未来现金流量的影响。

3. 对内对外投资相互转移的战略吻合性分析

在有些情况下，企业可能会在对内投资和对外投资之间进行某种战略调整，要么在大规模处置固定资产、无形资产和其他长期资产的同时进行大规模投资支付，要么在大规模收回投资的同时大规模购建固定资产、无形资产和其他长期资产。这些情况的出现往往意味着企业对经营主导型与投资主导型等战略进行调整，以实现盈利模式的转变。分析时应结合行业市场环境和宏观经济环境等因素来判断其对企业未来发展的影响。

5.3.3　筹资活动现金流量的质量分析

筹资活动引起的现金流量可以维持企业经营活动、投资活动的正常运转。因此，筹资活动现金流量在总体上应该与企业经营活动现金流量、投资活动现金流量周转的状况相适应，在满足企业经营活动和投资活动现金需求的同时，尽量降低融资成本，避免不良融资行为。

1. 多样性分析

企业筹资活动中需要考虑的一个主要问题是资本成本问题。目前我国企业主要的筹资渠道及方式包括：吸收直接投资、发行股票和债券、银行借款、民间融资、融资租赁等。不同的筹资渠道及方式的成本和风险相差很大，要使资本成本降至较低水平，同时将财务风险保持在适当的范围内，企业必须根据自身实际情况，选择适合企业发展的渠道和方式，确定合理的筹资规模、期限和还款方式，实现筹资渠道和方式的多样化。因此，多样性是筹资活动现金流量的另一大质量特征。这里需要说明的是，从企业某一期间的现金流量表分析来看，筹资活动现金流量的多样性不可能体现得非常明显。如果有必要，可以考虑将连续几个会计期间的现金流量表联系起来综合分析。

2. 融资行为的恰当性分析

融资行为的恰当性分析，是指考察企业是否存在超过实际需求的过度融资、是否存在企业资金被其他企业无效益占用（如筹资的当期出现合并报表的“其他应收款”大幅增长）等不良融资行为，进一步分析某种不良融资行为背后真正的融资动机。在筹资活动现金流量大于零的情况下，要着重分析企业的筹资活动是否已经纳入企业的发展规划，是否与企业未来的发展战略相一致。当然，更要判断这是企业管理层以扩大投资和经营活动为目标的主动筹资行为，还是企业因投资活动和经营活动的现金流出失控而被迫采取的筹资行为。

此外，对筹资活动现金流量的质量分析还包括对筹资成本（包括借款利息和现金股利）的现金支付状况、到期债务的偿还状况等方面的分析。

5.3.4　现金流量表附注中包含的企业现金流量质量信息

现金流量表附注一般包括：将净利润调节为经营活动现金流量、不涉及现金收支的重大投资和筹资活动以及现金及现金等价物净变动情况。这三方面的内容都会在一定程度上涉及企业现金流量质量的某些方面的信息。

1. 将净利润调节为经营活动现金流量

将净利润调节为经营活动现金流量揭示的是采用间接法列示经营活动现金流量净额。此法从净利润开始，通过对诸如固定资产折旧、无形资产摊销、公允价值变动损益以及经营性流动资产和流动负债等项目的调节，得到经营活动产生的现金流量净额。此项附注将有助于分析利润的含金量，即净利润与经营活动现金流量之间在数量上出现差异的具体原因。

2. 不涉及现金收支的重大投资和筹资活动

不涉及现金收支的重大投资和筹资活动，虽然不引起企业本期现金流量的变化，但可能会对企业今后各期的现金流量产生影响。因此，我们也应对其中所包含的现金流量质量信息给予一定的关注，为预测企业今后各期的现金流量状况提供帮助。

（1）非现金的投资活动和筹资活动有可能意味着企业正面临现金流转困境。值得注意的是，虽然这种非现金的投资活动和筹资活动可以帮助企业暂时缓解当期现金紧张的压力，但很有可能会对企业未来的现金流量状况产生负面影响。例如，以固定资产偿还债务，可能是企业在没有足够的现金偿还到期债务的情况下的一种被动行为，一般会引起企业生产能力的降低，这会给企业未来的生产经营带来负面影响，进而对未来各期的现金流量产生负面影响。又如，以存货偿还债务会减少未来出售存货获取现金的机会，影响未来的现金流量。再如，债务转为股本是企业在当期出现现金支付困难的情况下的一种债务重组行为，虽然当期缓解了现金偿付压力，还有可能带来债务重组收益，但在企业经营状况出现好转迹象后，往往会带来公司治理的新问题（股权结构往往会随着债务重组而变化）以及股利支付规模的扩大，它们同样会对企业未来的现金流量产生负面影响。至于企业是否真的存在现金流转困难，还应结合现金存量、现金需求以及其他一些财务指标加以综合分析与考察。

（2）非现金的投资活动和筹资活动还可能意味着企业财务管理水平的提高。企业努力提高现有资源的利用效率、拓宽融资途径，一般会对企业未来的现金流量产生正面影响。例如，企业利用固定资产、无形资产甚至存货项目对外投资，反映了企业在提高现有资源利用效率、优化资产结构或者处置不良资产等方面所采取的举措，这很有可能对企业未来的经营状况、盈利能力以及现金流量状况产生正面影响。

接受所有者非现金注资，往往意味着企业还需通过其他渠道筹集必要的现金以实现预期目标，因此需要关注非现金入资对企业经营能力、融资能力、盈利能力等方面造成的影响，非现金入资对未来现金流量状况的影响可能存在不确定性。

3. 现金及现金等价物净变动情况

现金及现金等价物净变动情况分别反映了企业现金和现金等价物在当期的增减变动情况。由于现金流量表中所反映的“现金及现金等价物”余额主要体现企业能够作为支付手段加以自由支取和利用的资产规模，较资产负债表中的“货币资金”项目更能揭示出企业实际的支付能力，因此，关注企业当期现金及现金等价物在当期的增减变动情况，有助于了解企业实际支付能力的变化。

对外，虽然现金等价物也属于广义的现金范畴，但其流动性要比现金差，因此了解现金及现金等价物各自具体的变动情况仍有一定的意义。

5.4 影响现金流量变化的主要原因分析

不论是企业经营活动、投资活动还是筹资活动，在任意会计期间均有可能出现大的波动。那么，哪些因素会导致这些重大变化呢?

现在，我们就对影响企业现金流量变化的主要原因进行总括分析。概言之，影响企业现金流量变化的主要原因如表 5－2 所示。

5.4 即测即评

表 5－2　影响企业现金流量变化的主要原因

	经营活动现金流量净额	投资活动现金流量净额	筹资活动现金流量净额
发生变化的可能原因	行业特点、发展阶段、营销策略、收付异常、关联交易、异常运作	扩张加剧、战线收缩、处置不良、获取投资收益	融资环境、不当融资、理财能力

5.4.1 影响经营活动现金流量变化的主要原因分析

1. 行业结算方式的变化

不同行业的商业惯例不同，其现金流量的模式也不相同。有的采用预收款项方式销售，有的采用赊销方式销售，有的则采用现销方式销售。显然，不同的销售结算方式会导致不同的经营活动现金流量模式。由于受外部经济环境以及行业内部某些因素的影响，行业结算方式发生变化会引起企业的经营活动现金流量发生变化。

2. 企业发展阶段的变化

一般而言，处于不同发展阶段的企业，其经营活动现金流量的态势也不相同：

在发展的初期，企业自身产生现金流量的能力不一定很强，但为了迅速占领市场，扩大影响力，企业往往会加大现金投入（如广告投入、研发投入等）；进入成熟的发展阶段后，市场竞争优势明显的企业自身产生现金流量的能力显著增强，并处于相对平稳的状态；进入衰退期后，企业自身产生现金流量的能力一般会大幅下降，甚至出现捉襟见肘的局面。

3. 企业营销策略的变化

即使在同一行业内部，由于企业的竞争优势各不相同，在市场中的营销策略也会有所差别：竞争优势明显、产品供不应求的企业，往往采用预收货款的方式；而销售困难、在市场中处于暂时竞争劣势的企业，往往会加大赊销力度。企业针对市场环境的变化相应调整营销策略，往往会引起其现金流量的变化。

4. 异常收付行为的发生

在多数情况下，影响企业经营活动产生的现金流量净额的主要因素是其常规的收付过程的控制情况。当企业由于种种原因出现收款或者付款异常时，其经营活动产生的现金流量净额就可能随之发生显著变化。

5. 关联方的人为操纵

关联交易既可以对交易的盈亏进行操纵，也可以对现金流量的流向进行操纵。以关联交易为主的企业，其经营活动现金流量正常与否更多地取决于关联企业之间的现金流量控制。在企业的经营资金被关联方占用的情况下，即使常规的经营活动的现金流量极大，也难以抵挡关联方的巨额占用对经营活动现金流量造成的冲击。

5.4.2 影响投资活动现金流量变化的主要原因分析

1. 扩张加剧

无论是对外扩张还是对内扩大再生产，在企业扩张加剧的情况下，其投资活动产生的现金流出量会比较大。在这种情况下，企业投资活动产生的现金流量净额往往远远小于零。

2. 战线明显收缩和大量处置不良固定资产

在企业战线明显收缩和大量处置不良固定资产的情况下，投资活动产生的现金流入量很可能会大于现金流出量，企业投资活动产生的现金流量净额就会因此增加。

3. 获取投资收益

在企业获得投资收益（收取现金股利和利息）的情况下，这种流入将表现为投资活动产生的现金流入量。同样，企业投资活动产生的现金流量净额也会因此增加。

5.4.3　影响筹资活动现金流量变化的主要原因分析

1. 融资环境的变化

影响筹资活动现金流量变化的首要因素是融资环境的变化。在货币政策以及 IPO（首次公开募股）和再融资监管政策发生变化时，企业一般都会及时修订自身的融资策略，在控制融资风险、降低融资成本的同时，积极寻找新的融资渠道，进一步拓宽融资途径。

2. 不当的融资行为与理财能力

企业的筹资活动现金流量除了受融资环境的影响以外，还与企业的不当融资行为和理财能力密切相关：理财能力较强的企业往往会使自身的现金流量余额保持在较低的水平，不会出现长期超过需求数量举债的不当融资行为。

案例分析

北陆药业的现金流量质量分析

以北陆药业 2022 年年报中的合并现金流量表（见表 5－3）及其相关项目附注为基础，可以对其现金流量质量进行分析。

表 5－3　北陆药业合并现金流量表（简表）　　单位：元

项目	2022 年	2021 年
一、经营活动产生的现金流量：		
销售商品、提供劳务收到的现金	869 742 488	948 082 196
收到的税费返还	12 490 478	21 210 125
收到其他与经营活动有关的现金	19 396 242	69 099 711
购买商品、接受劳务支付的现金	323 078 863	335 736 903
支付给职工以及为职工支付的现金	175 360 249	158 763 818
支付的各项税费	76 762 804	84 211 233
支付其他与经营活动有关的现金	198 614 535	350 953 851
经营活动产生的现金流量净额	127 812 757	108 726 228
二、投资活动产生的现金流量：		
收回投资收到的现金	1 351 535	864 502
取得投资收益收到的现金	12 378 248	11 824 136
处置固定资产、无形资产和其他长期资产收回的现金净额	10 575	170 510
收到其他与投资活动有关的现金	1 170 000 000	1 951 933 216

续表

项目	2022 年	2021 年
购建固定资产、无形资产和其他长期资产支付的现金	102 782 768	147 757 007
投资支付的现金		25 000 000
支付其他与投资活动有关的现金	1 178 722 001	1 936 076 800
投资活动产生的现金流量净额	−97 764 412	−144 041 443
三、筹资活动产生的现金流量：		
吸收投资收到的现金		109 200 000
其中：子公司吸收少数股东投资收到的现金		109 200 000
取得借款收到的现金	101 000 000	64 714 400
偿还债务支付的现金	79 006 888	219 414 400
分配股利、利润或偿付利息支付的现金	45 989 945	44 896 683
支付其他与筹资活动有关的现金	129 741 487	9 554 678
筹资活动产生的现金流量净额	−153 738 319	−99 951 361
四、汇率变动对现金及现金等价物的影响	294 697	−185 968
五、现金及现金等价物净增加额	−123 395 276	−135 452 544
加：期初现金及现金等价物余额	860 339 184	995 791 728
六、期末现金及现金等价物余额	736 943 907	860 339 184

1. 经营活动现金流量质量分析

（1）充足性分析：从整体上来看，公司经营活动每年都能够产生一定规模的现金流量净额，尤其在2022年，尽管公司自身业绩受集采政策的影响大幅下滑，但自身经营活动仍保持了一定的造血功能。当然，本年度“支付其他与经营活动有关的现金”明显减少对维持稳定的经营活动现金流量净额做出了“较大贡献”，其中付现费用的降幅又最为明显，遗憾的是附注中并未披露付现费用的明细资料，因此我们对付现费用下降的具体原因只能根据年报披露内容做大体推测。销售费用可能因本年完成了碘帕醇注射液在国家第七批全国药品集中采购的投标工作，以第一顺位中标而大幅下降，虽然研发费用因本期加速对比剂产品布局而显著增加，但综合来看，还是导致了付现费用的显著减少。

（2）合理性分析：公司连续两年的“销售商品、提供劳务收到的现金”均高于营业收入规模，即收入现金比大于1，且应收账款规模较为稳定，账龄集中在一年以内，坏账率不高，说明公司经营活动现金流入较为顺畅。尽管受碘对比剂原料药的上游原材料价格大幅上涨及集中采购执标等影响，本年度原材料成本有所增长，采购成本随之有所上升，然而，本期购买商品、接受劳务支付的现金却反而有所下降，应付账款规模有所增加，说明企业扩大生产经营、提高市场竞争力举措为其在采购中赢得了更多的话语权，通过占用上游供应商的资金而适当减少了现金流出，提高了企业自身营运资金的管理效率，此项变动较为合理并有利于企业自身发展。

（3）稳定性分析：从近年来经营活动现金净流量变动情况来看，其整体水平基础处于较为正常的稳定状态，回款较为顺畅，面对上游的议价能力在不断增强，自身所发生的付现费用整体上也在随着管理水平和营销渠道（纳入集采）的变化而不断降低，可见，公司经营活动产生的现金流量净额还是具有相当的稳定性保障的。

2. 投资活动现金流量质量分析

在投资活动方面，公司两年都是在“收到其他与投资活动有关的现金”（主要是赎回的理财产品）与“支付其他与投资活动有关的现金”（主要是购买的理财产品）两个项目上金额较大，但二者大体相当，说明公司每年均在利用部分闲置资金从事理财活动。而导致公司投资活动现金流量净额连续两年为负数的主要原因是公司每年都在购置一定规模的固定资产、无形资产等长期资产，说明公司自身主业的产能仍处于不断增长状态。本期药用辅料和九味镇心颗粒中间产品的“沧州三期原料药生产项目”正式启动且主体工程封顶，海昌药业850吨碘造影剂原料药项目也在不断释放产能，随着各项工程逐渐进入收尾阶段，“购建固定资产、无形资产和其他长期资产支付的现金”的规模也较上年有了一定程度的下降。此外，虽然公司本年度对联营企业投资均未带来正的投资收益，但投资收益还是取得了1 238万元的现金，具体原因并未披露，我们无法获知。企业本年度没有新的对外投资行为发生，说明企业经营主导型战略意图还是较为清晰的，不过经营规模的扩张速度不快，这应该跟公司一贯秉承的稳健的战略定位和发展理念有一定关系。

3. 筹资活动现金流量质量分析

在筹资活动方面，本年度并没有大规模的融资行为发生，没有吸收股东入资，取得1.01亿元债务，而偿还0.79亿元债务，分配股利、利润或偿付利息支付了0.46亿元，因1.30亿元的“支付其他与筹资活动有关的现金”（其中受让海昌药业少数股权款1.23亿元）而使得筹资活动产生的现金净流量为−1.54亿元。由于公司目前尚有较充裕的现金存量及自身一定的造血功能，因此并没有明显的融资需求，也没有不良融资行为发生。

需要强调的是，公司出于维护自身市场形象和向投资者传递积极信号的考虑，在自身现金存量尚较充裕的情况下，坚持了较为稳定的现金分红政策。2021年每10股派发0.6元，2022年每10股派发0.7元，此外，年报显示，公司2022年4月26日对股权激励已获授权但尚未解锁的限制性股票763 180股进行回购注销。回购注销完成后，限制性股票激励计划的激励对象总人数调整为28人，已授予但尚未解锁的限制性股票数量调整为1 240 820股，回购注销完成及当年可转换债券转股后，公司股本为491 956 552元。2022年11月7日公司审议通过了《关于回购注销部分已获授但尚未解锁的限制性股票的议案》，合计回购注销22 400股限制性股票。一方面展示了公司经营活动现金流量能够满足其投资的需要，提高每股收益；另一方面，也有公司考虑本期业绩不佳，通过回购股票向市场传递利好、股票被高估的信号，表明公司对未来有足够的信心。

综上所述，公司的经营业绩虽然出现了大规模滑坡，但经营活动现金流量还算比较顺畅，由于公司近两年的投资规模不大，投资活动现金流量所需资金在不进行大规模外部融资的情况下完全可以靠现金存量和经营活动现金流量净额来得以解决，整体现金流量质量尚处于较为正常的水平。

本章小结

通过本章的学习，我们掌握了现金流量表中现金的范围以及现金等价物的概念；掌握了企业现金流量的分类、现金流量表的作用等；了解了与现金流量表有关的常规财务分析比率；重点掌握了现金流量质量分析方法；了解了影响企业现金流量变化的主要原因。

关键术语

现金	现金等价物	现金流量
经营活动产生的现金流量	投资活动产生的现金流量	筹资活动产生的现金流量
现金比率	收入现金比率	核心利润获现率
每股经营现金流量	现金流量质量	

思考题

1. 现金流量表的作用有哪些？
2. 企业为什么会经常出现有利润而没钱的情况？
3. 现金流量表中现金的范围与日常所指现金的范围有何不同？
4. 现金流量表中一般将现金流量分为几类？
5. 与现金流量表有关的常规财务分析比率有哪些？
6. 如何进行现金流量的质量分析？
7. 影响企业现金流量变化的主要原因有哪些？

案例讨论与分析

乐视网信息技术（北京）股份有限公司（下称乐视网）2020—2022 年的合并现金流量表如下：

乐视网合并现金流量表　　单位：元

项目	2022 年	2021 年	2020 年
一、经营活动产生的现金流量：			
销售商品、提供劳务收到的现金	391 979 418	332 579 241	409 514 655
收到的税费返还	13 874 053	836 571	
收到其他与经营活动有关的现金	75 099 056	40 750 480	61 803 515
经营活动现金流入小计	480 952 527	374 166 292	471 318 170
购买商品、接受劳务支付的现金	182 300 524	153 457 156	191 255 658
支付给职工以及为职工支付的现金	71 977 063	74 494 551	101 187 791
支付的各项税费	352 732	488 998	628 525
支付其他与经营活动有关的现金	59 454 447	69 585 121	69 945 353
经营活动现金流出小计	314 084 766	298 025 826	363 017 328
经营活动产生的现金流量净额	166 867 761	76 140 466	108 300 842
二、投资活动产生的现金流量：			
收回投资收到的现金	3 600 000		
取得投资收益收到的现金	153 703	11 658	270 782
处置固定资产、无形资产和其他长期资产收回的现金净额	769 380	3 232 667	3 470 813
收到其他与投资活动有关的现金	51 600 000	400 000	38 221 724
投资活动现金流入小计	56 123 083	3 644 325	41 963 319
购建固定资产、无形资产和其他长期资产支付的现金	32 740 268	22 889 649	9 053 319
支付其他与投资活动有关的现金	24 400 000		57 000 000
投资活动现金流出小计	57 140 268	22 889 649	66 053 319
投资活动产生的现金流量净额	−1 017 185	−19 245 324	−24 090 000
三、筹资活动产生的现金流量：			
筹资活动现金流入小计			
分配股利、利润或偿付利息支付的现金			54 037 957
支付其他与筹资活动有关的现金	1 657 866		
筹资活动现金流出小计	1 657 866		54 037 957

续表

项目	2022 年	2021 年	2020 年
筹资活动产生的现金流量净额	−1 657 866		−54 037 957
四、汇率变动对现金及现金等价物的影响	−59 868	−86 782	7 061
五、现金及现金等价物净增加额	164 132 842	56 808 360	30 179 946
加：期初现金及现金等价物余额	313 840 184	257 031 824	226 851 878
六、期末现金及现金等价物余额	477 973 025	313 840 184	257 031 824

请对上述合并现金流量表进行整理分析，对各项活动产生的现金流量进行质量分析（特别提示：不用计算相关财务比率）。

第6章

合并报表分析

素养提升

本章内容帮助学生在认识传统财务报表分析方法的不足和局限性的基础上，深刻体会合并报表的特征和作用，探讨和学习合并报表所特有的差量分析法，帮助学生牢固树立正确的辩证发展观和科学的可持续发展观，提升学生战略层面的专业视野，培养学生的批判性思维和系统思维能力。

1. 价值塑造

树立正确的辩证发展观：强化在认识传统的财务报表分析方法的不足和局限性的基础上，深刻体会合并报表的特征和作用。帮助学生通过探讨和学习合并报表所特有的差量分析法，提升战略层面的财务报表分析视野；通过融入控制性投资的资产扩张效果、资金管控模式、母子公司业务关联度和费用管控效率等方面的分析内容，使报表分析理论体系不断得到发展与完善。

树立科学的持续发展观：强化企业资产结构取决于资源配置战略选择、企业盈利能力取决于资源配置战略实施效果的系统思维。帮助学生深刻认识母公司的控制性投资质量对企业可持续发展的重大意义，牢固树立母子公司战略协同、融合共生的科学发展观。

2. 知识传授

本章关于合并报表分析方法的内容，是作者多年来利用财务报表系统研究企业战略选择和发展模式与财务状况质量之间关系的核心内容。

企业对子公司的控制性投资使得合并报表的编制成为必然，合并报表与母公司报表之间的功能性差异为探讨和采用科学的合并报表分析方法奠定了基础。

我国资本市场大量上市公司的实践证明：相当数量的上市公司通过控制性投资得到了迅猛发展（如美的集团、宁德时代等）；但也有一些上市公司因为控制性投资而陷入财务陷阱，长期不能自拔（如华谊兄弟、安洁科技等）。母公司的控制性投资质量对企业的可持续发展来说意义重大。

控制性投资的资产扩张效果，既取决于子公司的经营能力、债务融资能力、利润积累能力以及吸纳子公司少数股东入资的状况，也取决于并购过程中的代价大小（绝不能因出价太高而产生巨额商誉）。

此外，母子公司之间的业务关系、资金管理模式、债务融资管理模式、费用管控效率等诸多方面的信息均具有极浓的战略色彩，对系统认识和评价企业集团的整体盈利能力和运营能力意义重大。

在充分认识传统财务报表分析方法的不足和局限性的基础上，全面挖掘合并报表的特征和作用，系统学习合并报表所特有的差量分析法，帮助学生深刻理解合并报表和母公司报表差异化信息背后的战略内涵，为预测企业的发展前景提供更科学的财务信息支持。

3. 能力培养

培养学生的批判性思维能力： 帮助学生充分认识传统财务报表分析方法存在的问题和局限性，在全面挖掘合并报表的特征和作用的基础上，系统学习合并报表的差量分析法。通过融入控制性投资的资产扩张效果、资金管控模式、母子公司业务关联度和费用管控效率等方面的分析内容，使报表分析理论体系不断得到发展与完善。

培养学生的系统思维能力： 帮助学生深入挖掘合并报表与母公司报表之间数据差异的战略内涵，通过对控制性投资的资产扩张效果、资金管控模式、母子公司业务关联度和费用管控效率等方面的分析，系统评价母公司的控制性投资质量，从而建立和提升通过综合利用合并报表和母公司报表来全面考察集团整体战略实施效果和预测企业发展前景的系统思维能力。

学习目标

1. 了解企业合并的类型与原因；
2. 重点掌握合并报表与个别报表以及汇总报表的显著区别；
3. 掌握合并范围、少数股权等与合并报表有关的概念；
4. 重点掌握合并报表的特征、作用及其特有的分析方法。

引例

合并财务报表"消失"的资金流向了哪里?

在普洛药业 2022 年年报中，合并资产负债表中的"其他应收款"和"长期股权投资"的规模均小于上市公司自身资产负债表中的"其他应收款"和"长期股权投资"的规模，具体数据如下所示。

普洛药业 2022 年度资产负债表数据（部分）　　单位：元

项目	2022-12-31		2021-12-31	
	合并报表	母公司报表	合并报表	母公司报表
其他应收款	27 263 375	955 812 235	24 293 645	873 270 340
长期股权投资	85 407 971	1 857 059 369	81 248 538	1 763 971 012

有读者不解：为什么会出现这种债权、股权投资项目越合并越小的情况？合并财务报表"消失"的资金流向了哪里？

学完本章后，读者就会得到上述问题的答案。

从各国的会计实践来看，当企业采用集团化经营方式时，母公司在对外编报自身的财务报表时，还要对外编报集团的合并财务报表（consolidated financial statements）。本章将讨论合并财务报表及其包含的财务状况质量信息。

6.1 企业合并的类型

6.1.1 企业合并的界定

6.1 即测即评

企业合并是将两个或两个以上单独的企业合并形成一个报告主体的交易或事项。从企业合并的定义看，是否形成企业合并，关键要看有关交易或事项发生前后是否引起报告主体的变化。报告主体的变化产生于控制权的变化。

除了一家企业对另一家或多家企业的合并以外，一家企业对其他企业某项业务的合并也视同企业合并。业务是指企业内部某些生产经营活动或资产、负债的组合，该组合具有投入、加工处理过程和产出能力，能够独立计算其成本费用或所产生的收入，但不构成一个企业，不具有独立的法人资格，如企业的分公司、独立的生产车间、不具有独立法人资格的分部等。

6.1.2 企业合并的类型

1. 按法律形式划分

（1）吸收合并。吸收合并即两家或两家以上的企业合并成一家企业。吸收合并后，参与合并的企业通常只有其中一家继续保留法人地位，另外一家或几家企业在合并后丧失法人地位，不复存在。

（2）创立合并。创立合并也称新设合并，是指创建新企业的合并，即原有的各家企业均不复存在，丧失法人资格，合并成一家新的企业。

（3）控股合并。控股合并是指一家企业（合并方）通过企业合并交易或事项取得对另一家企业（被合并方）的控制权，企业合并后能够通过所取得的股权等主导被合并方的生产经营决策并从被合并方的生产经营活动中获益，被合并方在企业合并后仍维持其独立法人资格并继续经营。

2. 按合并所涉及的行业划分

（1）横向合并。横向合并是指生产工艺、产品、劳务相同或相近的企业间的合并。如一家汽车制造企业合并另一家汽车制造企业。

（2）纵向合并。纵向合并是指生产工艺、产品、劳务虽不相同或相近，但具有前后联系的企业间的合并。如一家汽车制造企业合并一家汽车零配件生产企业。

（3）混合合并。混合合并也称多种经营合并，是指生产工艺、产品、劳务没有内在联系的企业间的合并。如一家汽车制造企业合并一家房地产开发企业。

三种合并的示例见图 6－1。

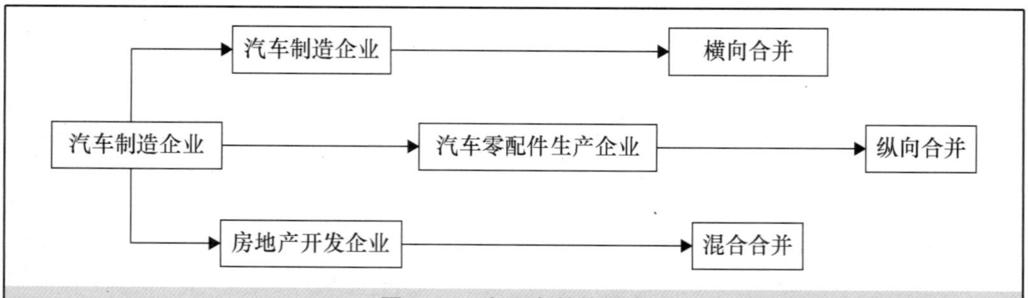

图 6－1 企业合并的分类

3. 按我国企业合并准则划分

（1）同一控制下的企业合并。同一控制下的企业合并，是指参与合并的企业在合并前后均受同一方或相同的多方最终控制且该控制并非暂时性的。同一控制下的企业合并一般发生于企业集团内部。企业之间的合并是否属于同一控制下的企业合并，应综合考虑构成企业合并交易的各方面情况，按照实质重于形式的原则进行判断。

（2）非同一控制下的企业合并。非同一控制下的企业合并，是指参与合并各方在合并前后不受同一方或相同的多方最终控制的企业合并，即除属于同一控制下的企业合并情况以外的其他的企业合并。

6.1.3　企业合并的主要原因

企业合并的主要原因是创造协同优势（合并后主体的价值大于组成它的个别部分的总和），具体包括以下几个方面。

（1）实现增长。这是合并最普遍的动机。一个希望通过进入新的地区性市场来实现增长的公司，可以在新的地区雇用更多的销售人员和营销人员，租用办公楼和展厅。这种通过公司内部的努力来实现增长的方式可描绘成内部或有机增长。合并则是另一种实现增长的方法。与其耗费资源强行拓展新市场，不如将资源用于购买这个市场上现有的公司。这是外部增长，即通过收购取得增长。如果单纯为增长而增长，则没有任何价值。增长的价值在于获得经济利益，通过收购来实现增长，必须创造协同优势。

（2）规模经济。可以通过消除重复作业（如生产或建设）来实现规模经济。要实现有效的规模经济，必须有果断的管理层和优秀的领导。如果两个或更多公司未能充分利用它们的资源，就可以通过合并清除过剩的生产能力而使生产更加有效率。

（3）消除竞争。收购竞争对手可使企业对市场取得更广泛的控制。这正是各国管理机关严格监管收购的原因。相关法规可以抑制任何工业可能出现的垄断，并限制任何工业中特大经营者的权力。管理部门对可能导致垄断行为的主要收购的审批，显然会在一定程度上起到制约作用。

（4）确保原料来源不断。如果一个企业在原料或部件供应上遇到困难，它可能决定对供应商进行收购以控制供应品的供应时间、数量和质量。例如，炼铁厂可以购买矿山。

（5）分散经营风险（多元化）。分散企业的产品和市场范围，就可以减少整体经营风险。这有利于企业承担与新产品及新市场有关的更大的风险。其含义与“不要把所有的鸡蛋放在一个篮子里”一致。尤其是在核心业务有很高的经营风险时，降低风险往往是多元化经营的一大动机。

如果一个行业日趋衰落，就必须找一项替代业务。这只能通过多元化来实现。烟草业是一个很好的例子，所有的烟草公司都因核心业务衰落而进行多元化经营。

与此有关的是消除周期性的不稳定性。如果企业的一项业务是季节性或周期性的，收购另一项有相反周期和季节性的业务，有助于稳定生产和利润，也有助于降低经营风险和财务风险。

6.2 合并报表的相关概念

6.2 即测即评

在详细讨论合并报表之前，我们有必要先了解与合并报表有关的几个重要概念。

6.2.1 合并报表

合并报表是指综合反映母公司和子公司形成的企业集团整体财务状况、经营成果和现金流量的财务报表。

为了理解合并报表的概念，我们进一步讨论合并报表与其他一些报表的差异。

1. 合并报表与汇总报表

在我国会计实践中广泛流传、广泛编制的报表之一就是汇总报表。汇总报表主要是指由行政管理部门根据所属企业报送的报表，对各项目进行加总编制的报表。在编制汇总报表时，行政管理部门对本部门所属企业报送的报表，采用将所有汇总范围内的企业相同报表相同项目简单相加的方法进行汇总。这样，汇总报表与合并报表的主要区别至少有两点：

（1）报表涉及的企业范围不同。汇总报表所涉及的企业范围，主要是以企业的行政隶属关系作为确定的依据，即以企业是否归其管理、是否属于其下属企业作为确定编报范围的依据，凡属于其下属企业、在行政上归其管理的，均包括在汇总报表的编报范围之内。合并报表所涉及的企业并不是集团内的所有企业，而是以母公司对另一企业的控制关系作为确定编报范围（即合并范围）的依据，即凡是通过投资关系或协议关系能够由其控制的企业，一般均属于合并报表的编制范围。

（2）报表数据的形成方法不同。汇总报表主要采用简单加总方法编制。合并报表则必须在抵销内部投资、债权债务以及内部销售等内部会计事项对个别报表的影响后编制，它剔除了集团内部交易对报表整体的影响。

2. 合并报表与个别报表

这里的个别报表是指以集团内各母、子公司为单位（会计主体）编制的，体现各独立法人单位财务状况与经营成果的报表。

合并报表与个别报表的差异主要表现在以下几个方面：

（1）个别报表的编制以独立的企业法人为单位，合并报表则以母公司与子公司所组成的企业集团中符合合并范围（合并范围问题将在后面讨论）的企业为“单位”编制。这个合并范围所形成的“单位”不是独立的企业法人，而仅是经济意义上的会计主体。

（2）由于个别报表出自各独立的企业法人，因而其生成过程大体经历从凭证到账簿再到报表的会计循环过程。合并报表则没有这种形成机制，它是以合并范围内的企业个别报表为基础，在剔除各项集团内部交易后编制的。

6.2.2　企业集团

企业集团是指以资本为主要联结纽带的母、子公司为主体，以集团章程为共同行为规范的母公司、子公司、参股公司及其他成员企业或机构共同组成的具有一定规模的企业法人联合体。企业集团一般不具有企业法人资格。

企业集团由母公司、子公司、参股公司以及其他成员单位组建而成。事业单位法人、社会团体法人也可以成为企业集团成员。

母公司应当是依法登记注册，取得企业法人资格的控股企业。子公司应当是母公司对其拥有全部股权或者实质性控股权的企业法人。企业集团的其他成员应当是母公司对其参股或者与母、子公司形成生产经营、协作联系的其他企业法人、事业单位法人或者社会团体法人。

在集团中，母公司能够直接或间接控制子公司的经营决策和财务政策。因此，为了全面反映整个企业集团的财务状况和经营成果，有必要编制合并报表，提供企业集团整体的会计信息。

6.2.3　合并范围

这里的合并范围是指在母公司编制合并报表时所涉及的公司范围。合并报表的合并范围应当以控制为基础加以确定。

1. 控制的定义

控制是指一个企业能够决定另一个企业的财务和经营政策，并能据以从另一个企业的经营活动中获取利益的权力。控制通常具有如下特征：

（1）控制的主体只能是一方。即对被投资企业的财务和经营政策的提议不必征得其他方同意，就可以形成决议并付诸实施。

（2）控制的内容主要是被控制方的财务和经营政策，对这些财务和经营政策的控制一般是通过表决权来实现的。在某些情况下，也可以通过法定程序严格限制董事会、受托人或管理层对特殊目的主体经营活动的决策权，如规定除设立者或发起人外，其他人无权决定特殊目的主体经营活动的政策。

（3）控制的性质是一种权力或法定权力，也可以是通过公司章程或协议、投资者之间的协议授予的权力。

（4）控制的目的是获取经济利益，包括增加经济利益、维持经济利益、保护经济利益或者降低所分担的损失等。

2. 母公司和子公司

投资企业能够对被投资企业实施控制，则被投资企业为投资企业的子公司。企业集团由母公司和全部子公司构成，母公司和子公司是相互依存的，有母公司必然存在子公司，同样，有子公司必然存在母公司。表 6－1 列出了母公司和子公司的特征。

表 6－1　母公司和子公司的特征描述

公司级次	特征描述	说明
母公司	必须有一个或一个以上的子公司	必须满足控制的要求，能够决定另一个或多个企业的财务和经营政策，并有据以从另一个或多个企业的经营活动中获利的权力
	可以是企业，也可以是其他主体	如《公司法》规范的股份有限公司、有限责任公司等；非企业形式但形成会计主体的其他组织，如基金等
子公司	必须被母公司控制，且只能有一个母公司	被两个或多个公司共同控制的被投资企业是合营企业，而不是子公司
	可以是企业，也可以是其他主体	如《公司法》规范的股份有限公司、有限责任公司等；非企业形式但形成会计主体的其他组织，如基金等

6.2.4　商誉

非同一控制下的企业合并是参与合并的一方购买另一方或多方的交易，企业合并成本大于合并中取得的被购买方可辨认净资产公允价值份额的差额应确认为商誉。在控股合并的情况下，该差额是指在合并报表中应予以列示的商誉，即长期股权投资的成本与购买日按照持股比例计算确定应享有被购买方可辨认净资产公允价值份额之间的差额；在吸收合并的情况下，该差额是购买方在其账簿或个别报表中应确认的商誉。

商誉体现的是合并中取得的由于不符合确认条件而未予以确认的资产以及被购买方有关资产产生的协同效应或合并盈利能力的价值。在合并报表的编制过程中，对商誉的处理有十分重要的地位。关于商誉的含义、价值确定及会计处理惯例，我们已在资产负债表中做了详细讨论，此处不再赘述。

6.2.5　少数股权

在股份制企业中有两类股东。一类是取得公司控制权的股东，称为控股股东；另一类是掌握非控制权股份的股东，通常称为少数股东。少数股东在企业中享有的权益称为少数股东权益，简称少数股权（minority interest）。在合并报表中，少数股东享有的权益主要体现在两个方面：一是在合并资产负债表中，代表少数股东对集团净资产的要求权，即少数股东权益；二是在合并利润表中，代表少数股东对集团利润（亏损）的应享份额，即少数股东损益。

6.3 合并报表编制的一般原理

合并报表一般包括合并资产负债表、合并利润表、合并现金流量表以及合并所有者权益变动表。在编制合并报表时，不再存在凭证—账簿—报表的程序，而只是由母公司根据集团中合并范围内的企业报送的报表及母公司自身的报表在账外完成。具体地说，是对母公司和子公司个别财务报表各项目的数据进行汇总和抵销处理，在此基础上计算得出合并财务报表各项目的合并金额。合并报表的关键在于合并资产负债表的编制，其次是合并利润表的编制。这里简要介绍合并报表编制的一般原理。

6.3 即测即评

6.3.1 合并资产负债表编制的一般原理

合并资产负债表是由母公司以合并范围内企业的资产负债表为基础，剔除集团内部交易的影响后编制的用以展示集团整体资产、负债和所有者权益状况的财务报表。

合并资产负债表编制中涉及的抵销处理一般包括以下几项：

（1）母公司对子公司的长期股权投资与母公司在子公司所有者权益中所享有的份额应当相互抵销，同时抵销相应的长期股权投资减值准备。

在购买日，母公司对子公司的长期股权投资与母公司在子公司所有者权益中所享有的份额的差额，应当在“商誉”项目列示。商誉发生减值的，应当按照减值测试后的金额列示。各子公司之间的长期股权投资以及子公司对母公司的长期股权投资，应当比照上述规定，将长期股权投资与其对应的子公司或母公司所有者权益中所享有的份额相互抵销。

（2）母公司与子公司、子公司相互之间的债权与债务项目应当相互抵销，同时抵销应收款项的坏账准备和债券投资的减值准备。

母公司与子公司、子公司相互之间的债券投资与应付债券相互抵销后，产生的差额应当计入投资收益项目。

（3）母公司与子公司、子公司相互之间销售商品（或提供劳务，下同）或以其他方式形成的资产中所包含的未实现内部销售损益应当抵销。

对资产计提的跌价准备或减值准备与未实现内部销售损益相关的部分应当抵销。

（4）母公司与子公司、子公司相互之间发生的其他内部交易对合并资产负债表的影响应当抵销。

子公司所有者权益中不属于母公司的份额，应当作为少数股东权益，在合并资产负债表中“所有者权益”项目下以“少数股东权益”项目列示。

6.3.2 合并利润表编制的一般原理

合并利润表是由母公司以合并范围内企业的利润表为基础，剔除集团内部交易的影响后编制的用以展示集团整体损益状况的财务报表。

编制合并利润表的基本原理与编制合并资产负债表的基本原理相似，关键也在于母公司和子公司相互之间内部交易事项的抵销，一般包括以下几项：

（1）内部营业收入与营业成本项目相互抵销。

（2）从集团内部购进商品作为固定资产、无形资产等资产使用时，其中包含的未实现毛利应予以抵销。

（3）内部应收账款计提的坏账准备等减值准备相互抵销。

（4）内部投资收益（利息收入）和利息支出相互抵销。

（5）母公司与子公司、子公司相互之间持有对方长期股权投资所获取的投资收益和利润分配有关项目相互抵销。

6.3.3 合并现金流量表编制的一般原理

合并现金流量表是由母公司以合并范围内企业的财务报表为基础，剔除集团内部交易的影响后编制的用以反映企业集团整体报告期内现金流入、现金流出数量及其增减变动情况的财务报表。

合并现金流量表的编制主要应把握两个方面：一方面是采用什么方法编制合并现金流量表；另一方面是企业集团少数股东与子公司之间的现金流动应如何披露。合并现金流量表有两种编制方法：第一种方法是根据合并资产负债表、合并利润表及其他有关资料，按个别现金流量表的编制方法编制；第二种方法是根据集团内部成员企业（母公司及纳入合并范围的子公司）的个别现金流量表，通过抵销母、子公司之间的现金流入和现金流出，采用合并会计报表的一般原理编制。

在以母、子公司个别现金流量表为基础编制合并现金流量表时，同合并资产负债表、合并利润表的编制原理一样，关键也在于母公司和子公司相互之间内部交易事项的抵销。所不同的是，其中的抵销项目基本都与现金的流入、流出相关，主要包括以下几项：

（1）集团内部公司之间相互销售和提供商品时，一方的经营活动现金流入需要与另一方的经营活动现金流出相互抵销；但个别情况下可能要求一方的经营活动现金流入（或流出）与另一方的投资活动（或筹资活动）现金流出（或流入）相互抵销。

（2）集团内部公司之间发生投融资业务时，一般情况下，集团内一方的投资业务往往涉及另一方的筹资业务，所以一方的投资活动现金流出（或流入）与另一方相应的筹资活动现金流入（或流出）相互抵销。

（3）集团内部一方当期取得投资收益产生的现金流入与分配股利、利润或偿付利息产生的现金流出相互抵销。

（4）集团内部公司之间以现金结算债权与债务所产生的现金流量相互抵销。

6.4 合并报表的特征、作用与分析方法

从目前对合并报表的研究来看，学术界对合并报表的编制方法探讨较多，对合并报表分析的研究相对较为薄弱。我们认为，对于广大财会实务工作者而言，首先应该明确合并报表的作用，然后再探讨如何编制合并报表才能满足信息使用者的要求；对于广大信息使用者而言，更应该了解合并报表的作用以及合并报表分析的基本方法。本节将重点探讨合并报表的特征、作用以及相关的分析方法。

6.4 即测即评

6.4.1 从合并报表的编制原理看合并报表的特征

在企业存在对外控制性投资的情况下，投资企业与被投资企业就形成了母、子公司的关系，双方也因此组成了控股关系意义上的企业集团。

从合并报表的编制过程来看，合并报表至少具有如下特征。

1. 合并报表主体仅是一个会计主体而非法律主体

合并报表是以组成企业集团的母公司和子公司的个别报表为基础，在抵销了集团各公司之间的内部交易事项之后编制的，体现企业集团整体财务状况的报表。也就是说，组成集团的母公司、子公司均是独立核算、各自具有独立的财务和经营体系、独立对其股东出具财务报告的经济实体（多数为法律主体）。集团内的母公司、子公司均有权支配各自报表中所列示的资源，并运用各自资源来取得相应的经营成果。整个集团内的母公司与子公司虽然以股权关系为纽带有机地联系在一起，但是实际上并不存在一个有权支配合并报表所列示的全部资源，并通过对这种资源的有效运用或支配来谋求现实经济利益的法律主体。

2. 合并报表的编制质量仅体现逻辑关系的正确性

合并报表是母公司以合并范围内的母公司、子公司的报表为基础编制的。对于个别报表来说，企业的报表与账簿、凭证以及实物等有“可验证”的对应关系，报表的编制质量可以通过这种可验证性来检验。但是，对于合并报表来说，由于在编制过程中集团内部交易需要相互抵销，因此合并报表与分散在企业集团各个企业的

账簿、凭证以及实物不可能存在个别报表的那种可验证的关系。合并报表的编制质量仅仅体现逻辑关系正确与否。

3. 合并报表信息的决策有用性具有显著差异

合并报表信息可以综合反映通过产权纽带关系构成的企业集团某一期间的整体财务状况、经营成果和现金流转状况，揭示整个集团所控制的资产、承担的负债、实现的收入以及发生的费用等方面的信息，因此，合并报表信息的决策有用性毋庸置疑。但由于合并报表在编制基础、编制方法、处理程序等诸多方面相对于个别报表来说存在特殊性，因而决定了合并报表信息的决策有用性可能存在显著差异。尤其是在子公司与母公司的经营性质和业务特征截然不同的情况下，合并报表信息的决策有用性更会受到不同程度的影响。

举例来说，在合并报表的编制过程中，要将与内部交易相关的项目剔除。然而被剔除的项目对个别报表的主体——母、子公司来说仍具有决策有用性，如债务企业的债务仍然需要偿还、内部交易实现的销售收入已经计入利润表作为计税的依据等。这种合并报表编制过程中的“项目在抵销基础上的直接相加”程序，使得对个别报表有意义的信息在合并报表分析中有可能消失或者失去意义，结果导致合并报表中的数字在很大程度上具有“汇总”味道，而失去了原有的“鲜活”味道。因此，通常情况下，当企业面对诸如分派股利、支付报酬、偿付债务、缴纳税金等一系列决策问题时，还是应该以母公司个别报表为基础。合并报表揭示的信息在很多情况下（尤其是针对母、子公司自身来说）并不能直接作为决策依据。而一些用于决策的财务指标，如毛利率、存货周转率、资产周转率等，更会由于子公司与母公司的经营性质和业务特征有差异，在合并报表分析中不同程度地失去意义。

6.4.2 合并报表分析中存在的主要问题

合并报表所具有的上述特征决定了其存在一定的特殊性和天然的局限性，因此它在提供会计信息的相关性和有用性方面都不及企业的个别报表。但是，在对企业集团的偿债能力、财务风险、营运能力以及盈利能力等方面加以分析时，也不应该简单套用个别报表的财务分析指标。在合并报表分析中，常规的比率分析方法在很大程度上已失去意义；针对集团内特定企业来说，合并报表并不能作为决策的依据。具体来说，合并报表分析存在以下主要问题。

1. 企业集团偿债能力分析中存在的问题

前已述及，从法学角度来看，企业集团只是一个经济实体，而不是一个独立的法律主体。企业集团成员有各自的利益趋向，因此集团资金不能任意划拨。特别是在母公司与非全资子公司之间以及各非全资子公司之间，虽然母公司控制着各子公司的财务决策权，但是它不可能不顾子公司中少数股东的利益任意在企业集团内部无偿划拨资金。在对企业集团的偿债能力进行分析时，如果只是简单沿用流动比率、速动比率、资产负债率等指标，而不考虑合并报表的特殊性，就有可能得出错误的结论。例如，若合并报表中的流动比率大于 2，速动比率大于 1，从财务分析的角度来看，企业集团的短期偿债能力应该不错。但事实是，母公司对子公司的债务只是就其投入资本部分承担有限责任；子公司债权人的求偿权也仅限于对子公司的资产，而不能追溯至合并报表中列示的全部资产；母公司债权人的求偿权也只能从母公司的资产中得到满足，而不能直接向子公司追偿。因此，母、子公司的偿债能力是相对独立的，这些指标并不能真实地反映企业集团整体的偿债能力。

2. 企业集团财务风险分析中存在的问题

企业集团中的非全资子公司可以通过以下两种方式融资：一是采用母公司提供担保的形式取得贷款；二是母公司从银行获得贷款后再转贷给子公司。编制合并报表抵销分录后，两种融资方式下企业集团的合并报表是完全相同的。但在这两种融资方式下，企业集团所承担的财务风险实际上并不相同。因为在第一种融资方式下，当子公司面临财务危机不能到期还本付息时，母公司必须履行其担保责任，以其资产为子公司偿还债务，这使得整个企业集团为少数股东承担了一部分债务以及由此带来的财务风险。但如果子公司是通过母公司间接向银行等金融机构融资，整个企业集团为此而承担的债务只包括其持股比例与贷款金额的乘积部分（不包括少数股权所应承担的部分）。显然，就这两种融资方式而言，第一种融资方式下企业集团所承担的财务风险大于第二种融资方式，但是仅分析合并报表并不能得出这一结论。同理，企业集团母、子公司之间的相互融资也存在类似的现象。

3. 企业集团营运能力分析中存在的问题

分析企业集团的营运能力时，由于存货周转率、应收账款周转率、流动资产周转率、总资产周转率等指标的计算分析都是以合并报表数据为基础，抵销后的周转额（销售收入、销售成本）代表整个集团对外完成周转的存货或流动资产规模，因而与集团内单一公司情况下完成的周转额并不相同，后者会随中间环节增多而增大，有可能虚假地反映出资金周转速度的加快。因此，以合并数据为基础计算的周转率指标，能敏感而客观地反映出集团整体资产周转效率的实际情况。

同时还应注意，为了分散经营风险，企业集团常采用多元化经营方式，其合并报表将不同地区、不同行业的企业个别报表加以合并，使得不同地区、不同行业的企业之间资产周转效率、经营风险水平的差异性有可能被掩盖。特别是各个行业的财务指标衡量标准不同，个别报表合并后，会使合并报表财务分析、财务预测的意义大大减弱。以存货周转率为例，合并报表上的存货余额是集团各成员单位的存货数额之和扣除存货中包含的未实现利润所得的金额，这就给我们的分析带来一定的难度。一方面，母、子公司的存货及其性质不一定相同，流动性也不一样，如母公司的主业是对外贸易，子公司经营房地产，由合并报表计算出的存货周转率便难以准确反映整个集团的存货实际周转状况；另一方面，抵销公司之间的未实现损益的金额不受少数股东权益的影响，是完全抵销公司之间的未实现损益，这样就使得企业集团的存货与销售成本同少数股东权益并不完全配比，计算所得的比率难免失真。

因此，为了降低合并报表信息的聚合程度，提高合并报表的决策有用性，信息使用者必须进一步结合企业集团母、子公司的个别报表展开分析，以提高企业集团会计信息的相关性。

6.4.3 合并报表的作用与分析方法

合并报表的作用到底是什么？合并报表中包含的财务状况质量信息有哪些？我们应该如何分析合并报表？

尽管在多数情况下合并报表并不能直接作为决策依据，但对于信息使用者，尤其是母公司的股东、管理层以及债权人来说，仍具有一定的意义。这是因为子公司的资产是由母公司控制的，子公司的负债通常是由母公司担保的，母公司的收益是基于整个集团资产、负债、收入、支出的规模取得的。所以说，合并报表扩展了母公司报表，可以向母公司的利益相关者提供一定的增量信息。

然而，合并报表的特征决定了信息使用者在分析合并报表时，不能简单采用一般的分析方法和常用的财务指标，而是应该采用合并报表所特有的差量分析法。差量分析法是指在合并报表分析中将合并报表与母公司报表逐项比较，在分析差额的基础上对集团的资源分布状况、母公司与子公司之间的关联关系及其特征、母公司与子公司的资产管理质量、相对盈利能力以及现金流转等方面做出判断，进而考察集团的经营战略、扩张战略及其实施效果，发现目前经营管理中存在的主要问题，为企业今后的发展提供决策信息支持。

应该指出的是：母公司与子公司之间的关系错综复杂，企业对外控制性投资的目的千差万别，试图在本书中穷尽所有的合并报表分析方法很难。鉴于此，本书仅介绍一些常见的合并报表分析方法。

下面围绕合并报表的主要作用以及相应的分析方法展开讨论。

1. 企业控制性投资的资产扩张效果分析

我们在前面分析资产质量时对企业资产的结构进行了讨论。在将企业资产划分为经营性资产与投资性资产的情况下，企业可以分为经营主导型、投资主导型与并重型三种。这三种类型企业的资产中均可能包括控制性投资。

企业对外控制性投资的目的有很多。在以扩张为目的形成控制性投资的情况下，控制性投资的资产扩张效果是评价扩张质量的重要方面。具体地说，我们需要从以下几个方面展开分析。

（1）控制性投资所占用的资源规模分析。首先，我们需要在母公司资产负债表的资产中找出可能“隐藏”控制性投资所占用资源的相关项目，除了直接反映控制性投资所占用资源的长期股权投资项目之外，预付款项、其他应收款、其他流动资产和其他非流动资产等项目都有可能间接地反映控制性投资所占用的资源。从目前企业的集团管理实践以及企业编制报表的实际情况来看，母公司除了通过支付现金或发行股票等方式获得子公司的控制权外，也可能直接通过其他应收款向子公司提供资金，甚至通过预付货款的方式向子公司提供资金，还有可能将支持子公司的资金“隐藏”于其他流动资产和其他非流动资产项目之中。

从合并财务报表的编制原理来看，如果上述项目中存在越合并越小的情况，则两者之间的差额基本上可以列入母公司对子公司投资（即企业的控制性投资）所占用的资源范围。

需要强调的是，我们仅是直接利用报表数据进行比较分析，受减值准备、母公司与子公司之间的债权债务往来等各种因素的影响，还不能十分精准地计算出母公司对其子公司所投入资源的全部数额。但是，这种分析可以基本满足我们衡量企业控制性投资效果的要求。

需要指出的是，除了母公司直接进行控制性投资以外，有的企业还通过其子公司进行控制性投资，即形成所谓的“孙公司”。在这种情况下，我们将其全部视同母公司所进行的控制性投资，统一衡量母公司控制性投资的扩张效果。

这样，企业控制性投资所占用资源的基本规模可以确定如下（能够列入其中的条件是，同一项目，合并报表的数据小于母公司的数据）（见表 6－2）。

表 6－2　企业控制性投资所占用资源规模分析表

项目	合并数 (1)	母公司数 (2)	企业控制性投资占用资源的基本规模 (3) ＝ (2)－(1)
长期股权投资			
其他应收款			
预付款项			
其他流动资产			
其他非流动资产			
合计			

案例分析

卫光生物控制性投资所占用资源规模分析

卫光生物 2022 年年报中母公司资产负债表与合并资产负债表的有关数据如表 6－3 所示。

表6-3 卫光生物2022年12月31日控制性投资规模分析表 单位：元

项目	合并数 (1)	母公司数 (2)	企业控制性投资占用资源的基本规模 (3) ＝ (2)－(1)
长期股权投资	0	174 239 729	174 239 729
其他应收款（不包括应收股利和应收利息）	4 650 858	12 426 592	7 775 734
预付款项	12 296 277	107 013 767	94 717 490
其他流动资产	7 619 677	7 056 868	不适用
其他非流动资产	175 469 401	175 359 601	不适用
合计	200 036 213	476 096 556	276 732 953

从上表可以看出，卫光生物母公司对子公司的直接股权投资的基本规模约为1.74亿元，此外，还在其他应收款项目中向子公司提供资金约0.78亿元，在预付款项中对子公司提供资金将近0.95亿元。公司全部控制性投资的规模实际应为2.77亿元。

（2）控制性投资的资产扩张效果分析。从合并资产负债表的编制原理来看，可以通过合并资产负债表的资产总计与母公司资产负债表的资产总计之间的差额来反映控制性投资的资产扩张效果，即母公司控制性投资增量撬动的子公司的资产规模（见表6-4）。

表6-4 控制性投资的资产扩张效果分析表

项目	合并资产 (1)	母公司资产 (2)	企业控制性投资的资产扩张效果 (3) ＝ (1)－(2)
控制性投资的资产扩张效果			

案例分析

卫光生物控制性投资的资产扩张效果分析

卫光生物2022年年报中资产负债表的相关数据见表6-5。

表6-5 卫光生物2022年控制性投资的资产扩张效果分析 单位：元

项目	合并资产 (1)	母公司资产 (2)	企业控制性投资的资产扩张效果 (3) ＝ (1)－(2)
控制性投资的资产扩张效果	2 575 733 822	2 505 276 488	70 457 334

从上表可以看出，母公司全部的控制性投资为2.77亿元，增量撬动了子公司

的资产 0.70 亿元。这意味着公司用 2.77 亿元资产仅仅带来了增量资产 0.70 亿元的扩张效果，显然不够理想。

（3）影响母公司控制性投资的资产扩张效果的原因分析。我们在前面有关章节讨论过，资产负债表中的资本结构实际上蕴含了企业发展的四大动力：经营性负债、金融性负债、股东入资以及利润积累。

同样，在企业对外进行控制性投资的情况下，影响企业控制性投资的资产扩张效果的主要因素为：子公司的经营性负债规模、子公司的债务融资状况、子公司吸纳少数股东（非控制性股东）入资状况以及子公司的累积盈利状况等。其中，子公司的经营性负债规模主要是基于子公司经营业务的规模及其商业竞争力等因素形成的。

案例分析

卫光生物控制性投资扩张效果的原因分析

比较一下卫光生物 2022 年年报中母公司报表与合并报表的相关项目数据，我们可以对子公司资产增长的四大动力有如下认识：

（1）子公司经营性负债。比较一下合并报表与母公司报表典型的经营性负债项目——应付票据、应付账款、预收款项、合同负债、应付职工薪酬和应交税费等项目之和的规模，我们会发现：合并报表的规模（1.07 亿元）与母公司的规模（0.81 亿元）差异较大，主要来源于应付职工薪酬而非商业债务科目。这说明子公司存在对外业务，但规模较小。

再看一下具体项目。母公司应付账款的规模略低于合并应付账款的规模，差异不大。这说明子公司虽具有一定规模对外业务，但总体规模不大，也就是说，子公司基本上是向母公司提供配套产品。如果我们将视线再转到流动资产里面的应收票据与应收账款，还会发现，合并报表的应收票据数据与母公司的数据完全一样，应收账款合并报表数据略高于母公司报表数据，这在相当的程度上说明，子公司基本不对外销售，只是向母公司提供产品或服务。在这种情况下，是不可能指望通过子公司对外开展业务来带动整个公司资产总额和经营规模的增长的。

（2）子公司金融性负债。比较一下合并报表与母公司报表中典型的金融性负债项目——短期借款、一年内到期的非流动负债、长期借款等三个项目，我们发现：合并报表与母公司报表的短期借款和长期借款数据完全相同，母公司报表中一年内到期的非流动负债为零，合并报表中一年内到期的非流动负债仅为 132 万元，说明公司采用的是集权式融资管理模式，子公司几乎没有独立的对外融资的权利，虽然这样能够有效降低融资成本，提高资金管理效率，但不可能指望通过子公司向银行举债来带动整个公司资产规模的增长。

（3）子公司非控制性股东入资——少数股东对子公司的贡献。由于从合并报表中看不到子公司的其他股东对子公司的入资贡献，因此，我们只能借助合并资产负债表中的“少数股东权益”来进行基本的判断。报表显示，少数股东权益的规模为2 673万元，其中既包括子公司的非控制性股东对子公司的入资贡献，也包括子公司资本公积、累计未分配利润与盈余公积等股东权益项目中子公司非控制性股东的权益部分。但无论如何，在这个集团的发展过程中，子公司的非控制性股东对这个集团的投资为2 673万元，规模并不算很大。

（4）子公司利润积累。虽然我们在合并报表上看不到子公司的利润积累对整个集团资产增长的贡献，但仍然可以通过比较合并报表与母公司报表的盈余公积、未分配利润等项目的差异来考察子公司的利润积累对整个集团资产的贡献。报表显示，母公司盈余公积与合并盈余公积完全一样，但合并未分配利润的规模略小于母公司未分配利润的规模。这说明，从整体上看，子公司是有一定规模的亏损的。这种亏损对整个公司合并报表资产的增长只能是一个“负能量”性质的贡献。

可见，子公司发展的四大动力——经营性负债（少）、金融性负债（几乎为0）、少数股东入资（不多）以及利润积累（负数）综合作用的结果，必然导致卫光生物对外控制性投资的资产扩张效果不够理想。

2. 企业的资金管理模式分析

在企业实施集团化经营的过程中，有关资金的集权与分权管理模式会在母公司报表和合并报表的相关项目的规模特征上有所体现。

资金的集权管理模式是由母公司集中融资，然后向控股子公司提供资金的一种资金运作模式。在这种情况下，企业母公司的财务报表上就会出现利息费用高、短期借款或者长期借款高、其他应收款高（但合并资产负债表中其他应收款的规模会远远低于母公司其他应收款的规模）“三高”现象。资金的分权管理模式则是由母、子公司根据各自的资金需求分别进行融资的一种资金运作模式。在这种情况下，企业母公司的财务报表上一般不会出现上述“三高”现象，而是会表现出合并资产负债表的短期借款或者长期借款规模远远大于母公司的短期借款或者长期借款规模、合并资产负债表的货币资金规模远远大于母公司的货币资金规模等特征，结果往往是在合并报表上出现货币资金规模高、短期借款或者长期借款规模高和财务费用高的另一种“三高”现象。

一般地，企业集团采用集权式资金管理模式，便于母公司汇总集团内各子公司的融资需求，发挥规模优势，增加与金融机构的议价和谈判能力，争取到较低的资金成本；同时也更易于整个集团采取发行公司债、企业债及其他债务融资工具的方式，进一步拓宽融资渠道。此外，集权式资金管理模式，也更便于母公司从整体上监控各子公司的履约能力，避免出现影响集团整体信用评价水平的事件发生。然而，由于集团汇总后的融资规模可能相对较大，且资本市场在很多方面还不够完善，因此，采用集权式资金管理模式，有可能使整个集团面临较大的债务融资风险，一旦某一环节出现重大问题，会导致整个集团都遭遇威胁。

在采用分权式资金管理模式的企业集团中，母公司基本不为子公司融资，母、子公司根据各自的资金需求，利用各自的融资平台和融资渠道单独进行融资。这种融资管理模式可以最大限度地调动子公司的积极性，增强子公司融资的灵活性，强化子公司的资金成本意识，但是同时很可能存在整个集团的融资过度和融资成本失控的风险。

案例分析

卫光生物资金管理模式分析

卫光生物2022年年报显示，母公司货币资金的规模与合并报表货币资金规模之间有着显著差异，这意味着公司在货币资金管理上具有“分权化”色彩。公司货币资金的管理模式分析如表6-6所示。

表6-6 卫光生物合并报表和母公司报表相关项目差异比较表 单位：元

项目	合并	母公司	差额的含义
短期借款	100 086 111	100 086 111	子公司并未单独取得短期借款
一年内到期的非流动负债	1 316 250	0	差额为子公司举借的一年内到期的非流动负债
长期借款	428 961 955	428 961 955	子公司并未单独取得长期借款
利息费用	2 923 474	2 056 743	差额为子公司承担的利息费用
其他应收款（不包括应收股利和应收利息）	4 650 858	12 426 592	母公司对子公司进行资金支持
预付款项	12 296 277	107 013 767	母公司对子公司进行资金支持
其他应付款	20 969 666	16 239 601	母公司并没有汇集子公司资金的迹象
货币资金	294 587 017	214 357 664	子公司拥有货币资金较大规模，货币资金分权管理色彩较明显

上述信息显示：卫光生物在母子公司融资管理上采用了集权管理模式，即由母公司集中融资，然后向控股子公司提供资金，具体表现在子公司没有短期借款和长期借款，承担的利息费用相对较少（可能是由其他金融性负债引起）。同时，母公司在对子公司直接投资之外，又通过其他应收款和预付款项向子公司提供大量的资

金支持，子公司拥有较大规模的货币资金，在货币资金的使用上具有较大的灵活性和自主权，这又体现出公司的货币资金管理采用了分权管理模式。

在货币资金管理采用集权管理模式的情况下，子公司会将闲置资金“汇交”回母公司，这除了会引起母公司的货币资金等资产（汇交回母公司的资金一旦被运用，将转化为货币资金以外的其他资产）增加外，还会引起有关负债的增加。我们可以通过母公司对子公司负债的基本规模来大致判断集权管理模式下母公司所汇集的子公司资金总规模。具体判断方法如下：

首先，我们可以在母公司资产负债表的负债中找出母公司对子公司负债可能“藏身”的项目——预收款项、其他应付款、其他流动负债和其他非流动负债等，这些项目在报表上列示的数据之和，意味着母公司汇集起来的子公司资金的最大可能规模。当然，由于某些特殊情况，所汇集的资金不一定全部“藏身”于上述项目中。

如果母公司与合并资产负债表中相同的负债项目在数量上呈现出越合并越小的情况，则两者之间的差额基本上可以确定为子公司向母公司“汇交”资金的基本规模，如表6-7所示（能够列入其中的条件是，同一项目，合并报表的数据小于母公司的数据）。

表6-7　母公司所汇集资金的基本规模分析表

项目	合并数 (1)	母公司数 (2)	母公司所汇集资金的基本规模 (3) ＝ (2)－(1)
其他应付款			
其他流动负债			
其他非流动负债			
合计			

案例分析

方大特钢母公司汇集资金的基本规模分析

以方大特钢科技股份有限公司（下称方大特钢）2022年度母公司与合并资产负债表的有关数据为基础，可以对母公司所汇集资金的基本规模进行分析。相关数据如表6-8所示。

表6-8　方大特钢母公司汇集资金的基本规模分析表　　单位：元

项目	合并数 (1)	母公司数 (2)	母公司所汇集资金的基本规模 (3) ＝ (2)－(1)
预收款项	0	0	0

续表

项目	合并数 (1)	母公司数 (2)	母公司所汇集资金的基本规模 (3) ＝ (2)－(1)
其他应付款（不包括应付股利与应付利息）	1 269 025 504	2 767 458 653	1 498 433 150
其他流动负债	417 083 935	495 240 445	78 156 510
其他非流动负债	0	0	0
合计	1 686 109 439	3 262 699 098	1 576 589 660
货币资金	5 571 437 537	5 049 417 910	差额为子公司持有的货币资金规模

上面的相关数据表明，方大特钢母公司汇集子公司的货币资金主要是通过其他应付款项目来实现的。可以看出，其汇集资金的规模总额约为 15.77 亿元。但由于母公司还可能有其他内容的其他应付款，因此，这里只是粗略的估计。但尽管只是粗略的估计，这种估计仍然有意义：该公司通过集权管理，将子公司大量的货币资金集中到母公司统一安排使用，提高集团整体的资金使用效率。方大特钢母公司汇集了大量子公司的货币资金这一事实也可以从母公司持有集团绝大多数的货币资金来加以体现。

3. 母、子公司之间的业务关联度分析

反映母、子公司之间业务联系的内容主要体现在母公司利润表和合并利润表上。母、子公司之间的业务联系体现在以下几个方面。

（1）母、子公司"一致对外"销售。母、子公司之间以及子公司之间如果选择无关多元化发展战略，或者母、子公司之间地域结构较为分散，则母、子公司通常会各自直接面向市场，"一致对外"销售。合并利润表与母公司利润表的主要项目（如营业收入、营业成本、销售费用、管理费用等）一般会呈现出越合并越大的情况。

案例分析

特变电工母、子公司之间的业务关联度分析

特变电工股份有限公司（下称特变电工）2022 年度部分母公司利润表与合并利润表的数据见表 6－9。

表 6－9 特变电工母公司利润表与合并利润表的部分项目比较表 单位：元

项目	母公司报表	合并报表
营业收入	10 170 627 225	95 886 746 723

续表

项目	母公司报表	合并报表
营业成本	8 792 481 811	58 883 357 878
税金及附加	44 499 172	1 404 283 323
销售费用	279 478 374	2 291 775 437
管理费用	608 485 047	3 116 904 772
研发费用	72 489 380	1 277 005 658

上述报表信息显示：合并报表中营业收入、营业成本、税金及附加、销售费用、管理费用和研发费用几个项目的规模与母公司相同项目的规模相比差异巨大。说明母公司与子公司的业务关联度很可能并不紧密，至少各自相对独立地开发市场、独立开展研发活动、独立运营管理，存在母、子公司“一致对外”的经营状况。

（2）母公司将主要产品销往子公司，子公司负责对外销售。某些情况下，母公司将其全部或者主要的产品销往子公司，子公司的设立就是为了将母公司的产品销往市场。此时，合并利润表与母公司利润表之间的一个重大差异是，相对于子公司，母公司基本没有或者仅有少量的销售费用。

案例分析

贵州茅台母、子公司之间的业务关联度分析

贵州茅台2022年年报中母公司利润表和合并利润表的部分信息如表6-10所示。

表6-10 贵州茅台母公司利润表与合并利润表的部分项目比较表 单位：元

项目	合并报表	母公司报表
营业收入	124 099 843 772	71 301 796 877
营业成本	10 093 468 617	10 420 242 137
税金及附加	18 495 818 534	17 592 050 587
销售费用	3 297 724 191	838 175 269
管理费用	9 012 191 074	8 342 403 894
研发费用	135 185 680	135 185 680

上述报表信息显示：母公司的销售费用数据远远小于合并报表数据，因此，子公司才是对外销售、实现营业收入的主体。母公司的毛利率约为85%，而合并报表

的毛利率为92%，这是因为母公司生产的产品主要出售给集团内部的子公司（即各销售公司），合并报表的毛利率才反映出企业真正的市场竞争力和盈利能力。

贵州茅台的这种组织结构是国内酒类企业普遍采用的一种组织结构，即销售部门单独成立子公司。之所以采用这种结构，是由于国内对白酒生产企业征收高额的消费税，而对流通企业（如销售公司）则采用另外的税收征管方式。

（3）相当一部分子公司主要为母公司提供配套零部件或者劳务，只向集团外部销售少量产品或者劳务。有些子公司的设立目的主要是向母公司提供配套的产品零部件或者劳务。子公司在满足母公司的需求后再向集团外部市场直接销售。在这种情况下，合并利润表的营业收入与母公司利润表的营业收入并不一定有显著差异，但合并营业成本有可能小于母公司营业成本。母公司的销售费用占合并销售费用的比重较大。

案例分析

卫光生物母、子公司之间的业务关联度分析

卫光生物2022年年报中母公司利润表和合并利润表的部分信息如表6－11所示。

表6－11　卫光生物母公司利润表和合并利润表的部分项目比较表　　单位：元

项目	合并报表	母公司报表
营业收入	667 931 463	669 416 448
营业成本	427 024 271	438 939 281
税金及附加	4 864 061	3 620 024
销售费用	27 254 297	27 165 673
管理费用	64 419 338	38 936 918
研发费用	35 865 912	35 865 912

上述报表信息显示：母公司的营业收入和营业成本均高于合并报表数据，但相差不大；合并报表的研发费用与母公司报表数据完全相同；合并销售费用略高于母公司销售费用，即母公司销售费用在合并销售费用中占比非常大。这说明，在卫光生物母、子公司的业务关系中，子公司为母公司的产品生产提供配套部件，而母公司将最终产品直接销往外部市场（子公司发生仅不到9万元的销售费用说明了这一点）。至于研发费用发生在母公司，则说明整个集团的研发活动集中在母公司。

4. 母、子公司的基本盈利能力和费用效率比较分析

这种分析尤其适用于母、子公司“一致对外”销售的模式。由于母、子公司均直接面对外部市场，因此，通过比较母公司利润表和合并利润表的主要项目之间的差异，可以判断母、子公司（当然，子公司不是一个，而可能是一批，我们的分析只能是基本分析）基本的获利能力，考察母、子公司基本盈利能力的差异及其变化趋势。需要比较的项目主要有：营业收入、营业成本、毛利与毛利率、销售费用与销售费用率、管理费用与管理费用率等。这有助于在一定程度上分析母、子公司费用发生的特点与相对效率。

案例分析

特变电工母、子公司的基本盈利能力和费用效率比较分析

我们以特变电工 2022 年年报中的相关数据为基础加以讨论，相关数据如表 6-12 所示。

表 6-12　特变电工母公司利润表和合并利润表的相关项目比较表　金额单位：元

项目	合并报表	母公司报表
营业收入（1）	95 886 746 723	10 170 627 225
营业成本（2）	58 883 357 878	8 792 481 811
毛利（3）=(1)-(2)	37 003 388 845	1 378 145 414
毛利率（4）=(3)/(1)×100%	38.59%	13.55%
销售费用（5）	2 291 775 437	279 478 374
销售费用率（6）=(5)/(1)×100%	2.39%	2.75%
管理费用（7）	3 116 904 772	608 485 047.4
管理费用率（8）=(7)/(1)×100%	3.25%	5.98%
研发费用（9）	1 277 005 658	72 489 380
研发费用率（10）=(9)/(1)×100%	1.33%	0.71%

通过简单对比就可以发现：母公司的各收入费用项目金额明显低于合并报表，其毛利率显著低于合并毛利率，说明子公司整体的毛利率水平高于母公司，而合并报表的销售费用率略低于母公司的销售费用率。综合上述两个方面，我们可以认为公司主要依靠子公司获得高利润空间，子公司产品的市场竞争力在整个集团内应该是比较强的。

当然，在企业集团的行业跨度较大、业务种类繁多的情况下，简单的对比难以反映企业管理的实际水平，但是仍然可以在一定程度上反映企业整体的资源利用状况。

由于管理费用与营业收入通常不具有线性关联，再加上管理费用中经常会包含高管薪酬、管理机构的折旧与摊销费以及办公费用等项目，因此，管理费用率不一定能够准确反映企业管理费用的有效性。但是，我们通过考察两者的比例关系，既可以在企业内部进行比较分析，也可以在企业间进行比较分析。

研发费用率的显著差异表明子公司在研发上有更大的投入。这或许是因为子公司的产品以及行业特征需要更多的研发投入；或许是由于有的子公司承担了更多的研发任务，如子公司中有专门的研发机构。

有兴趣的读者可以看一下同属汽车行业的长城汽车股份有限公司和重庆长安汽车股份有限公司 2022 年年报中的管理费用规模、结构以及管理费用率的差异，并加以比较分析。

5. 整个集团的现金流转状况和投融资运作状况分析

合并现金流量表中的经营活动现金流量净额、对外投资现金流量、筹资活动中的子公司吸收的少数股东资本、贷款带来的现金流量等信息，为信息使用者分析整个集团开展的经营活动、投资活动与资本运作活动以及税务环境等提供了条件。通过比较母公司现金流量表和合并现金流量表的相关项目，可以分析比较母、子公司的经营活动现金流量的获取能力的差异、投资活动现金流量的发生情况与扩张规模及战略的差异、筹资活动现金流量所表现出来的融资能力的差异等。

本章小结

通过本章的学习，我们了解了企业合并报表的含义、合并报表与个别报表的显著差异；掌握了与合并报表有关的合并范围、少数股东权益等概念以及在合并报表的编制中应抵销的集团内部交易；重点介绍了合并报表的差量分析方法；掌握了通过合并报表所揭示的财务状况质量信息揭示集团的管理特征。

关键术语

吸收合并	创立合并	控股合并
合并报表	汇总报表	企业集团
合并范围	控制	商誉
少数股权	差量分析法	

思考题

1. 简述企业合并的类型与原因。

2. 合并报表与个别报表及汇总报表有哪些显著区别？
3. 如何理解合并范围、少数股权等概念？
4. 在合并报表的编制过程中应抵销的集团内部交易有哪几类？
5. 合并报表的作用有哪些？利用常规比率分析合并报表会出现哪些问题？
6. 合并报表中包含了哪些关于财务状况质量的信息？
7. 如何利用差量分析法考察企业集团的管理特征？

案例讨论与分析

案例一

下面是宜通世纪科技股份有限公司（下称宜通世纪）2022 年年报中的部分信息（资料来源：宜通世纪 2022 年年报）。

母公司资产负债表与合并资产负债表

单位：元

项目	2022-12-31		2021-12-31	
	合并报表	母公司报表	合并报表	母公司报表
流动资产：				
货币资金	1 109 362 263	885 894 822	1 039 802 327	807 515 767
交易性金融资产	41 255 409	0	71 926 712	
应收票据	4 428 085	4 408 085	1 220 408	50 000
应收账款	655 631 858	539 853 580	673 178 829	519 858 098
预付款项	23 472 892	14 728 286	7 136 092	9 464 559
其他应收款	34 134 926	31 014 392	38 269 005	33 310 778
其中：应收利息	—	689 928	—	
应收股利	—	0	1 428 990	1 428 990
存货	380 690 440	265 380 196	324 685 347	261 871 459
合同资产	129 686 879	128 965 152	98 160 307	98 137 206
一年内到期的非流动资产	18 279 804	14 497 263	133 116	
其他流动资产	19 927 238	24 499 122	12 280 591	15 760 850
流动资产合计	2 416 869 793	1 909 240 899	2 266 792 736	1 745 968 718
非流动资产：				
长期应收款	42 942 751	30 049 691	1 136 301	
长期股权投资	76 984 196	421 143 051	50 138 650	396 423 168
其他权益工具投资	179 298 617	169 741 242	152 837 736	135 754 295
其他非流动金融资产	22 222 843	0	8 000 000	

续表

项目	2022-12-31		2021-12-31	
	合并报表	母公司报表	合并报表	母公司报表
固定资产	113 350 804	102 316 514	119 619 738	109 450 055
在建工程	12 988 739	0	10 940 818	
使用权资产	4 635 029	1 664 387	6 819 652	1 219 063
无形资产	10 368 656	4 904 732	12 660 475	7 481 904
开发支出	1 260 660	0	4 431 196	0
商誉	31 272 070	0	33 162 282	
长期待摊费用	7 051 008	560 291	821 052	247 409
递延所得税资产	60 657 454	58 821 052	59 948 645	59 464 910
其他非流动资产			2 671 685	
非流动资产合计	563 032 826	789 200 960	463 188 230	710 040 805
资产总计	2 979 902 620	2 698 441 858	2 729 980 966	2 456 009 523
流动负债：				
短期借款	14 249 061			
应付票据	87 257 464	101 674 175	55 441 225	55 441 225
应付账款	794 996 780	761 820 921	653 979 994	621 552 990
合同负债	103 963 246	86 178 108	86 887 932	75 308 604
应付职工薪酬	85 532 607	47 470 182	86 594 326	52 194 635
应交税费	49 674 291	40 278 392	48 888 575	39 922 778
其他应付款	33 363 890	33 282 425	41 329 144	39 096 594
其中：应付利息				
应付股利				
一年内到期的非流动负债	3 163 937	1 050 925	3 819 947	703 757
其他流动负债	2 600 603	1 680 468	1 232 851	472 757
流动负债合计	1 174 801 879	1 073 435 596	978 173 993	884 693 340
非流动负债：				
租赁负债	2 747 635	3 284 022	3 170 678	180 177
预计负债	2 667 644	832 535	1 985 664	405 865
递延所得税负债	4 894 121	4 800 435	2 407 217	2 118 205
其他非流动负债	175 000	0	175 000	
非流动负债合计	10 484 400	8 916 992	7 738 559	2 704 247
负债合计	1 185 286 279	1 082 352 588	985 912 552	887 397 587

续表

项目	2022-12-31		2021-12-31	
	合并报表	母公司报表	合并报表	母公司报表
所有者权益：				
股本	881 658 531	881 658 531	881 658 531	881 658 531
其他权益工具	−22 232 570	−22 232 570	−22 232 570	−22 232 570
资本公积	2 238 381 619	2 244 060 812	2 238 363 941	2 244 060 812
减：库存股	1 857 600	1 857 600	1 857 600	1 857 600
其他综合收益	−46 202 795	−43 354 357	−72 175 316	−72 243 261
盈余公积	42 053 025	42 578 740	42 053 025	42 578 740
未分配利润	−1 286 015 027	−1 484 764 286	−1 306 677 409	−1 503 352 716
归属于母公司所有者权益合计	1 805 785 182	1 616 089 270	1 759 132 601	1 568 611 935
少数股东权益	−11 168 842		−15 064 186	
所有者权益合计	1 794 616 340	1 616 089 270	1 744 068 414	1 568 611 935
负债和所有者权益总计	2 979 902 620	2 698 441 858	2 729 980 966	2 456 009 523

母公司利润表与合并利润表

单位：元

项目	2022年		2021年	
	合并报表	母公司报表	合并报表	母公司报表
营业总收入	2 591 599 601	2 067 698 403	2 337 319 139	1 769 637 919
营业收入	2 591 599 601	2 067 698 403	2 337 319 139	1 769 637 919
营业总成本	2 584 565 028	2 053 441 369	2 326 779 328	1 761 452 343
营业成本	2 318 266 659	1 891 336 190	2 068 887 961	1 597 745 518
税金及附加	7 808 754	5 387 183	7 757 362	4 927 334
销售费用	33 350 608	16 300 739	30 314 074	15 196 028
管理费用	126 543 121	86 627 387	142 723 519	101 098 868
研发费用	115 358 248	71 382 816	93 630 773	57 532 027
财务费用	−16 762 363	−17 592 947	−16 534 362	−15 047 432
其中：利息费用	764 940	410 786	407 452	64 011
利息收入	20 204 081	19 074 357	16 370 136	15 391 967
加：其他收益	21 131 336	15 384 348	16 894 789	12 341 360
投资收益	2 934 977	3 556 266	27 602 121	124 696 857
其中：对联营企业和合营企业的投资收益	−1 578 338	469 882	128 840	608 618

续表

项目	2022 年		2021 年	
	合并报表	母公司报表	合并报表	母公司报表
公允价值变动收益	1 728 688	0	−74 800	
信用减值损失	−9 045 648	−13 835 493	18 925 722	16 859 100
资产减值损失	−3 862 425	−1 449 679	−18 990 632	−133 950 568
资产处置收益	361 871	257 050	500 522	74 169
营业利润	20 283 372	18 169 526	55 397 534	28 206 493
加：营业外收入	26 502	9 706	197 905	90 248
减：营业外支出	1 403 188	1 372 719	2 643 640	2 534 549
利润总额	18 906 686	16 806 513	52 951 799	25 762 192
减：所得税费用	−1 304 666	−1 781 917	5 769 753	2 650 965
净利润	20 211 352	18 588 430	47 182 047	23 111 227

母公司现金流量表与合并现金流量表

单位：元

项目	2022 年		2021 年	
	合并报表	母公司报表	合并报表	母公司报表
经营活动产生的现金流量：				
销售商品、提供劳务收到的现金	2 908 917 340	2 284 474 080	2 723 287 343	2 015 500 249
收到的税费返还	1 854 587	0	236 370	
收到其他与经营活动有关的现金	202 226 321	210 352 696	130 107 633	126 160 924
经营活动现金流入小计	3 112 998 248	2 494 826 776	2 853 631 346	2 141 661 173
购买商品、接受劳务支付的现金	1 901 394 774	1 633 714 618	1 769 544 438	1 434 098 274
支付给职工以及为职工支付的现金	804 165 193	471 488 880	663 769 999	378 199 573
支付的各项税费	66 260 819	38 673 631	60 353 785	29 758 011
支付其他与经营活动有关的现金	254 976 731	246 417 188	257 587 286	237 094 142
经营活动现金流出小计	3 026 797 517	2 390 294 316	2 751 255 509	2 079 150 000
经营活动产生的现金流量净额	86 200 731	104 532 459	102 375 838	62 511 173
投资活动产生的现金流量：				
收回投资收到的现金	361 560 000	0	341 100 000	60 437 301
取得投资收益收到的现金	6 450 763	4 515 373	5 871 750	102 892 638

续表

项目	2022年		2021年	
	合并报表	母公司报表	合并报表	母公司报表
处置固定资产、无形资产和其他长期资产收回的现金净额	2 929 972	777 272	1 623 090	1 171 002
收到其他与投资活动有关的现金	533 801	7 259 655	19 107 644	24 168 136
投资活动现金流入小计	371 474 536	12 552 301	367 702 484	188 669 076
购建固定资产、无形资产和其他长期资产支付的现金	30 589 094	900 699	28 980 792	11 478 628
投资支付的现金	367 410 000	24 250 000	466 175 000	110 300 000
支付其他与投资活动有关的现金		12 081 080		7 071 000
投资活动现金流出小计	397 999 094	37 231 779	495 155 792	128 849 628
投资活动产生的现金流量净额	−26 524 558	−24 679 479	−127 453 309	59 819 448
筹资活动产生的现金流量：				
吸收投资收到的现金	3 463 700	0	8 447 570	
其中：子公司吸收少数股东投资收到的现金	3 463 700		8 447 570	
取得借款收到的现金	75 824 646	48 741 724	0	
收到其他与筹资活动有关的现金	304 775	0	175 000	
筹资活动现金流入小计	79 593 121	48 741 724	8 622 570	
偿还债务支付的现金	61 575 585	48 741 724	0	
分配股利、利润或偿付利息支付的现金	257 811	257 811	51 471	
支付其他与筹资活动有关的现金	8 055 194	1 375 496	6 741 575	1 888 507
筹资活动现金流出小计	69 888 589	50 375 030	6 793 046	1 888 507
筹资活动产生的现金流量净额	9 704 531	−1 633 307	1 829 524	−1 888 507
汇率变动对现金及现金等价物的影响	0		0	
现金及现金等价物净增加额	69 380 705	78 219 674	−23 247 947	120 442 114
期初现金及现金等价物余额	926 386 739	694 600 179	949 634 686	574 158 065
期末现金及现金等价物余额	995 767 444	772 819 852	926 386 739	694 600 179

1. 对宜通世纪2022年财务报表中合并报表与母公司报表之间的数据差异展开分析。

2. 以母公司资产负债表数据为基础，对宜通世纪的资源配置战略和资本引入战略进行分析。

3. 以合并利润表为基础，对宜通世纪的盈利能力（包括数量和质量维度）进行分析。

4. 以合并现金流量表为基础，对宜通世纪的现金流量质量进行分析。

案例二

以附录中的普洛药业2022年度财务报表为基础，通过将母公司报表与合并报表进行对比分析，可以揭示出哪些信息？

第7章

财务状况质量的综合分析

素养提升

本章即将揭晓本书的大结局：在总结和提炼财务报表的综合分析方法的基础上，通过完整的案例（北陆药业）分析，系统地展示本书所体现的“传统比率分析法与项目质量分析法相互结合，定性分析与定量分析互为补充”的分析特色，试图基于中国的制度背景和具体企业实践，解决中国企业在财务报表分析中面临的现实问题，从而进一步证明在采用项目质量分析方法、加入质量分析维度，上升至战略分析层面之后，可以更加系统深入地考察企业的财务状况质量。

本章内容帮助学生深刻认识没有有效的分析方法，就不会有系统的分析内容和科学的分析结论。而分析方法需要传承，更需要创新和发展。

1. 价值塑造

树立创新引领发展的辩证发展观： 深刻体会中国企业会计准则的建立和变革是中国经济发展和资本市场不断完善的必然产物，基于中国企业财务信息特征而进行的分析方法等方面的创新，正是顺应这一发展和变革的大胆尝试，认识到只有通过创新才可能使该理论体系不断发展与完善。

树立持续而有质量的科学发展观： 强化企业的可持续发展是在保障企业质量基础上的适度扩张与增长，帮助学生认识到在企业的发展过程中，实现有战略支撑的可持续发展和高质量发展的重要意义，树立讲求质量、兼顾利益相关者的各方利益、实现可持续发展的科学发展观。

2. 知识传授

本书设专门一章讨论财务报表的综合分析方法，既是对全书内容的概括和总结，也是对财务报表分析方法和分析框架的全面应用和展示，体现出全面引入“质量维度和战略视角”后的财务报表分析方法和分析框架，可以更深入、系统地考察企业的财务状况，形成更科学、合理的评价结论。

财务比率分析法与项目质量分析法相互结合、定性分析对定量分析加以补充，是共性分析与个性分析的协调统一，是基于“业财融合”理念的分析方法新突破。它提供了充分利用报表附注信息实现深度分析的科学路径，是推动财务报表分析理论体系不断发展与完善的有效手段。

在企业的财务状况评价中加入质量维度，可以更科学、全面地考察企业的偿债能力、盈利能力和营运能力，更深入、客观地揭示企业整体的财务状况质量。它强调当下与未来的平衡、速度与高度的协调、数量与质量的统一，是企业实现可持续发展的根本保障。

将财务报表分析视角上升至战略层面，可以更深入、全面地考察企业发展背后的推动因素，更有助于找出制约企业发展的关键症结，有利于充分利用分析素材系统、完整地得出分析结论，为预测企业未来的发展前景提供更科学、合理的分析依据。

3. 能力培养

培养学生的批判性思维能力：帮助学生更加全面地认识传统的财务比率分析法存在的问题和局限性，通过将全新的项目质量分析方法、质量分析维度和战略分析视角融入传统的财务报表分析框架，全面提升学生对企业财务状况质量的综合分析能力。

培养学生的辩证思维能力：帮助学生更加深刻地理解企业对外扩张与自身竞争力打造、战略支撑下的可持续发展与单纯趋利的“野蛮生长”之间的辩证关系，强化协调短期盈利与长期盈利、平衡发展速度与发展高度、统一企业规模（做大）与企业质量（做强）的重要意义，提升学生在财务报表分析中利用辩证思维来对企业整体的财务状况质量加以综合判断与评价的能力。

培养学生的系统思维能力：帮助学生在深入了解企业具体的经营背景和战略选择的基础上解读财务数据、分析财务指标，培养学生从企业整体运行环境和管理系统层面思考和解决财务报表分析所面临的具体问题，提升学生在“业财融合”理念下对企业财务状况质量的系统分析能力。

学习目标

1. 了解财务报表分析中应注意的几个问题；
2. 掌握企业财务状况质量综合分析的路径；
3. 学会将财务状况质量的综合分析方法运用于具体的案例中。

引例

关于财务比率与财务状况的讨论

在过去较长的一段时间里，上市公司格力电器母公司的资产负债表均表现出流动资产对流动负债保证程度较低（长期保持在1.1∶1左右的水平）、负债与资产的比率（资产负债率）较高（长期保持在80%以上）。在传统的比率分析方法下，一般认为，流动资产对流动负债保证程度较低可能导致企业的经营周转出现问题——经营风险较大，资产负债率高表明企业的财务风险较大。在谈到格力电器的风险时，董明珠曾表示：不能只依据报表来计算企业的风险。格力电器业务在增长，没有什么贷款，盈利能力强，利润获得现金流量能力强，每年向股东支付相当高的现金股利！这是风险的表现吗？面对同样的企业财务报表，传统的比率分析法与企业家对企业的风险评价却截然不同。

到底应该怎样对企业的财务状况质量进行评价？本章将讨论这一问题。

7.1 财务报表分析中应注意的几个问题

在对企业的财务状况质量进行综合分析之前，有必要强调几个在实际分析中容易发生误解、常常被分析者忽视的问题。

第 7 章即测即评

7.1.1 财务报表的局限性

（1）报表信息并未完全反映企业可以利用的经济资源。我们已经知道，列入报表的仅是可以利用的、可以用货币计量的经济资源。实际上，企业有许多经济资源受客观条件制约或者受会计惯例的制约并未在报表中得到体现。例如，企业的人力资源、历史悠久的企业账外存在的大量无形资产（如未申请专利的专有技术）、大数据资源、客户资源以及自创商誉等，这些资源难以用货币计量，均不可能在报表中予以反映。所以说，报表仅反映了企业有价值的经济资源的一部分。

（2）受历史成本计量属性的制约，企业的报表资料对未来决策的价值仍然在一定程度上受到限制。历史成本原则的固有缺陷在于，它将不同时点的货币数据简单相加，使信息使用者不知晓他所面对的会计信息的实际含义，使这些会计信息很难对其现在和未来的经济决策有实质性参考价值。尤其是存在通货膨胀时，更会大大降低人们对会计信息的信任程度。

在进行比率分析时，经常要将报表中的相关项目加以比较，并在此基础上进行趋势分析。尽管新准则广泛引入了公允价值计量属性，但对于相当多的资产项目，尤其是长期资产项目，仍然要以历史成本为基础加以计量（虽然在一些时候计提了资产减值准备），这就导致在计算很多比率时存在用现时价值计量的数据与用历史成本计量的数据加以比较的情况，使得出的结果不够合理，难以反映企业的实际情况。

（3）企业会计政策运用上的差异导致企业在与自身的历史、未来预测对比的过程中，以及在与其他企业进行对比的过程中难以发挥应有的作用。关于会计政策的差异问题，我们已在前面进行了讨论。读者只需记住一点：企业在不同会计年度间采用不同会计方法以及不同企业以不同会计方法为基础形成的信息具有相当程度的不可比性。在企业变更会计政策的情况下，一定要深入研究，仔细分析政策变更对企业的影响和发生变更的原因。

（4）企业对会计信息的人为操纵可能会导致信息使用者做出错误决策。在企业对外形成财务报表之前，信息提供者（主要是管理层）往往对信息使用者所关注的财务状况以及信息偏好进行仔细分析与研究，并尽力满足信息使用者对企业财务状况的期望。这就难免形成“你想看什么，我尽力提供什么”“你希望我的业绩如何，我就编出这样的业绩让你看”的思维与结果。这极有可能使信息使用者所看到的报表信息与企业实际状况有一定差距，导致信息使用者做出错误决策。

因此，对企业财务状况的全面分析与评价，除考虑货币因素外，还应充分考虑非货币因素，提高对误导性信息的识别与防范能力。

7.1.2　非会计信息的恰当使用

比率分析法虽然可以在多个方面反映企业的财务状况，但仅以会计信息为基础得出的结论还不足以作为决策的全部依据。这是因为，企业的财务状况及发展前景等方面的问题，有些是难以用货币来计量的。有些非会计信息对企业的信息使用者来说比会计信息更重要。例如，两个财务状况相同（从报表信息看）的同类企业，一个处于上升期，另一个则处于下滑期。它们只是在上升与下滑过程中的某一时点表现出相同的财务状况。这种上升与下滑的趋势不一定能从报表中反映出来，特别是无法在一个会计年度的报表信息中充分体现。另外，由于企业的管理战略不同，采用的生产、销售、研发策略不同（从而影响费用、成本因素），可能出现财务数据在短期内相近，但从长期来看会产生较大差距的情况。

信息时代的到来，尤其是以数字化、网络化、智能化为特征的计算机技术的发展，对人们社会生活及环境的方方面面都产生了巨大的影响。会计作为以提供信息为主的行业，不可避免地要受到这场时代变革的冲击。会计假设作为会计实务与理论的基础，实质上是对会计所处的经济环境做出的合乎情理的推和假定。既然会计依存的环境已发生巨大的变革，那么工业经济时代背景下所提出的会计假设必然会受到冲击与影响。

信息时代专有技术、专利权、研究与开发等无形资产，将成为决定企业成败的关键资源。企业未来的竞争将主要依赖于人的智力和创意的竞争。此外，企业中还存在大量不能量化但对企业未来发展更为重要的因素，如战略选择偏好、商业模式创新以及企业文化和管理理念等等，甚至员工对企业的忠诚度、企业经营理念为员工和社会的认可程度等这些人文因素也都可能对企业经营的成败产生至关重要的影响。因此，面对更为激烈的竞争环境，越来越大的经营风险，再加上更加复杂多变的社会经济环境和日趋多样化的商业行为，在对企业的财务状况进行分析时，只有采取更为灵活多样的方式、结合大量息息相关的非会计信息，才能得出更加科学全面的评价结论。

7.1.3 同类企业间的可比性

对投资者而言，通过对同一企业进行连续多年的分析，可以了解企业的发展趋势，据此制定相应的投资政策；在对不同企业同一会计期间的财务进行分析与对比的过程中，投资者可以对不同企业的经营前景进行比较，选择理想的投资对象。在对企业财务状况质量进行分析时，总是需要比较的标准，常用的标准有：企业以前年度的数据、企业当年预算、行业标准、行业平均水平、同类企业的数据。前四类数据都有明确的定义，也可以方便地得到，而同类企业的数据很难定义。这主要是因为企业间存在各种差异，这些差异使有关财务比率的可比性不同程度地下降，因而在对不同企业进行分析比较时，不宜简单地直接对比相同指标，以免导致错误的决策。

1. 同类企业的确认

一般而言，财务比率在同类企业间具有较大的可比性。但是，同类企业的确认没有一个公认的标准。在实际分析中，同类企业往往是观念上的（即读者在观念上所认定的）。这样，某个读者所认定的两个同类企业，其他读者未必认为是同类企业。

同类企业可以从以下几个方面来确认：

（1）最终产品相同。在大多数情况下，人们通常将生产同类或同系列产品的企业视为同类企业。这是因为，生产相同产品的企业在产品的生产设备基础、技术水平、加工工艺、成本构成、价格水平等方面具有较大的可比性，彼此可互为参照物。

（2）内部生产结构相同。这里的内部结构相同的企业，是指使用同样的原材料、生产技术和生产方式的企业。例如，副食品加工、食品加工等类型的企业就属内部生产结构相同的企业，因为这些企业所用的原材料、生产技术、生产方式等大体相似，只是最终产品有较大差异。

（3）股份特性相同。股份特性相同的企业，是指那些具有同样的风险程度、市盈率和股利保障倍数等特征的企业。股票投资者常从投资风险和投资收益角度关注企业，因而常将股份特性相同的企业视为同类企业。

（4）规模相近。规模不同的企业由于自身资源的丰富程度不同，在生产、管理、营销、服务等方面都会有所不同。所以，在确定同类企业时必须考虑规模因素。另外，在考虑规模时，不仅要考虑企业本身的规模，还要考虑所比较的产品的生产或经营规模。

2. 同类企业间的会计政策差异

在运用比较分析法进行同类企业间的比较时，一定要关注企业在会计政策方面存在的差异。企业会计政策的典型差异主要体现在以下方面：

（1）固定资产评估。企业在有些情况下（如企业合并、资产盘盈等）可以用评估价值对固定资产进行处理。对固定资产进行重新估价，通常将直接增加资产负债表中的总资产与所有者权益，进而影响资本报酬率、资本周转率等基本比率的计算。这就会妨碍与其他没有对固定资产进行重估的企业间的比较与分析。可以通过将评估价值调整为原来的账面价值来避免这个差异。

（2）存货计价与坏账准备的估计方法。由于会计准则允许企业选择适合自己的存货计价方法和坏账准备的估计方法，因此，企业出于自身的考虑在方法的选择上可能存在较大差异：有的采用先进先出法，有的采用加权平均法；有的采用明确的不同账龄对应不同的坏账准备率的估计方法，有的则采用含糊的根据债务单位的实际偿还情况来确定的估计方法。这样，除非极偶然的巧合，通常情况下，不同的存货计价方法总会导致不同的期末存货价值与不同的利润额；同样，不同的坏账准备估计方法也会导致不同的资产价值与不同的盈亏水平。这种差异还会在一定程度上影响企业的获利能力比率、流动性比率、周转率及投资比率等的计算。

（3）折旧计算方法。不同的企业对固定资产折旧可以采用不同的方法。如一些企业采用使用年限法，一些企业采用年数总和法等，这将对固定资产净值、折旧费乃至利润额的计算等产生影响，进而影响有关比率的计算。

（4）营业收入的确认。在实务中，由于企业所处的行业、外部经营环境、营销策略、商业模式等诸多方面存在诸多差异，因此，即便有明确的收入准则可遵循，在营业收入的确认方面，企业间仍可能存在差异，有时这种差异还相当巨大。这方面的例子很多。

7.2 财务报表的综合分析方法

在对企业的财务报表进行分析时，信息使用者经常受到诸多问题的困扰。例如，企业怎样的财务状况才能称得上好？应当如何对企业财务状况的质量进行综合分析与评价？面对企业的财务报表时，应该从哪里入手，又应该关注哪些重要方面？本节将回答这些问题。

一般地，企业的财务状况是指企业从事经济活动（筹资、投资与经营等各项活动）所产生的财务结果，反映企业的资本结构状况、资产状况、盈利状况和现金流量状况。财务报表作为企业会计信息结构性、系统性和综合性的表述，可以概括性地揭示出企业的财务状况的主要方面。其中，资产负债表揭示的是企业财务状况的结果信息，利润表和现金流量表揭示的是财务状况变化的过程信息。财务状况质量则是指企业财务状况符合既定标准或目标的程度，揭示企业在资本结构状况、资产状况、盈利状况和现金流量状况等方面的质量表现。而上市公司质量是公司通过管理活动和治理活动经营的综合性结果，上市公司质量所包括的治理效应、管理活动和经济后果等要素均会在财务状况质量上得以最终体现（即外在财务表现）。具体地说，我们可以采用以下的分析路径对企业的财务报表（通常情况下是上市公司的财务报告，更全面地说是上市公司的年度报告）进行综合分析与考察。

7.2.1 背景分析

在面对一份企业的财务报告（年度报告、半年度报告或季度报告）时，首先应当对该报告进行综合浏览，对企业的经营背景进行概括分析。浏览与分析时应该重点关注企业的基本情况与行业分析、企业自身对经营活动及经营战略的表述、企业竞争环境与竞争优势、政策法规环境带给企业的机会或者制约、企业的控制性股东及其状况、企业发展沿革及主要人力资源状况等。

7.2.2 会计分析

我们可以通过关注审计意见的类型与措辞来间接地对企业的会计质量进行分析与判断。需要特别注意的是，不同类型的审计意见蕴含着极为丰富的企业会计质量信息。因此，可以通过分析审计师的措辞和对相关事项的说明，在整体上对企业财务报表的会计质量做出初步判断，而不必再进行单独的会计分析。

7.2.3　战略视角下的财务分析

1. 财务比率分析

在对企业的财务报告进行综合浏览后，就可以进行初步的财务比率分析。需要重点考察的比率包括：（1）偿债能力比率，包括流动比率、速动比率、杠杆比率、利息保障倍数等；（2）盈利能力比率，包括毛利率、核心利润率、销售净利率、股东权益报酬率、资产报酬率以及每股收益等；（3）营运能力比率，包括商业债权周转率（应该考察应收票据与应收账款合在一起的回收期）、存货周转率、流动资产周转率、固定资产周转率、总资产周转率、经营性资产周转率、商业债务（应付票据与应付账款之和）平均付账期等。

在计算出上述主要比率后，就可以进行年度间的比较，了解企业财务状况的基本情况及其发展趋势。

2. 战略与竞争力分析

第一，以母公司资产负债表为基础，观察资产总规模及其变化，以及导致重大变化的“四大动力”中的哪一个或几个导致了资产的巨大变化。

第二，观察资产总规模中揭示的企业发展或者扩张方面的信息：经营主导型、投资主导型还是并重型？在有控制性投资的条件下，立即确定控制性投资的规模，并对企业控制性投资的扩张效应进行分析。

第三，观察主要资产规模的变化及其方向性含义。

第四，观察主要不良资产区域。主要通过考察企业的资产减值准备来进行。

第五，考察企业的负债与股东权益的结构，分析企业发展的“四大动力”的结构。

第六，观察流动资产对流动负债的保障。

第七，观察企业负债融资发展的潜力，重点考察企业的资产金融性负债率。

第八，结合企业的母公司资产负债表与合并资产负债表、母公司利润表与合并利润表、母公司现金流量表与合并现金流量表进行分析，对企业集团管理特征、业务关系、管理效率、其他战略信息等进行分析。

7.2.4　对企业发展前景进行预测

在对企业的财务报表进行全面分析的基础上，就可以对企业的发展前景进行更有方向性的预测。

我们所讨论的企业发展前景是以母公司（即上市公司）为基础的。

1. 以经营性资产的盈利能力和产生经营活动现金流量的状况为基础，预测经营活动的前景

通过对经营性资产、核心利润以及经营活动产生的现金净流量的对比分析，读者可以对企业经营活动的现状有一个基本的认识。在此基础上，读者可以对企业经营活动未来的发展趋势及所应采取的措施进行预测和分析。

要使经营活动进一步朝着良性的轨道发展，企业应该采取的主要措施有：在经营性资产整体结构有进一步优化空间的条件下，优化经营性资产的结构，减少不良资产占用，及时处置闲置资产，适量增加企业经营性资产的规模；在经营性资产整体结构较为协调，但盈利能力仍需改善的条件下，改善经营性资产的利用率，通过经营性资产的合理利用提高企业产品的盈利能力（如通过提高固定资产的利用率、改变销售结构来改善企业产品的毛利率、扩大市场销售规模等）；在企业具备基本的盈利能力，而经营活动产生的现金净流量不太理想的条件下，企业可以在商业债权管理、销售回款制度安排以及购货付款谈判等方面进行系统性优化，以改善企业核心利润产生现金净流量的能力；在资产的局部或整体出现失衡的条件下，企业可以进行经营性资产置换，以增强与其他资产组合后的增值潜力；等等。

2. 以投资性资产的盈利能力和产生现金流量的状况为基础，预测对外投资活动的前景

企业的投资性资产包括以公允价值计量且其变动计入当期损益的金融资产、债权投资、其他债权投资、其他权益工具投资和长期股权投资等。其中，企业拥有以公允价值计量且其变动计入当期损益的金融资产、债权投资、其他债权投资、其他权益工具投资的目的主要是继续持有或者择机出售，因此，对这些投资性资产并不存在更多的前景预测问题。也就是说，需要对前景进行预测的投资性资产主要是长期股权投资。

必须注意的是，母公司的控制性投资就是子公司的经营性资产。当然，在非100%控股的条件下，两者之间是有差异的，企业实际支配的资源应该是子公司的全部资产。因此，企业的控制性投资活动所产生的效益取决于被投资企业（即子公司）经营活动的盈利情况。

读者可以通过对合并报表的分析，对企业的控制性投资所占用资产的基本规模、子公司的盈利状况以及核心利润产生经营活动现金净流量的状况有一个整体认识。在此基础上，读者可以比照企业对经营活动前景的预测方法，来预测控制性投资（即子公司）的经营前景。

3. 以重组、并购等方式谋求发展的企业的前景预测

企业除了依靠自身的经营走持续发展之路外，还可以通过重组、并购等方式谋求迅速发展壮大。

当依靠对外融资谋求发展时，在资产负债率不高的情况下，企业可以通过贷款来实现资产规模的增长和结构的改善与优化；在资产负债率较高的情况下，企业必须通过股东的股权入资、减少现金股利分配、债务重组等手段来改善自身的融资能力。

在重组方式的选择上，企业可以通过资产重组、债务重组、资本重组和企业重组等方式来改善企业的资产结构、资本结构，从而为盈利能力的进一步提升创造条件。

在并购对象的选择方面，企业可以走专业化发展的道路，选择竞争对手或者上下游企业，将所有的资源与能力集中于单一领域，迅速扩大企业规模，通过追求规模经济效应来实现稳定的可持续发展。这既是实现资源合理配置、提高劳动生产率和降低产品成本的必由之路，也是增强市场竞争力、扩大市场占有率、在市场竞争中处于优势的客观要求。因此，企业如果选择这样的并购对象，致力于采用专业化的经营模式，很可能意味着企业在行业中的竞争地位将不断提升，市场占有率将不断扩大，企业发展前景的可预测性较强。同时也应注意到，专业化经营的企业在发展过程中会面临市场容量及技术的瓶颈等问题。另外，由于产品类型单一，资源过度集中于某一产业，企业较容易对某一产业市场高度依赖，一旦该产业出现动荡或企业自身产品的竞争力减弱，企业将面临巨大的经营风险。

在并购对象的选择方面，企业也可以走多元化发展的道路，选择与自身完全不同领域的企业，以分散经营风险，寻求新的发展契机和新的利润增长点。但这样会导致企业资源分散在多个业务领域，分散企业在具体业务领域的资源实力，尤其是会影响需要一定资源保证的核心业务或主营业务的竞争力，进而损害企业利润的“发动机”，给企业带来更大的经营风险。关联程度较低的多元化经营更可能因无法实现资源共享而使资源占用效率低下，因经营跨度和管理失效而导致管理成本增加，甚至有可能导致并购后企业的多元化经营失败。因此，企业如果选择这样的并购对象，致力于采用多元化的经营模式，很可能意味着在带来新的发展契机的同时，蕴藏着巨大的经营风险和财务风险，企业的发展存在较大的不确定性，前景莫测。

7.3 综合案例分析——北陆药业（2022）

以北京北陆药业股份有限公司 2022 年年报的内容为基础，并结合该公司年报的其他内容和本书前面各章案例分析中已经得出的分析结论，可以对其整体财务状况质量进行分析与评价。

7.3.1 背景分析

通过对北陆药业 2022 年年报内容的综合浏览，我们可以了解如下内容：

公司属医药制造企业，核心产品主要涉及对比剂制剂及原料药、中枢神经类和降糖类药品的研发、生产与销售。报告期内，第七批国家药品集中采购将碘帕醇注射液纳入范围，对比剂行业原有的竞争格局和销售模式进一步被打破。报告期内碘对比剂原料药的上游原材料价格大幅上涨，叠加公司碘对比剂纳入集采的影响，对公司经营产生巨大压力和影响。

公司以中国医药制造百强企业为中长期目标，着手培育新的业绩增长点。公司通过构建多层次研发体系逐步落实公司发展战略，在聚焦主业的基础上，逐步丰富公司产品线、持续推出新产品，实现多元化战略布局，为保证未来打造第二增长曲线奠定扎实基础。

2022年度，受国家集采政策影响，公司资产总额、营业收入、毛利率与净利润均有所降低。与利润相比，公司经营活动产生的现金流量净额较上年有所增加，略显相对优势。

7.3.2 会计分析——关注审计报告的措辞

注册会计师出具的是一份标准无保留意见的审计报告。也就是说，注册会计师认为公司的财务报告符合以下条件：

（1）财务报表的编制符合《企业会计准则》和国家其他财务会计法规的规定。

（2）财务报表在所有重要方面恰当地反映了被审计单位的财务状况、经营成果和资金变动情况。

（3）注册会计师已按照独立审计原则的要求，完成预定的审计程序，在审计过程中未受阻碍和限制。

（4）注册会计师对公司的会计处理和财务报表编制没有重大不同意见。

7.3.3 基本的财务比率分析

实际上，我们在前面各章已经陆续对北陆药业进行了比率分析和项目质量分析。这里，我们对已经计算过的财务比率进行汇总，并增加一些财务比率，见表7-1。①

除了上述说明以外，需要密切关注的内容还包括：

第一，我国现行的财务信息披露模式是：在主表（利润表）中仅概括性地出现“资产减值损失”，并没有披露计算减值准备的具体结构数额（如在资产负债表中明确列示坏账准备、存货跌价准备的年末和年初数额等），而是在报表附注中单独列示有关减值准备的信息。这种看似概括性强的“集中披露”却为恰当的比率分析设置了极大的障碍。这是因为常规的比率计算一般会直接利用资产负债表中的相关信息，如应收账款、存货、流动资产等。但是，有关周转率指标的计算依据的应该是计提减值准备以前的原始金额（即原值），而不是计提减值准备以后的净值。

---

① 北陆药业母公司资产负债表中的控制性投资规模相对较小，合并资产负债表与母公司资产负债表各项目数据差异不大，因此，我们在计算财务比率时，只计算了合并报表的相关财务比率。

表 7－1　北陆药业基本财务比率

比率名称	计算公式	2022 年			2021 年		
		分子（元）	分母（元）	比率值	分子（元）	分母（元）	比率值
流动比率（倍）	流动资产/流动负债	1 178 013 005	302 669 060	3.89	1 306 078 452	285 558 159	4.57
速动比率（倍）	速动资产/流动负债	1 178 013 005－276 221 626＝901 791 379	302 669 060	2.98	1 306 078 452－250 009 439＝1 056 069 013	285 558 159	3.70
货币资金比率（倍）	货币资金/流动负债	766 734 641	302 669 060	2.53	895 023 071	285 558 159	3.13
资产负债率（%）	负债总额/资产总额×100%	892 274 093	2 815 514 459	31.69%	818 223 669	2 904 264 587	28.17%
资产金融性负债率（%）	金融性负债总额①/资产总额×100%	647 117 540	2 815 514 459	22.98%	575 956 811	2 904 264 587	19.83%
权益乘数	平均总资产/平均股东权益	(2 815 514 459＋2 904 264 587)/2＝2 859 889 523	(1 923 240 366＋2 086 040 918)/2＝2 004 640 642	1.43	(2 904 264 587＋2 847 573 507)/2＝2 875 919 047	(2 086 040 918＋1 892 073 376)/2＝1 989 057 147	1.45
利息保障倍数（倍）	(利润总额＋利息费用)/利息费用	47 643 633＋(－14 761 722)＝32 881 911	47 643 633	0.69	44 186 518＋122 356 108＝166 542 626	44 186 518	3.77
毛利率（%）	毛利/营业收入×100%	765 881 882－341 656 304＝424 225 578	765 881 882	55.39%	859 906 451－324 444 019＝535 462 432	859 906 451	62.27%
核心利润率（%）	核心利润②/营业收入×100%	－16 540 263	765 881 882	－2.16%	85 448 317	859 906 451	9.94%

① 2022 年金融性负债＝租赁负债＋一年内到期的非流动负债＋短期借款＋长期借款＋应付债券＝9 982 253＋13 239 994＋107 611 686＋89 780 000＋426 503 607＝647 117 540 元，2021 年金融性负债＝136 019＋20 640 269＋79 081 370＋84 800 000＋391 299 153＝575 956 811 元。

② 2022 年核心利润＝毛利－税金及附加－销售费用－管理费用－研发费用－利息费用＋其他收益＝765 881 882－341 656 304－11 447 407－210 556 574－85 689 757－99 008 885－47 643 633＋13 580 415＝－16 540 263 元，2021 年核心利润＝859 906 451－324 444 019－10 308 907－284 654 953－78 946 930－47 227 073－44 186 518＋15 310 266＝85 448 317 元。

续表

比率名称	计算公式	2022年			2021年		
		分子（元）	分母（元）	比率值	分子（元）	分母（元）	比率值
核心利润获现率（%）	经营活动产生的现金流量净额/核心利润×100%	127 812 757	−16 540 263	−772.74%	108 726 228	85 448 317	127.24%
销售净利率（%）	净利润/营业收入×100%	−4 621 083	765 881 882	−0.60%	110 293 674	859 906 451	12.83%
经营性资产报酬率（%）	核心利润/平均经营性资产①×100%	−16 540 263	2 300 414 279	−0.72%	85 448 317	2 344 463 710	3.64%
总资产报酬率（%）	(利润总额＋利息费用)/平均总资产×10%	32 881 910	2 859 889 523	1.15%	166 542 627	2 875 919 047	5.79%
净资产收益率（%）	净利润/平均净资产×10%	−4 621 083	2 004 640 642	−0.23%	110 293 674	1 989 057 147	5.55%
商业债权周转率（次）	营业收入/(平均应收票据＋平均应收账款)	765 881 882	(6 463 683＋8 791 333)/2＋(106 202 236＋133 730 179)/2＝127 593 716	6.00	859 906 451	(8 791 333＋20 060 663)/2＋(133 730 179＋170 314 034)/2＝166 448 105	5.17
存货周转率（次）	营业成本/平均存货	341 656 304	(276 221 626＋250 009 439)/2＝263 115 533	1.30	324 444 019	(250 009 439＋117 118 440)/2＝183 563 940	1.77

① 经营性资产（为简便计算，此处用减法）＝总资产－投资性资产（其他应收款、长期股权投资、其他权益工具投资、其他非流动金融资产）。2022年平均经营性资产＝[2 815 514 459－(4 175 616＋198 961 733＋100 000＋362 126 503)＋2 904 264 587－(389 345＋217 851 563＋100 000＋335 245 728)]/2＝2 300 414 279元，2021年平均经营性资产＝[2 904 264 587－(389 345＋217 851 563＋100 000＋335 245 728)＋2 847 573 507－(895 827＋211 316 626＋940 323＋296 171 263)]/2＝2 344 463 710元。

续表

比率名称	计算公式	2022年			2021年		
		分子（元）	分母（元）	比率值	分子（元）	分母（元）	比率值
经营性流动资产周转率（次）	营业收入/平均经营性流动资产①	765 881 882	408 884 393	1.87	859 906 451	373 553 886	2.30
固定资产周转率（次）	营业收入/平均固定资产原值	765 881 882	(1 027 513 746 +932 053 940)/2 =979 783 843	0.78	859 906 451	(932 053 940 +791 932 655)/2 =861 993 298	1.00
经营性资产周转率（次）	营业收入/平均经营性资产	765 881 882	2 300 414 279	0.33	859 906 451	2 344 463 710	0.37
总资产周转率（次）	营业收入/平均总资产	765 881 882	2 859 889 523	0.27	859 906 451	2 875 919 047	0.30

注：计算存货周转率所采用的平均存货数据应该是不扣除减值准备以前的原值。本计算中，由于利润表中资产减值损失较少，因此可以用上市公司资产负债表的存货金额来代替不扣除减值准备以前的原值。这样计算出来的比率不会出现大的失真。

① 平均经营性流动资产＝平均存货＋平均应收账款＋平均应收票据＋平均预付账款＋平均其他流动资产。2022年平均经营性流动资产＝(276 221 626＋250 009 439)/2＋(6 463 683＋8 791 333)/2＋(106 202 236＋133 730 179)/2＋(4 556 196＋9 453 631)/2＋(13 659 008＋8 681 454)/2＝408 884 393元，2021年平均经营性流动资产＝(250 009 439＋117 118 440)/2＋(8 791 333＋20 060 663)/2＋(133 730 179＋170 314 034)/2＋(9 453 631＋4 777 376)/2＋(8 681 454＋24 171 223)/2＝373 553 886元。

第二，某些比率的科学性有待研究，因此在此案例的比率计算中要做进一步的处理。如应收账款周转率的计算。由于报表营业收入并没有区分应收票据和应收账款分别推动的营业收入，因此，简单用营业收入与应收账款去比较所计算出来的应收账款周转率会有很大失真（尤其是在公司应收票据规模较大时，如格力电器）。鉴于这种因素，我们没有计算应收账款周转率，而是直接计算了商业债权周转率，不过对于本公司来说，由于应收票据规模不大，因此并无太大影响。

第三，通过上述比率无法直接对公司进行较为全面的评价。这是因为只有将这些比率计算结果与同行业同类公司进行比较，才能得出基本结论。建议读者全面计算附录中另外两家公司的财务比率，在比较的基础上对这三家医药公司的偿债能力、盈利能力和营运能力加以评价。

尽管如此，我们仍然可以利用上述比率对公司的财务状况进行初步分析：

第一，公司的盈利能力指标，除毛利率外，核心利润率、经营性资产报酬率、总资产报酬率和净资产收益率等，均出现负值，毛利率虽保持正值，但同样有所下降，主要源于我国集采政策及上游原材料价格影响，说明公司本年业绩不够理想。

第二，公司核心利润获取现金的能力在年度间有所波动。2022年公司经营活动产生的现金流量大于核心利润。这主要是公司因集采政策调整及当前形势变化而加强控制销售费用等付现费用，因此在公司核心利润降为负值时仍然能产生正的经营活动现金流量净额，说明公司虽然“增效”遭遇困难，但“降费”较为有效。

第三，公司的营运能力指标，除商业债权周转率在本期实现84%的增长外，存货周转率、经营性流动资产周转率、固定资产周转率以及总资产周转率相比上年均有不同程度的下降，说明公司的资产周转状况相较上年有所下滑（主要是因为营业收入大幅下降）。公司虽然采取了相应的供应链改革，继续推进JIT采购模式、精细化库存管理，加速库存商品周转，提高存货利用效率，但还应进一步探寻在集采政策下提高资金整体营运效率的新举措。

第四，公司的短期偿债能力指标——流动比率和速动比率虽有所下降，但仍处于较高水平，给人以公司的短期偿债能力极强的印象，实际上也是如此。虽然本年度短期借款同比增加，但主要系集团出于对海昌药业未来发展有足够的信心，为其提供借款保证、抵押担保所致，因此，该举措体现了公司“细分领域，做大份额”的经营理念。尽管公司经营活动受到国家集采政策和原材料国际价格波动的影响，但由于公司的货币资金规模远大于全部流动负债，短期偿债能力也不会存在任何问题。

第五，公司的长期偿债能力指标——资产负债率仅为31.69%（医药行业正常资产负债率为40%～60%），低于行业正常水平，显示公司的长期偿债能力较强。然而，公司本年度合并报表中增加了2 853万元的短期借款和近50万元的长期借款（母公司报表中两个项目均为0），导致资产金融性负债率增长了9.34%，主要是公司为海昌药业提供保证担保及海昌药业自身进行抵押贷款。在母公司货币资金尚较充足的情况下（从现金流量表可知，公司当年赎回后又购买了11.7亿元的理财产品），子公司增加银行贷款2 903万元，母公司新增应付债券（可转债）3 520万元，这种融资行为的合理性值得商榷。可以考虑通过进一步增强内部资本市场建设来提高公司整体的资金利用效率。此外，公司还应充分运用自身良好的主业基础，积极寻求新的投资机会，进一步整合多方资源推动主营业务、谋求更大发展。

第六，公司总资产中包含一定规模的不支持公司经营活动或者盈利能力较低的资产，如有大量货币资金闲置，在一定程度上影响了公司整体的资产报酬率。

通过简单的比率分析和比较，我们得出这样的初步认识：公司自身经营活动所处的外部市场面临一定的挑战和冲击（如行业政策变化带来的后集采时代压力、原材料价格波动风险、研发结果不理想等），本年度经营出现亏损，未来应积极应对各领域不确定性，实现战略转型，扩大市场占有率，增强市场竞争力。

7.3.4 战略、竞争力与效益的综合分析

1. 公司资源配置战略——扩张效果分析

下面，我们从资产负债表开始，对公司资产负债表中所包含的战略信息进行分析与评价。

从资产的基本结构来看，公司年末资产总额为28.16亿元。其中，典型的投资性资产项目为长期股权投资、其他应收款、其他非流动金融资产和其他权益工具投资，总规模近5.65亿元，在总资产中所占比重并不算高。本年度对海昌药业增加了1.23亿元投资，增持股份21.11%，取得对海昌药业的实际控股权。由此可见，公司整体走的是以核心业务为主、适度投资为辅的“经营主导加适度投资”的发展战略，试图通过进一步并购，实现多元战略布局。

2. 公司主要资产项目质量分析

（1）货币资金存量有所减少，但依然规模偏大。公司的货币资金规模从年初的8.95亿元降到年末的7.67亿元，依然占总资产的27.24%。该项资产固然自身质量较高，但处于货币资金状态的资产增值能力注定不强。这不仅对公司的盈利能力难以形成支撑，还会恶化与公司总资产有关的所有盈利能力比率，如总资产报酬率和总资产周转率等。因此，公司可以进一步寻求新的投资机会，夯实战略布局。

（2）商业债权有所减少。公司的商业债权（包括应收票据和应收账款）从年初的1.43亿元降到年末的1.13亿元，下降了20.98%。当然这与公司营业收入的下降（下降了10.93%）基本同步，但下降幅度超过了营业收入的下降幅度，说明公司应对新的经营环境采取了更为保守的信用政策以规避风险。从结构来看，公司商业债权的主体仍然是质量相对较低的应收账款，因此，采用更为保守的信用政策不

无道理。从公司计提减值损失不多这一点来看，公司应收账款的质量得到了有效保障。

（3）预付款项大幅下降。公司年度内预付款项下降超过50%，尽管预付款项的规模并不大，且账龄为一年内的预付账款将近90%，但这在原材料价格上涨的情况下不失为一个积极信号，说明公司面对上游供应商仍然具有较强的议价能力。

（4）存货规模有一定程度的增加。本年度存货规模较上年增加2 621.22万元，其中原材料增加2 144万元，这应该主要是原材料价格上涨所造成的（也不排除为了锁定价格而增加一定储备的可能），库存商品相较上年减少963万元，所以并不存在明显的存货积压现象，存货周转效率应该没有太大问题。

（5）投资性资产规模。虽然长期股权投资规模下降了1 889万元，但其他非流动金融资产的规模增加了2 688万元。由于非流动金融资产主要包括本公司对北京创金兴业投资中心（有限合伙）、北京丝路科创投资中心（有限合伙）、宁波梅山保税港区华盖利晟股权投资合伙企业（有限合伙）和南京世和基因生物技术股份有限公司（“世和基因”）的投资，并不属于控制性投资，且大多是有限合伙（LP）形式，因此，公司在被投资企业中几乎无话语权，产生协同效应的难度有可能很大。

3. 考察主要不良资产区域——资产保值性分析

谈及不良资产，我们往往会关注公司应收账款中的坏账、存货中呆滞和减值的资产、其他应收款中被长期占用的部分、长期股权投资中盈利能力较差或亏损的部分、闲置的固定资产、不需用的固定资产等。

一般而言，公司的不良资产已经计提了资产减值准备。因此，本年度新增的不良资产及其结构可以通过考察公司利润表中的资产减值准备来进行。

公司利润表显示，本年度资产减值损失与信用减值损失之和规模并不大，相对于资产总额来说微不足道，说明公司资产整体质量较高，保值性较好。

4. 公司资本引入战略——发展的“四大动力”分析

考察公司资产负债表的负债与股东权益部分发现：

（1）关于金融性负债。公司的负债中，金融性负债为6.48亿元，主要为应付债券中的可转换公司债券，持有者选择行权与否影响该部分偿债能力，一方面公司表示未来偿付该部分本息主要依靠经营活动现金流量，虽然公司正面临国家集采政策和国际原材料价格波动的挑战，但在加紧布局和采取举措积极面对，至少对未来充满信心，公司目前自身的现金流量和货币资金存量尚较充裕；另一方面，若到期公司业绩如预期增长，则可转换公司债券持有者很有可能行权，成为公司的股东，这种情况下公司无须动用现金偿付。此外，长、短期借款主要来源于公司为海昌药业提供保证担保及海昌药业自身进行抵押贷款，公司对此有较强的偿债能力，可以探讨通过加强内部资本市场建设来提高公司资金整体的使用效率。

（2）关于经营性负债。公司的债务构成中，常规的经营性负债项目如应付票据、应交税费等整体规模呈现出缩减趋势，而应付账款和应付职工薪酬的整体规模呈现出扩大的趋势。一方面说明公司的盈利规模有所下降；另一方面又说明公司在调整绩效评价体系，努力调动员工的积极性，同时面对供应商的议价能力也有了一定程度的增强。

（3）关于股东入资。本年度公司于 4 月与 11 月分别回购注销 763 180 股、22 400 股限制性股票，至此满足解锁条件的激励对象共计 27 人，可解锁 122 万股限制性股票，本年度股本减少 76 万元，资本公积减少 660 万元，该举措也许是出于有足够的资金及本年度股票被低估，通过回购可进一步集中控制权，并向市场传递公司未来发展前景向好的信号，增强投资者信心。

（4）关于利润积累。公司的利润积累对资源的贡献体现在留存收益（盈余公积和未分配利润之和）上。公司 2022 年末留存收益的规模为 10 亿多元，说明公司长期以来一直处于盈利能力较强的状态，持续稳定的发展为公司带来了较为丰厚的利润积累，也为今后的进一步发展提供了较强劲的动力。虽然本年度受国家集采政策和国际原材料价格波动的影响，导致未分配利润较上年下降了 0.27 亿元，但公司正在加紧布局和采取举措积极面对，至少对未来充满信心。

概括起来说，按照公司发展的四大财务动力的贡献大小，公司资本排序如下：利润积累（10.19 亿元）、金融性负债（6.48 亿元）、股东入资（6.27 亿元）和经营性负债（1.80 亿元），因此，公司的资本引入战略是走出一条“自力更生、奋发图强”的自我发展之路，也就是说在公司发展的过程中，虽然有一定的外力支持（如金融性负债），但相对规模不大，应该还有较大的利用空间。作为一家民营家族企业，这种状况下实际控制人的话语权应该非常大，公司的管理风格、企业文化与战略选择应该已经深深地打上了其个人特征的烙印。目前正处于家族传承的关键期，新上任的董事长王旭能否顺利接好这一棒，还需要经受时间和市场的考验。

5. 公司短期偿债能力——流动资产对流动负债的保障分析

由财务比率的计算可知，公司的流动比率非常高，且货币资金的规模超过了公司流动负债的规模，货币资金比率超过 2，说明公司的流动资产对流动负债的保障程度非常高，短期偿债能力极强。但公司流动资产的流动性极强，会反过来影响公司的盈利能力。

6. 公司长期偿债能力——负债融资发展潜力分析

由财务比率的计算可知，公司的资产负债率较低（资产金融性负债率虽较高，前已分析，由于应付债券中的可转换公司债券，推断公司未来前景良好，转换为权益的可能性较高，实际的偿付压力并不大），负债融资发展的空间较大。同时，公司核心利润虽然不乐观，但经营活动产生的现金流量相对充裕，可满足诸多投资性支出的需求。这说明，公司的对内对外扩张完全可以不依赖负债融资，本年度长期资产投入减少，公司并没有过多的融资需求。如果考虑公司未来的发展需要，巨大的融资潜力可以提供坚实的保障。

7. 其他方面分析

请参见本书前面在资产负债表、利润表和现金流量表等有关章节分析中与北陆药业有关的案例分析内容。

7.3.5 对公司财务状况质量的总体评价

综合上述分析，我们可以对公司整体的财务状况做出如下基本判断：

就公司的发展战略而言，公司走的是“经营主导＋适度投资”的发展战略；在引入资本方面，公司发展所依赖的资本主要是股东入资和利润积累，同时公司面对上下游还有一定的议价能力，带来了相当规模的经营性负债资本，经营活动现金流量相对充足，面对国家集采政策和国际原材料价格波动的双重压力，公司自身仍然保持了一定的造血功能。

就业务结构来说，公司的专业化程度较高、多元化程度得到了进一步提升。自2019年年报中公司提出了多元化的战略转型思路，至2022年，公司进一步加快了多元化产品布局，已研发、立项了近40个项目，报告期内，公司全面整合各方资源，加速创新研发、构建多层次研发体系，夯实当前经营优势、保持新产品的持续推出，虽然受国家集采政策和国际原材料价格波动的双重影响，当年的业绩有了一定幅度的下滑，但公司正积极寻求新的利润增长点，努力实现“降本增效”。同时，也在依托子公司香港远至的地域优势，积极拓展海外业务，推进国际化布局。

就核心竞争力和盈利能力而言，主要是公司的经营性资产推动了公司业务的市场发展，本年虽各项盈利指标不够理想，但公司主业的成长性和盈利能力仍是不容小觑的。公司的经营规模不断扩大，继续实施原料药＋制剂一体化的战略，对比剂在行业的竞争力及领先地位得以保持。

就现金流转状态而言，公司的现金流转还是相对顺畅和充足的。当然，公司经营活动产生的现金净流量所体现的充足性，一方面是由于公司的主营业务通过“降本增效”，保持了自身的造血能力；另一方面也是由于公司的投资活动不够活跃，长期资产投入大幅降低，增量扩张资金需求不多所致。

公司资产质量整体较好，完全可以满足公司经营活动所需，仍然具有较强的盈利性、周转性和保值性。公司并没有明显的不良资产占用，公司资产对债务的保障程度相对较高。

7.3.6 对公司发展前景的预测

以上述公司财务状况质量评价结论为基础，我们可以简单地对公司的未来发展前景进行预测并提出相应建议。

1. 强化自身经营活动的核心竞争力

作为专业的对比剂供应商，公司不仅拥有较强的对比剂产品生产能力，更掌握了对比剂产品原料药生产的工艺及生产能力。从本年度报表数据来看，公司的应收票据、应收账款、存货、固定资产、无形资产等各项经营性资产均处于较好的质量状态，经有机整合后已经产生了较好的财务业绩。虽然受国家集采政策和国际原材料价格波动的双重影响，当年的经营业绩大幅下滑，但经营活动产生现金流量的能力仍相对较强。

从未来的发展来看，公司需要解决的问题主要包括：第一，进一步推进精细化管理方案，在2022年固定资产原值增加较多的情况下，需盘点分析、追踪闲置资产，提高固定资产的利用率；第二，进一步加速产品布局，改善产品结构，与上游供应商签订长期购货合同，限制原材料价格波动风险于一定水平，提升产品整体的毛利率从而提升综合盈利能力；第三，加大新产品研发力度，继续强化产品质量和药效，密切关注市场需求，打造研发风险控制体系，进一步提升产品的市场竞争力和影响力；第四，加速公司供应链改革，推进JIT模式，完善SHE体系建设，加强质量控制，提高库存周转率，进一步释放产能、降低仓储及时间成本；第五，继续推进产品多元化布局，拓展公司的业务范围，寻找新的利润增长点，保持并提高其部分领域领先地位；第六，围绕多元产品布局全面调整营销策略，消化行业面临的集采压力，助力业绩可持续增长。

2. 通过控制性投资实现适度的多元化发展

公司现有的投资具有一定的盈利能力，拥有两家全资控股子公司、一家非全资控股子公司、两家联营企业，并围绕重点领域加速融资并购，积极整合多方资源、优势，实现快速的发展壮大，以较少的资源实现更大的资产增长。同时，通过控制性投资还可以改善公司的经营生态，践行“原料药＋制剂”一体化发展战略，整合上下游产业链，确保原料供应稳定、控制原材料成本，助力多元化布局。

我们已经看到，2022年6月公司以自有资金1.23亿元增持海昌药业910万股股份，直接持股比例从29.94%变为51.05%，实现了对海昌药业的绝对控股。海昌药业是国内为数不多的具有碘对比剂原料药生产资质和产能的企业之一，其利用专有技术和生产工艺研发和生产的碘海醇在国内外拥有良好声誉和市场。此外，公司正依托子公司香港远至的地域优势，积极拓展海外业务，推进国际化布局。

至于并购所需资金，除了账面上现有的大量自有货币资金之外，公司还可以通过增资扩股和进一步举债融资等方式来解决。至少公司在负债融资方面尚有巨大的潜力，可以为公司未来发展提供强有力的财务支持。

到现在为止，读者已经系统地学习了财务报表分析的路径和方法。认真学完本书的读者已经具备了在中国情境下对企业财务状况质量进行系统分析的能力。

读者们所需要的，就是将所学的分析方法反复地用于报表分析实践。我国有庞大的上市公司群体，它们每年对外披露的年报为我们提供了非常丰富的分析素材。

本章小结

通过本章的学习，我们掌握了企业财务状况整体分析的基本路径和分析方法。

思考题

1. 财务报表分析中应注意哪几个问题?

2. 企业财务状况综合分析的路径应该是怎样的?

3. 财务报表分析的基本方法有哪些? 各自有哪些优缺点? 你认为如何对它们加以利用才能达到最理想的分析效果?

案例讨论与分析

1. 任意选取一家上市公司的年度报告，按照本章的分析框架和路径，对企业财务状况进行综合分析。

2. 请同学们在网上收集本书所涉及的所有上市公司的后续信息，关注这些公司财务业绩的走势与变化，并与自己的分析做比较。

附录

三家上市公司的年报资料

附录 1　北陆药业 2022 年年报中的部分信息

北京北陆药业股份有限公司（下称北陆药业）的财务报表信息如下（单位：人民币元）：

一、基本财务报表

1. 合并资产负债表

项目	2022-12-31	2021-12-31
流动资产：		
货币资金	766 734 641	895 023 071
应收票据	6 463 683	8 791 333
应收账款	106 202 236	133 730 179
预付款项	4 556 196	9 453 631
其他应收款	4 175 616	389 345
存货	276 221 626	250 009 439
其他流动资产	13 659 008	8 681 454
流动资产合计	1 178 013 005	1 306 078 452
非流动资产：		

续表

项目	2022-12-31	2021-12-31
长期股权投资	198 961 733	217 851 563
其他权益工具投资	100 000	100 000
其他非流动金融资产	362 126 503	335 245 728
固定资产	782 906 565	745 763 511
在建工程	44 986 175	49 000 133
使用权资产	12 566 262	536 698
无形资产	125 101 049	138 987 560
开发支出	22 160 473	21 404 615
商誉	31 821 554	51 226 012
长期待摊费用	14 788 367	10 998 496
递延所得税资产	36 153 039	18 154 705
其他非流动资产	5 829 734	8 917 115
非流动资产合计	1 637 501 454	1 598 186 135
资产总计	2 815 514 459	2 904 264 587
流动负债：		
短期借款	107 611 686	79 081 370
应付票据	54 781 327	64 716 257
应付账款	86 121 968	76 410 259
合同负债	4 446 180	3 797 908
应付职工薪酬	21 104 371	16 064 953
应交税费	5 776 923	8 925 049
其他应付款	9 328 054	15 435 494
一年内到期的非流动负债	13 239 994	20 640 269
其他流动负债	258 557	486 600
流动负债合计	302 669 060	285 558 159
非流动负债：		
长期借款	89 780 000	84 800 000
应付债券	426 503 607	391 299 153
租赁负债	9 982 253	136 019
递延收益	7 889 064	10 450 235

续表

项目	2022-12-31	2021-12-31
递延所得税负债	55 450 110	45 980 103
非流动负债合计	589 605 034	532 665 510
负债合计	892 274 093	818 223 669
所有者权益：		
股本	491 956 552	492 717 587
其他权益工具	132 466 354	132 475 083
资本公积	135 296 312	201 268 513
减：库存股	99 680	9 058 080
其他综合收益	−2 434 915	−2 434 915
专项储备	242 229	4
盈余公积	147 763 426	144 211 559
未分配利润	871 149 363	897 832 648
归属于母公司所有者权益合计	1 776 339 642	1 857 012 398
少数股东权益	146 900 724	229 028 520
所有者权益合计	1 923 240 366	2 086 040 918
负债和所有者权益总计	2 815 514 459	2 904 264 587

2. 合并利润表（为方便分析，我们收录了 2020 年利润表的信息）

项目	2022 年度	2021 年度	2020 年度
一、营业总收入	765 881 882	859 906 451	827 337 626
其中：营业收入	765 881 882	859 906 451	827 337 626
二、营业总成本	790 340 324	772 981 621	679 963 617
其中：营业成本	341 656 304	324 444 019	276 484 244
税金及附加	11 447 407	10 308 907	11 613 766
销售费用	210 556 574	284 654 953	267 411 119
管理费用	85 689 757	78 946 930	78 435 782
研发费用	99 008 885	47 227 073	51 719 751
财务费用	41 981 396	27 399 740	−5 701 045
其中：利息费用	47 643 633	44 186 518	4 841 439
利息收入	8 483 398	13 195 328	10 943 464

续表

项目	2022 年度	2021 年度	2020 年度
加：其他收益	13 580 415	15 310 266	15 062 987
投资收益	—5 695 630	13 127 682	5 663 171
其中：对联营企业和合营企业的投资收益	—11 347 063	2 339 580	1 311 728
公允价值变动收益	26 237 123	13 898 202	19 406 838
信用减值损失	768 888	1 329 913	—346 701
资产减值损失	—23 814 223	—3 542 117	—4 033 177
资产处置收益	99 253	126 155	
三、营业利润	—13 282 615	127 174 931	183 127 128
加：营业外收入	363 227	275 715	71 556
减：营业外支出	1 842 334	5 094 537	9 361 691
四、利润总额	—14 761 722	122 356 108	173 836 992
减：所得税费用	—10 140 639	12 062 434	19 841 132
五、净利润	—4 621 083	110 293 674	153 995 860

3. 合并现金流量表

项目	2022 年度	2021 年度
一、经营活动产生的现金流量：		
销售商品、提供劳务收到的现金	869 742 488	948 082 196
收到的税费返还	12 490 478	21 210 125
收到其他与经营活动有关的现金	19 396 242	69 099 711
经营活动现金流入小计	901 629 208	1 038 392 033
购买商品、接受劳务支付的现金	323 078 863	335 736 903
支付给职工以及为职工支付的现金	175 360 249	158 763 818
支付的各项税费	76 762 804	84 211 233
支付其他与经营活动有关的现金	198 614 535	350 953 851
经营活动现金流出小计	773 816 451	929 665 805
经营活动产生的现金流量净额	127 812 757	108 726 228
二、投资活动产生的现金流量：		
收回投资收到的现金	1 351 535	864 502
取得投资收益收到的现金	12 378 248	11 824 136

续表

项目	2022 年度	2021 年度
处置固定资产、无形资产和其他长期资产收回的现金净额	10 575	170 510
收到其他与投资活动有关的现金	1 170 000 000	1 951 933 216
投资活动现金流入小计	1 183 740 358	1 964 792 364
购建固定资产、无形资产和其他长期资产支付的现金	102 782 768	147 757 007
投资支付的现金		25 000 000
支付其他与投资活动有关的现金	1 178 722 001	1 936 076 800
投资活动现金流出小计	1 281 504 769	2 108 833 807
投资活动产生的现金流量净额	—97 764 412	—144 041 443
三、筹资活动产生的现金流量：		
吸收投资收到的现金		109 200 000
其中：子公司吸收少数股东投资收到的现金		109 200 000
取得借款收到的现金	101 000 000	64 714 400
筹资活动现金流入小计	101 000 000	173 914 400
偿还债务支付的现金	79 006 888	219 414 400
分配股利、利润或偿付利息支付的现金	45 989 945	44 896 683
其中：子公司支付给少数股东的股利、利润		
支付其他与筹资活动有关的现金	129 741 487	9 554 678
筹资活动现金流出小计	254 738 319	273 865 761
筹资活动产生的现金流量净额	—153 738 319	—99 951 361
四、汇率变动对现金及现金等价物的影响	294 697	—185 968
五、现金及现金等价物净增加额	—123 395 276	—135 452 544
加：期初现金及现金等价物余额	860 339 184	995 791 728
六、期末现金及现金等价物余额	736 943 907	860 339 184

4. 母公司资产负债表

项目	2022-12-31	2021-12-31
流动资产：		
货币资金	730 536 769	847 076 056
应收票据	6 463 683	8 791 333
应收账款	90 758 086	131 140 848

续表

项目	2022-12-31	2021-12-31
预付款项	19 844 055	7 583 419
其他应收款	88 445 717	323 572
存货	129 780 480	183 434 387
其他流动资产	12 150 797	6 056 060
流动资产合计	1 077 979 588	1 184 405 675
非流动资产：		
长期股权投资	483 130 147	374 914 977
其他权益工具投资	100 000	100 000
其他非流动金融资产	362 126 503	335 245 728
固定资产	395 679 362	339 900 822
在建工程	43 443 224	49 000 133
无形资产	37 451 890	43 513 236
开发支出		21 404 615
长期待摊费用	6 537 264	6 527 352
递延所得税资产	20 519 574	6 061 343
其他非流动资产	3 746 334	8 291 095
非流动资产合计	1 352 734 298	1 184 959 300
资产总计	2 430 713 886	2 369 364 975
流动负债：		
应付账款	44 447 738	20 187 016
合同负债	2 062 180	3 743 077
应付职工薪酬	16 552 309	12 580 870
应交税费	3 780 971	7 116 698
其他应付款	9 005 682	14 409 459
一年内到期的非流动负债	410 381	239 405
其他流动负债	258 557	486 600
流动负债合计	76 517 818	58 763 125
非流动负债：		
长期借款		
应付债券	426 503 607	391 299 153

续表

项目	2022-12-31	2021-12-31
递延收益	7 418 334	9 924 125
递延所得税负债	45 466 427	34 740 581
其他非流动负债		
非流动负债合计	479 388 367	435 963 859
负债合计	555 906 185	494 726 984
所有者权益：		
股本	491 956 552	492 717 587
其他权益工具	132 466 354	132 475 083
资本公积	177 851 102	187 051 017
减：库存股	99 680	9 058 080
其他综合收益	−2 434 915	−2 434 915
盈余公积	147 763 426	144 211 559
未分配利润	927 304 862	929 675 741
所有者权益合计	1 874 807 701	1 874 637 991
负债和所有者权益总计	2 430 713 886	2 369 364 975

5. 母公司利润表（为方便分析，我们收录了2020年利润表的信息）

项目	2022年度	2021年度	2020年度
一、营业收入	696 311 165	826 452 106	821 089 733
减：营业成本	302 338 873	300 711 850	270 424 420
税金及附加	9 637 960	8 512 677	10 848 522
销售费用	208 846 546	282 660 299	266 918 657
管理费用	60 539 077	49 234 985	53 811 830
研发费用	84 452 901	38 674 911	43 280 828
财务费用	31 837 864	25 153 417	−6 079 904
其中：利息费用	39 283 980	35 993 509	2 743 007
利息收入	8 758 472	12 252 599	10 152 485
加：其他收益	12 067 046	15 206 890	14 655 644
投资收益	−5 976 775	13 730 989	6 895 662

续表

项目	2022年度	2021年度	2020年度
其中：对联营企业和合营企业的投资收益	－11 347 063	2 339 580	1 311 728
公允价值变动收益	28 688 270	15 371 695	19 400 543
信用减值损失	1 561 863	1 026 771	－130 868
资产减值损失	－4 132 901	－1 157 620	－473 825
资产处置收益	301 044	126 155	
二、营业利润	31 166 490	165 808 847	222 232 537
加：营业外收入	336 604	195 459	25 755
减：营业外支出	1 329 121	4 878 739	5 233 610
三、利润总额	30 173 972	161 125 567	217 024 681
减：所得税费用	－5 344 698	19 249 145	26 841 320
四、净利润	35 518 670	141 876 422	190 183 361

6. 母公司现金流量表

项目	2022年度	2021年度
一、经营活动产生的现金流量：		
销售商品、提供劳务收到的现金	799 454 074	907 452 573
收到的税费返还	2 506 585	3 429 881
收到其他与经营活动有关的现金	17 411 208	37 518 504
经营活动现金流入小计	819 371 868	948 400 958
购买商品、接受劳务支付的现金	238 088 810	358 338 167
支付给职工以及为职工支付的现金	145 593 546	136 610 168
支付的各项税费	73 447 486	83 172 667
支付其他与经营活动有关的现金	188 541 352	270 818 189
经营活动现金流出小计	645 671 194	848 939 192
经营活动产生的现金流量净额	173 700 674	99 461 766
二、投资活动产生的现金流量：		
收回投资收到的现金	1 351 535	864 502
取得投资收益收到的现金	12 378 248	11 824 136
处置固定资产、无形资产和其他长期资产收回的现金净额	180	170 510

续表

项目	2022 年度	2021 年度
处置子公司及其他营业单位收到的现金净额		
收到其他与投资活动有关的现金	1 186 802 257	1 934 000 000
投资活动现金流入小计	1 200 532 220	1 946 859 148
购建固定资产、无形资产和其他长期资产支付的现金	67 963 773	74 852 378
投资支付的现金	127 105 000	25 000 000
取得子公司及其他营业单位支付的现金净额		
支付其他与投资活动有关的现金	1 252 552 000	1 934 000 000
投资活动现金流出小计	1 447 620 773	2 033 852 378
投资活动产生的现金流量净额	−247 088 553	−86 993 230
三、筹资活动产生的现金流量：		
吸收投资收到的现金		
取得借款收到的现金		
收到其他与筹资活动有关的现金		
筹资活动现金流入小计		
偿还债务支付的现金		40 000 000
分配股利、利润或偿付利息支付的现金	37 989 238	32 694 163
支付其他与筹资活动有关的现金	5 332 589	8 375 560
筹资活动现金流出小计	43 321 827	81 069 723
筹资活动产生的现金流量净额	−43 321 827	−81 069 723
四、汇率变动对现金及现金等价物的影响	170 418	−192 662
五、现金及现金等价物净增加额	−116 539 287	−68 793 848
加：期初现金及现金等价物余额	847 076 056	915 869 904
六、期末现金及现金等价物余额	730 536 769	847 076 056

二、审计意见

致同会计师事务所（特殊普通合伙）出具的审计意见类型为标准无保留意见。

三、其他信息

北京北陆药业股份有限公司系经北京市人民政府经济体制改革办公室京政体改股函〔2001〕10 号文批准，由北京北陆药业有限公司依法整体变更设立。

公司属医药制造企业，核心产品主要涉及对比剂、降糖药、抗焦虑中成药、降糖药和原料药；客户主要为各地医药流通企业。

更多其他信息略。

附录2 卫光生物2022年年报中的部分信息

深圳市卫光生物制品股份有限公司（下称卫光生物）2022年年报中的部分信息如下（单位：人民币元）：

一、基本财务报表

1. 资产负债表

项目	2022-12-31		2021-12-31	
	合并报表	母公司报表	合并报表	母公司报表
流动资产：				
货币资金	294 587 017	214 357 664	332 103 589	265 428 739
应收票据	105 614 920	105 614 920	75 859 350	75 859 350
应收账款	102 844 380	99 589 760	128 390 823	125 622 323
应收款项融资				
预付款项	12 296 277	107 013 767	7 207 823	71 504 619
其他应收款	4 650 858	12 426 592	1 619 913	176 762
存货	605 510 451	580 932 310	421 676 023	418 309 628
其他流动资产	7 619 677	7 056 868	32 500 293	32 391 307
流动资产合计	1 133 123 579	1 126 991 880	999 357 815	989 292 728
非流动资产：				
其他非流动金融资产	83 492 952	35 043 000	69 166 389	30 000 000
投资性房地产	19 151 615	19 151 615	18 814 903	18 814 903
固定资产	491 490 687	358 118 324	425 012 611	332 385 914
在建工程	536 423 559	536 343 559	342 362 790	312 740 072
油气资产				
使用权资产	16 961 312		17 841 388	
无形资产	75 108 706	56 168 456	76 264 211	56 674 029
开发支出	19 644 976	19 644 976	14 690 682	14 690 682

续表

项目	2022-12-31		2021-12-31	
	合并报表	母公司报表	合并报表	母公司报表
商誉	19 230 057		19 230 057	
长期待摊费用	3 129 351	3 129 351	4 715 586	4 715 586
递延所得税资产	2 507 626	1 085 997	3 074 326	1 204 823
其他非流动资产	175 469 401	175 359 601	12 974 202	12 974 202
非流动资产合计	1 442 610 243	1 378 284 609	1 004 147 145	953 339 938
资产总计	2 575 733 822	2 505 276 488	2 003 504 960	1 942 632 666
流动负债：				
短期借款	100 086 111	100 086 111	25 000 000	25 000 000
交易性金融负债				
应付账款	33 144 547	30 227 239	28 974 950	38 861 717
预收款项	12 341			
合同负债	7 797 263	7 797 263	2 401 126	2 401 126
应付职工薪酬	52 809 061	30 809 647	54 925 271	32 324 681
应交税费	13 428 798	11 125 157	23 365 267	21 911 340
其他应付款	20 969 667	16 239 601	31 068 731	27 218 226
其中：应付利息			30 174	30 174
一年内到期的非流动负债	1 316 250		1 385 550	
其他流动负债	191 465	191 465	33 826	33 826
流动负债合计	229 755 504	196 476 484	167 154 721	147 750 916
长期借款	428 961 955	428 961 955		
租赁负债	16 659 211		17 036 725	
递延收益	25 915 130	25 915 130	23 980 554	23 980 554
递延所得税负债	856 353		1 007 993	
其他非流动负债	6 051 545		6 050 217	
非流动负债合计	478 444 194	454 877 085	48 075 488	23 980 554
负债合计	708 199 697	651 353 569	215 230 210	171 731 470
所有者权益：				
股本	226 800 000	226 800 000	226 800 000	226 800 000
资本公积	574 502 470	574 502 470	574 502 470	574 502 470
盈余公积	148 058 610	148 058 610	135 220 438	135 220 438

续表

项目	2022-12-31		2021-12-31	
	合并报表	母公司报表	合并报表	母公司报表
未分配利润	891 447 986	904 561 839	832 202 590	834 378 288
所有者权益合计	1 840 809 066	1 853 922 920	1 768 725 498	1 770 901 196
负债和所有者权益总计	26 725 059	2 505 276 488	19 549 251	1 942 632 666

2. 利润表

项目	2022 年度		2021 年度	
	合并报表	母公司报表	合并报表	母公司报表
一、营业总收入	667 931 463	669 416 448	907 434 716	902 303 586
其中：营业收入	667 931 463	669 416 448	907 434 716	902 303 586
二、营业总成本	557 954 787	438 939 281	674 074 930	557 019 006
其中：营业成本	427 024 271	438 939 281	536 523 074	557 019 006
税金及附加	4 864 061	3 620 024	7 362 472	5 224 187
销售费用	27 254 297	27 165 673	23 784 610	23 642 110
管理费用	64 419 338	38 936 918	64 667 418	39 085 564
研发费用	35 865 912	35 865 912	47 586 103	47 586 103
财务费用	−1 473 092	−1 760 362	−5 848 747	−6 257 317
其中：利息费用	2 923 474	2 056 743	2 772 418	1 873 915
利息收入	4 492 734	3 846 657	8 907 323	8 343 984
加：其他收益	8 665 873	8 260 767	9 530 328	9 396 362
投资收益	4 355 701	4 355 701		
公允价值变动收益	14 326 563	5 043 000	736 437	
信用减值损失	805 496	792 171	−1 885 656	−1 720 519
资产处置收益	36 893			
三、营业利润	138 167 202	145 100 640	241 740 894	243 679 776
加：营业外收入	160 604	92 554	502 729	358 487
减：营业外支出	1 010 487	944 280	1 069 171	870 035
四、利润总额	137 317 319	144 248 914	241 174 451	243 168 227
减：所得税费用	16 196 615	15 867 190	36 182 239	34 454 237
五、净利润	121 120 704	128 381 724	204 992 212	208 713 990

3. 现金流量表

项目	2022 年度		2021 年度	
	合并报表	母公司报表	合并报表	母公司报表
一、经营活动产生的现金流量：				
销售商品、提供劳务收到的现金	678 467 259	672 065 582	933 340 805	931 248 962
收到的税费返还	45 748 727	45 748 727	13	
收到其他与经营活动有关的现金	18 005 438	15 160 334	23 302 509	18 757 087
经营活动现金流入小计	742 221 423	732 974 644	956 643 326	950 006 049
购买商品、接受劳务支付的现金	439 533 254	549 735 164	432 694 046	546 707 996
支付给职工以及为职工支付的现金	190 688 128	120 644 226	165 472 804	107 123 899
支付的各项税费	61 996 855	49 979 198	71 172 913	56 425 599
支付其他与经营活动有关的现金	48 804 144	41 578 793	40 416 963	31 005 595
经营活动现金流出小计	741 022 380	761 937 381	709 756 725	741 263 089
经营活动产生的现金流量净额	1 199 043	－28 962 737	246 886 601	208 742 960
二、投资活动产生的现金流量：				
收回投资收到的现金				
取得投资收益收到的现金	1 106 062	1 106 062		
处置固定资产、无形资产和其他长期资产收回的现金净额	116 800	78 050	230 074	221 361
处置子公司及其他营业单位收到的现金净额				
收到其他与投资活动有关的现金	20 000 000	20 000 000		
投资活动现金流入小计	21 222 862	21 184 112	230 074	221 361
购建固定资产、无形资产和其他长期资产支付的现金	327 373 235	303 516 708	240 826 821	215 974 298
投资支付的现金		5 100 000	49 479 952	35 000 000
取得子公司及其他营业单位支付的现金净额				
支付其他与投资活动有关的现金	181 109 032	181 109 032		
投资活动现金流出小计	508 482 267	489 725 741	290 306 773	250 974 298

续表

项目	2022年度		2021年度	
	合并报表	母公司报表	合并报表	母公司报表
投资活动产生的现金流量净额	−487 259 405	−468 541 628	−290 076 699	−250 752 937
三、筹资活动产生的现金流量：				
吸收投资收到的现金	3 500 000		4 000 000	
取得借款收到的现金	528 478 494	528 478 494	75 000 000	75 000 000
收到其他与筹资活动有关的现金				
筹资活动现金流入小计	531 978 494	528 478 494	79 000 000	75 000 000
偿还债务支付的现金	25 000 000	25 000 000	132 000 000	132 000 000
分配股利、利润或偿付利息支付的现金	57 684 538	57 684 538	41 822 475	41 822 475
支付其他与筹资活动有关的现金	1 390 500		1 352 808	
筹资活动现金流出小计	84 075 038	82 684 538	175 175 283	173 822 475
筹资活动产生的现金流量净额	447 903 456	445 793 956	−96 175 283	−98 822 475
四、汇率变动对现金及现金等价物的影响				
五、现金及现金等价物净增加额	−38 156 906	−51 710 409	−139 365 381	−140 832 452
加：期初现金及现金等价物余额	332 009 634	265 334 784	471 375 015	406 167 236
六、期末现金及现金等价物余额	293 852 728	213 624 375	332 009 634	265 334 784

二、审计意见

大信会计师事务所（特殊普通合伙）出具的审计意见类型为标准无保留意见。

三、其他信息

深圳市卫光生物制品股份有限公司系由深圳市卫武光明生物制品有限公司整体变更设立。

公司所处行业为医药、生物制品。经营范围：药物研究开发；生产经营血液制品（人血白蛋白大容量注射剂、人血白蛋白小容量注射剂、人血白蛋白冻干粉针剂、人免疫球蛋白冻干粉针剂、组织胺人免疫球蛋白冻干粉针剂、特异性人免疫球蛋白冻干粉针剂、特异性人免疫球蛋白小容量注射剂、冻干静注人免疫球蛋白（PH4)、静注人免疫球蛋白（PH4)、人免疫球蛋白、人纤维蛋白原）；普通货运；生产Ⅱ类、Ⅲ类6840体外诊断试剂。

更多其他信息略。

附录3　普洛药业2022年年报中的部分信息

普洛药业股份有限公司（下称普洛药业）2022年年报中的部分信息如下（单位：人民币元）：

一、基本财务报表

1. 资产负债表

项目	2022-12-31		2021-12-31	
	合并报表	母公司报表	合并报表	母公司报表
流动资产：				
货币资金	3 552 858 092	220 867 179	2 610 010 623	265 516 015
交易性金融资产	90 111		14 891 701	
应收票据	261 988 170		24 543 796	
应收账款	1 668 892 474		1 446 516 970	
应收款项融资	109 125 368		51 545 703	
预付款项	219 481 332		257 711 004	79 436
其他应收款	27 263 375	955 812 235	24 293 645	873 270 340
其中：应收股利		395 000 000		375 000 000
存货	1 801 787 544		1 249 878 605	
其他流动资产	139 621 228		102 517 869	
流动资产合计	7 781 107 694	1 176 679 414	5 781 909 916	1 138 865 791
非流动资产：				
长期股权投资	85 407 971	1 857 059 369	81 248 538	1 763 971 012
其他权益工具投资	6 000 000	6 000 000		
固定资产	3 066 084 000	1 255 559	1 836 110 658	990 872
在建工程	311 396 475		710 217 567	
使用权资产	28 394 751		41 267 042	
无形资产	338 927 901	469 177	346 049 738	539 418
开发支出	39 901 653		38 221 512	
商誉	20 310 091		20 310 091	

续表

项目	2022-12-31		2021-12-31	
	合并报表	母公司报表	合并报表	母公司报表
长期待摊费用	26 309 261		8 540 221	
递延所得税资产	265 606 095		47 581 426	
其他非流动资产	47 153 131		133 215 273	
非流动资产合计	4 235 491 330	1 864 784 104	3 262 762 066	1 765 501 302
资产总计	12 016 599 023	3 041 463 518	9 044 671 981	2 904 367 093
流动负债：				
短期借款	562 811 090		332 474 393	
交易性金融负债	8 036 273			
应付票据	2 639 840 063		1 321 865 589	
应付账款	1 670 731 063		1 300 673 202	
合同负债	458 255 100		302 401 250	
应付职工薪酬	178 232 196	22 096 836	162 054 321	20 142 860
应交税费	117 561 297	1 430 133	190 660 625	2 685 269
其他应付款	128 444 387	623 989 865	137 280 876	340 655 172
一年内到期的非流动负债	9 053 943		13 968 641	
其他流动负债	253 576 755		17 989 407	
流动负债合计	6 026 542 168	647 516 834	3 779 368 304	363 483 301
非流动负债：				
长期借款	249 623 946		104 936 018	
租赁负债	15 812 548		22 946 678	
长期应付款	72 000 000		72 000 000	
长期应付职工薪酬				
递延收益	15 120 000		1 165 100	
递延所得税负债	118 274 798		4 250 388	
非流动负债合计	470 831 292		205 298 184	
负债合计	6 497 373 460	647 516 834	3 984 666 488	363 483 301
所有者权益：				
股本	1 178 523 492	1 178 523 492	1 178 523 492	1 178 523 492
资本公积	438 005 920	860 944 340	438 005 920	860 944 340
减：库存股	200 202 437	200 202 437		
其他综合收益	−790 463		428 675	

续表

项目	2022-12-31		2021-12-31	
	合并报表	母公司报表	合并报表	母公司报表
盈余公积	241 841 352	185 744 305	202 926 900	146 829 853
未分配利润	3 854 500 535	368 936 984	3 240 120 507	354 586 107
归属于母公司所有者权益合计	5 511 878 399	2 393 946 685	5 060 005 493	2 540 883 792
少数股东权益	7 347 163	0		0
所有者权益合计	5 519 225 563	2 393 946 685	5 060 005 493	2 540 883 792
负债和所有者权益总计	12 016 599 023	3 041 463 518	9 044 671 981	2 904 367 093

2. 利润表

项目	2022 年度		2021 年度	
	合并报表	母公司报表	合并报表	母公司报表
一、营业总收入	10 544 905 377	39 076 811	8 942 618 233	41 778 774
营业收入	10 544 905 377	39 076 811	8 942 618 233	41 778 774
二、营业总成本	9 468 489 979		7 923 679 165	
其中：营业成本	8 024 228 912		6 552 276 723	
税金及附加	31 763 004	189 852	33 047 112	208 428
销售费用	535 263 278	3 676 801	452 527 486	11 889 842
管理费用	450 064 087	56 325 685	453 904 846	50 405 685
研发费用	532 919 663		446 219 088	
财务费用	−105 748 965	−9 874 825	−14 296 090	−1 293 512
其中：利息费用	29 237 700		16 318 775	
利息收入	75 834 874	10 031 131	75 346 507	11 424 483
加：其他收益	93 905 130	2 409 116	81 290 885	1 276 464
投资收益	−59 768 012	398 088 357	90 351 687	386 567 121
其中：对联营企业和合营企业的投资收益	4 159 433		12 867 895	
公允价值变动收益	−22 837 864		−23 616 780	
信用减值损失	−26 306 774	−77 893	−21 501 742	−24 984
资产减值损失	−51 157 799		−26 387 738	
资产处置收益	1 372 446		279 662	

续表

项目	2022年度		2021年度	
	合并报表	母公司报表	合并报表	母公司报表
三、营业利润	1 011 622 526	389 178 879	1 119 355 042	378 386 932
加：营业外收入	5 938 295		3 646 173	3 000
减：营业外支出	5 495 687	34 354	8 921 387	
四、利润总额	1 012 065 133	389 144 524	1 114 079 828	378 389 932
减：所得税费用	22 894 294		158 529 657	
五、净利润	989 170 839	389 144 524	955 550 170	378 389 932

3. 现金流量表

项目	2022年度		2021年度	
	合并报表	母公司报表	合并报表	母公司报表
一、经营活动产生的现金流量：				
销售商品、提供劳务收到的现金	7 280 894 186	41 422 026	6 352 081 902	44 287 920
收到的税费返还	456 077 303		308 455 064	
收到其他与经营活动有关的现金	238 798 131	576 494 157	201 110 289	195 218 572
经营活动现金流入小计	7 975 769 621	617 916 183	6 861 647 255	239 506 492
购买商品、接受劳务支付的现金	4 744 878 316		4 442 131 852	
支付给职工以及为职工支付的现金	824 144 230	45 768 890	713 862 793	45 580 280
支付的各项税费	414 107 946	3 378 228	458 393 674	3 500 121
支付其他与经营活动有关的现金	666 531 813	359 872 588	635 510 208	195 343 371
经营活动现金流出小计	6 649 662 305	409 019 706	6 249 898 526	244 423 772
经营活动产生的现金流量净额	1 326 107 316	208 896 477	611 748 729	－4 917 280
二、投资活动产生的现金流量：				
收回投资收到的现金	383 247 287		539 479 937	92 000 000
取得投资收益收到的现金		375 000 000	19 625 468	334 274 222
处置固定资产、无形资产和其他长期资产收回的现金净额	4 869 697		3 875 262	

续表

项目	2022 年度		2021 年度	
	合并报表	母公司报表	合并报表	母公司报表
处置子公司及其他营业单位收到的现金净额	31 776 783		77 932 846	
收到其他与投资活动有关的现金	419 893 767	375 000 000	640 913 513	426 274 222
投资活动现金流入小计	509 107 873	476 181	701 924 089	961 330
购建固定资产、无形资产和其他长期资产支付的现金	389 025 156	96 000 000	446 921 000	7 000 000
投资支付的现金	7 280 894 186	41 422 026	6 352 081 902	44 287 920
取得子公司及其他营业单位支付的现金净额				
支付其他与投资活动有关的现金	113 062 272		7 459 569	
投资活动现金流出小计	1 011 195 301	96 476 181	1 156 304 658	7 961 330
投资活动产生的现金流量净额	－591 301 534	278 523 819	－515 391 145	418 312 892
三、筹资活动产生的现金流量：				
吸收投资收到的现金	7 350 000			
其中：子公司吸收少数股东投资收到的现金	7 350 000			
取得借款收到的现金	1 085 444 000		805 157 292	
收到其他与筹资活动有关的现金				
筹资活动现金流入小计	1 092 794 000		805 157 292	
偿还债务支付的现金	712 710 191		698 200 000	
分配股利、利润或偿付利息支付的现金	362 800 252	335 879 195	301 916 285	286 381 209
支付其他与筹资活动有关的现金	213 369 980	200 202 437	9 365 578	
筹资活动现金流出小计	1 288 880 424	536 081 632	1 009 481 863	286 381 209
筹资活动产生的现金流量净额	－196 086 424	－536 081 632	－204 324 571	－286 381 209
四、汇率变动对现金及现金等价物的影响	44 040 080		－17 319 153	
五、现金及现金等价物净增加额	582 759 439	－48 661 336	－125 286 141	127 014 403
加：期初现金及现金等价物余额	1 799 152 633	258 635 315	1 924 438 774	131 620 911
六、期末现金及现金等价物余额	2 381 912 072	209 973 979	1 799 152 633	258 635 315

二、审计意见

和信会计师事务所（特殊普通合伙）出具的审计意见类型为标准无保留意见。

三、其他信息

普洛药业股份有限公司，原名称为普洛股份有限公司、普洛康裕股份有限公司、青岛普洛药业股份有限公司、青岛东方集团股份有限公司、青岛东方贸易大厦股份有限公司，是1997年1月20日经青岛市经济体制改革委员会青体改发〔1997〕5号文件批准，在原青岛东方贸易大厦的基础上，由五家发起人共同发起设立。

公司的母公司为横店集团控股有限公司，实际控制人为东阳市横店社团经济企业联合会。

公司经营范围为：医药行业投资、网络投资、股权投资管理、生物制药技术的研究、开发、转让，国内贸易；经营进出口业务。

更多其他信息略。

参考文献

[1] 张新民，钱爱民. 财务报表分析：立体化数字教材版. 5版. 北京：中国人民大学出版社，2019.

[2] 钱爱民，张新民.《财务报表分析（第5版·立体化数学教材版）》案例分析与学习指导. 北京：中国人民大学出版社，2020.

[3] 张新民，钱爱民. 财务报表分析案例. 2版. 北京：中国人民大学出版社，2019.

[4] 张新民. 从报表看企业. 3版. 北京：中国人民大学出版社，2017.

[5] 张新民，钱爱民，陈德球. 上市公司财务状况质量：理论框架与评价体系. 管理世界. 2019 (7)：152-204.

[6] 钱爱民. 公司财务状况质量综合评价研究：基于增长、盈利、风险三维平衡视角. 北京：北京大学出版社，2011.

[7] 张先治. 财务分析：理论、方法与案例. 北京：人民邮电出版社，2018.

[8] 黄世忠. 财务报表分析：理论、框架、方法与案例. 北京：中国财政经济出版社，2007.

[9] 斯蒂芬·H. 佩因曼. 财务报表分析与证券估值：第5版. 朱丹，屈腾龙，译. 北京：机械工业出版社，2016.

图书在版编目（CIP）数据

财务报表分析：简明版：立体化数字教材版/张新民，钱爱民编著. -- 2 版. -- 北京：中国人民大学出版社，2024.2

高等学校经济管理类核心课程教材

ISBN 978-7-300-32546-0

Ⅰ.①财… Ⅱ.①张… ②钱… Ⅲ.①会计报表-会计分析-高等学校-教材 Ⅳ.①F231.5

中国国家版本馆 CIP 数据核字（2024）第 011512 号

高等学校经济管理类核心课程教材

财务报表分析（简明版·立体化数字教材版）（第 2 版）

张新民　钱爱民　编著

Caiwu Baobiao Fenxi（Jianming Ban • Litihua Shuzi Jiaocai Ban）

出版发行	中国人民大学出版社		
社　　址	北京中关村大街 31 号	**邮政编码**	100080
电　　话	010－62511242（总编室）		010－62511770（质管部）
	010－82501766（邮购部）		010－62514148（门市部）
	010－62511173（发行公司）		010－62515275（盗版举报）
网　　址	http://www.crup.com.cn		
经　　销	新华书店		
印　　刷	北京市鑫霸印务有限公司	**版　　次**	2020 年 6 月第 1 版
开　　本	787 mm×1092 mm　1/16		2024 年 2 月第 2 版
印　　张	18.5 插页 1	**印　　次**	2025 年 5 月第 3 次印刷
字　　数	383 000	**定　　价**	46.00 元

中国人民大学出版社　管理分社

教师教学服务说明

中国人民大学出版社管理分社以出版工商管理和公共管理类精品图书为宗旨。为更好地服务一线教师，我们着力建设了一批数字化、立体化的网络教学资源。教师可以通过以下方式获得免费下载教学资源的权限：

★ 在中国人民大学出版社网站 www.crup.com.cn 进行注册，注册后进入“会员中心”，在左侧点击“我的教师认证”，填写相关信息，提交后等待审核。我们将在一个工作日内为您开通相关资源的下载权限。

★ 如您急需教学资源或需要其他帮助，请加入教师 QQ 群或在工作时间与我们联络。

中国人民大学出版社　管理分社

教师 QQ 群： 648333426（工商管理）　114970332（财会）　648117133（公共管理）
教师群仅限教师加入，入群请备注（学校＋姓名）

联系电话： 010-62515735，62515987，62515782，82501048，62514760

电子邮箱： glcbfs@crup.com.cn

通讯地址： 北京市海淀区中关村大街甲 59 号文化大厦 1501 室（100872）

管理书社　　人大社财会　　公共管理与政治学悦读坊